Omas beste Haushaltstipps und Heilmittel

Weltbild

© Genehmigte Sonderausgabe für die Verlagsgruppe
Weltbild GmbH, Steinerne Furt 67, 86167 Augsburg

Alle Rechte vorbehalten. Nachdruck, auch auszugsweise,
nur mit ausdrücklicher Genehmigung des Verlages gestattet.
Alle Angaben wurden sorgfältig recherchiert, eine Garantie
bzw. Haftung kann jedoch nicht übernommen werden.

Titelabbildung: StockFood
Umschlaggestaltung: X-Design, München
Layout unter Verwendung grafischer Elemente von IMSI USA,
Novato, CA

ISBN 978-3-8289-5727-5

Inhalt

Omas beste Haushaltstipps — 4

Vorwort — 5

In der Küche — 6

Kleidung & Textilien — 69

Garten & Pflanzen — 96

Gesundheit & Schönheit — 111

Sauberkeit — 133

Hobby & Heimwerken — 161

Tipps für alle Fälle — 183

Omas beste Heilmittel — **211**

Vorwort — 212

Maße und Gewichte — 214

Grundlagen — 215

Innere Anwendung — 240

Äußere Anwendung — 293

Pflanzenlexikon — 349

Register — 417

Omas beste Haushalts-tipps

Vorwort

Man muss sich nur zu helfen wissen! Wir zeigen Ihnen, wie: Für die vielen kleinen und großen Probleme, die in den verschiedenen Bereichen des Haushalts jeden Tag auftauchen, haben wir in diesem Buch rund 1000 neue und bewährte Haushaltstipps zusammengetragen.

Die Auswahl umfasst:
- Tricks, die man anwenden kann, wenn etwas misslungen ist;
- Ideen, wie man vieles leichter und besser machen kann;
- jede Menge aktueller Umwelttipps (heute wichtiger denn je)
- und viele weitere verblüffende nützliche Hinweise für den täglichen Gebrauch.

Die einzelnen Ratschläge sind nach Stichwörtern alphabetisch geordnet und daher mühelos auffindbar.

Allgemeine Hinweise und grundsätzliche Informationen sind durch einen Rahmen besonders hervorgehoben.

Wir hoffen, dass dieses Buch mit seinem handlichen Format dazu beitragen wird, die Arbeit im Haushalt zu erleichtern und Pannen zu vermeiden. Alle Tipps wurden mit großer Sorgfalt zusammengestellt.

In der Küche

In der Küche

Ahornsirup
Ahornsirup ist der eingedickte Saft des Zuckerahornbaumes und wird in der gesunden Küche oft als Zuckerersatz verwendet. Er ist wegen seines hohen Mineralstoffgehalts sehr wertvoll!

Agar-Agar
Agar-Agar ist ein pflanzliches Geliermittel, das sich sehr gut als vegetarischer Gelatineersatz in vielen Koch- und Backgerichten eignet.

Aluminiumtöpfe
ALUMINIUMTÖPFE REINIGEN
Töpfe aus Aluminium werden wieder blitzblank, wenn Sie einfach Rhabarber in ihnen kochen.
VERFÄRBUNG
Aluminiumtöpfe verfärben einige Lebensmittel, z. B. Milch, Sahne, Creme.

Anissamen
Anissamen enthält ätherische Öle, die auf die Verdauungsorgane sehr beruhigend wirken. Aus dem Samen bereitet man einen Tee, den man, je nach Bedarf, lauwarm trinkt.

In der Küche

Apfel

APFEL SCHÄLEN

Beim Apfelschälen geht viel kostbares Fruchtfleisch verloren. Tauchen Sie den Apfel vor dem Schälen kurz in kochendes Wasser und die Schale löst sich fast wie von selbst.

APFELSCHALEN

Aus den Schalen eines ungespritzten geschälten Apfels bereitet man einen aromatischen Tee.

Apfelmus

APFELMUS ABSCHMECKEN

Apfelmus schmeckt intensiver, wenn Sie kurz vor dem Servieren ein paar Spritzer Orangen- oder Zitronensaft hinzugeben.

APFELMUS, ANGEBRANNTES

Apfelmus brennt beim Kochen leicht an. Nicht, wenn Sie die Äpfel mit kaltem Wasser ansetzen und beim Kochen nicht umrühren.

Apfelsinen

Apfelsinen lassen sich schnell und leicht schälen, wenn man sie 5–10 Minuten vorher in den warmen Backofen legt.

Aufschnitt

Aufschnitt bleibt länger frisch, wenn man zwischen jede Scheibe ein Stück Pergamentpapier gelegt hat.

In der Küche

Ausstechförmchen
Ausstechförmchen kleben nicht am Teig fest, wenn man sie vorher in warmes Wasser taucht.

Babyflaschen
Babyflaschen bleiben länger warm, wenn Sie sie in Alufolie einwickeln.

Backbleche
Backbleche bleiben sauber und nichts klebt fest, wenn man die Bleche zum Backen mit Backpapier belegt und Kastenformen damit auslegt.

Backformen
Backformen säubert man, indem man sie mit Salz und Küchenkrepp abreibt. Möglichst kein Wasser benutzen.

Backöfen
Backofen sauber halten
Der Backofen bleibt unten sauber, wenn man eine Alufolie auf den Boden der Backröhre legt. Dies ist eine Hilfe besonders bei klebrigen Speisen, wie z. B. Pflaumenmus.

Backofen auswaschen
Backöfen sollten nach jeder Benutzung noch in lauwarmen Zustand (mit heißer Lauge) ausgewaschen werden. Verkrustungen von Obst- und Bratensaft sollten einige Stunden aufweichen.

Backofengerüche
Gerüche verfliegen, wenn man Zitronen- oder Orangenschalen in die leere Backröhre legt und diese kurz erhitzt.

Backpulver
Backpulver kann man selbst mischen: 80 g Natron, 190 g Weinstein und 40 g feinstes Mehl vermischen und diese Mischung in einem Glas mit einem gut schließenden Deckel aufbewahren.

In der Küche

Bananen

Bananen sollte man nicht im Kühlschrank lagern, da sie dort sehr schnell braun werden. Möglichst hängend aufbewahren. Wenn die Bananen noch grün sind, kann man sie in einer Papiertüte aufbewahren und dort zusammen mit einer reifen Frucht schneller reifen lassen.

Bärlauch

Bärlauch hilft, als Tee zubereitet, bei Akne und Hautentzündungen.

Basilikum

Das bekannte Küchenkraut wirkt appetitanregend und hilft bei Blähungen. Nur frische Kräuter verwenden!

Blätterteig

Blätterteig geht beim Backen besonders schön auf, wenn Sie das Backblech nicht einfetten, sondern einfach nur mit kaltem Wasser kurz abspülen.

Blumen, essbare

Veilchen und Gänseblümchen sind essbar und eignen sich gut zur Dekoration von sommerlichen Süßspeisen. Auch die Blüten und Blätter der Kapuzinerkresse haben ein feines Aroma und eignen sich zum Würzen und Garnieren von Salaten.

Blumenkohl

BLUMENKOHL WASCHEN

Blumenkohl in leichtem Essig- oder Salzwasser waschen, weil dadurch Insekten herausgezogen werden.

In der Küche

BLUMENKOHL KOCHEN
Blumenkohl schmeckt sehr gut, wenn man zum Kochen nicht Leitungs-, sondern Mineralwasser verwendet.

BLUMENKOHL FRISCH HALTEN
Blumenkohl können Sie einige Tage frisch halten, indem Sie ihn mit dem Strunkende in ein Glas Wasser stellen, das Sie täglich erneuern. Die grünen Blätter um den Kohl herum nicht entfernen.

BLUMENKOHLGERUCH
Blumenkohl riecht nicht unangenehm, wenn man dem Kochwasser ein Lorbeerblatt zugibt oder ein Stück Zwiebel in das Kochwasser reibt.

Bratäpfel
Bratäpfel platzen appetitlich gleichmäßig auf, wenn Sie die Apfelschale oben ringsherum einritzen.

Braten
Schmor- und andere Rinderbraten werden viel besser, wenn man beim Schmoren und Braten einen Kanten Schwarzbrot dazugibt.

Bratensoßen
Bratensoßen werden durch Hinzugabe einer ungespritzten, unbehandelten Apfelschale schmackhafter. Am besten eignen sich sie Schalen von Boskop-Äpfeln, da diese einen säuerlichen Geschmack haben.

Bratfischgeruch
Bratfischgeruch muss nicht so penetrant sein. Mischen Sie einfach etwas Parmesankäse unter das Paniermehl.

Bratkartoffeln
Bratkartoffeln sollten immer in heißem Fett angebraten werden. In kaltem Fett saugen sie sich voll, werden schwer verdaulich und kalorienreicher.

In der Küche

Bratwürste

Bratwürste platzen nicht, wenn man sie vor dem Braten in kalte Milch legt. Die Milch muss dann aber gut abtropfen, da sonst das Fett in der Pfanne spritzt.

Brot

BROT FRISCH HALTEN

Brot bleib länger frisch, wenn Sie es in eine Plastiktüte geben und im Kühlschrank aufbewahren.

BROT SCHNEIDEN

Brot lässt sich besser schneiden, wenn Sie das Messer vor jedem Schnitt in heißes Wasser tauchen. (Das Messer wird dadurch aber schnell stumpf!)

Brötchen

Brötchen vom Vortag nicht wegwerfen. Mit kaltem Wasser angefeuchtet, im Ofen kurz aufgebacken, schmecken sie wieder frisch.

In der Küche

Brotgefäße

Brotgefäße sollten 1-mal wöchentlich mit Essigwasser ausgewischt werden.

Brucheier

Ein geplatztes Ei kann man kochen, ohne dass es ausläuft, wenn man es in Alufolie einwickelt.

   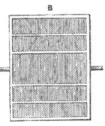

Butter

BUTTER, HARTE

Butter, die hart aus dem Kühlschrank auf den Tisch kommt, wird streichfähig, wenn Sie Ihr Messer kurz in heißes Wasser tauchen oder die Packung vor dem Öffnen kurz in eine Schale mit warmem Wasser legen.

BUTTER, LEICHT RANZIGE

Leicht ranzige Butter verliert den unangenehmen Geschmack, wenn sie in frischem Wasser durchgeknetet wird oder wenn man eine geschälte Karotte in sie hineinsteckt und mehrere Stunden ziehen lässt.

BUTTERVERPACKUNG

Wenn Sie eine neue Packung Butter anbrechen, halten Sie diese zuerst unter laufendes kaltes Wasser. Sie vermeiden hierdurch, dass die Butter am Papier anklebt.

In der Küche

BUTTER VERRÜHREN
Gibt man beim Rühren etwas Mehl über die Butter, verhindert man das lästige Spritzen.

Buttercreme
Buttercreme, die geronnen ist, stellt man ins Wasserbad. Dadurch wird die Butter wieder geschmeidig, und die Creme kann glatt gerührt werden.

Butterschmalz
Butterschmalz gibt den Speisen beim Backen und Kochen denselben buttrigen Geschmack wie Butter.

Cellophan®-Papier
Cellophan® lässt sich leicht auf Gelee- oder Marmeladengläsern befestigen und auch ablösen, wenn man es vorher an der Außenseite mit kaltem Wasser befeuchtet hat.

Champignons
VERFÄRBUNG
Champignons verfärben nicht, wenn Sie die gesäuberten Pilze mit Zitronensaft und Wasser (halb und halb) beträufeln.
CHAMPIGNONS KOCHEN
Da Pilze einen sehr hohen Wasseranteil haben, sollte man kleine Champignons im Ganzen mitkochen lassen.

Chicorée
CHICORÉE, HOLZIGER
Ist die Staude holzig, legt man sie kurz in etwas Milch.

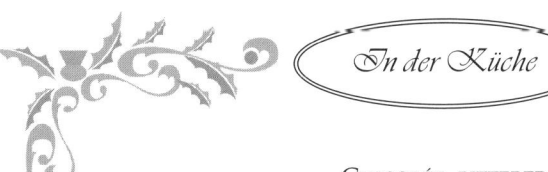
In der Küche

CHICORÉE, BITTERER
Damit dieser Salat nicht bitter schmeckt, schneidet man aus der Chicoréestaude an dem unteren Ende einen kleinen Kegel heraus.

Chili
Paprikaartige Frucht, die nicht nur das Essen würzig scharf macht, sondern auch Reizstoffe enthält, die die Kreislauftätigkeit fördern!

Chinakohl
Chinakohl erhält einen knackigen Biss, wenn man ihn kurz vor der Zubereitung für eine Viertelstunde in das Eisfach des Kühlschrankes legt.

Cilantro
Cilantro, frischer Koriander, kann im Garten einfach angebaut werden, enthält wertvolle Inhaltsstoffe und ersetzt frische Petersilie.

Dampfnudeln
Wenn die Dampfnudeln fertig gekocht sind, sticht man mit einer Gabel hinein und hebt die Nudeln aus dem Topf auf einen Teller. Dann sticht man eine zweite Gabel hinein und zieht die Dampfnudel oben etwas auseinander. So kann der glühend heiße Dampf schnell entweichen.

In der Küche

Darren
Darren ist eine Methode, feuchtes Getreide bei schonenden Temperaturen (70 °C) zu trocknen. Das Getreide wird dadurch bekömmlicher. Vollwertbrot lässt sich daraus gut herstellen!

Dattelkerne
Dattelkerne können Sie einfach entfernen, indem Sie die Datteln mit einer im Wasser befeuchteten Schere aufschneiden.

Dezembersalate und -gemüse
Dies sind Endiviensalat, alle Kohlarten, Kastanien, Möhren, Rüben, Sauerkraut, Steckrüben.

Diät- und Diabetiker-Lebensmittelpläne
Lebensmittelpläne, die ständig gebraucht werden, sollte man auf die Innenseite einer Küchenschranktüre kleben.

Dill
Dill ist ein beliebtes Küchengewürz für Salate, Quarkspeisen oder Soßen. Dill bleibt länger frisch, wenn Sie ihn mit Wasser besprengen und in einem Schraubglas im Kühlschrank aufbewahren.

Dörräpfel
Man entfernt das Kerngehäuse und schneidet das Fruchtfleisch in dünne Scheiben auf. Diese trocknet man dann im Backrohr bei mäßiger Hitze. Anschließend werden die Scheiben zur Aufbewahrung an Schnüre aufgefädelt und an eine dunkle Stelle gehängt.

In der Küche

Eier

EIER AUFSCHLAGEN

Eier sollte man immer einzeln in eine Tasse oder in ein Schüsselchen aufschlagen und dann erst den Speisen zugeben. Ein Ei könnte schlecht sein und dann das ganze Gericht oder die Backzutaten verderben.

EIER, FRISCHE

Frische Eier können Sie im Kühlschrank einfach auseinanderhalten, indem Sie abwechselnd pro Woche 1-mal braune und 1-mal weiße Eier kaufen.

EIER, GEWICHTSKLASSENEINTEILUNG

Gewichtsklassen: XL = 73 g und mehr, L = 63 bis weniger als 73 g, M = 53 bis weniger als 63 g, S = weniger als 53 g.

EIER, PLATZENDE

Eier platzen nicht, wenn sie vorsichtig in kochendes Salzwasser gelegt werden. Vorher sollte man die Eier auf der stumpfen Seite vorsichtig mit dem Eierpicker anstechen.

EIERTEST

Wenn man feststellen will, ob ein Ei noch frisch ist, legt man es in Salzwasser. Ältere Eier schwimmen oben, frische Eier sin-

In der Küche

ken. Wenn man nicht mehr weiß, ob ein Ei schon gekocht oder noch roh ist, dreht man es auf einer glatten Fläche im Kreis: Dreht sich das Ei schnell und gleichmäßig, so ist es gekocht (rohe Eier „eiern").

EIER, WARME
Damit das Frühstücksei bis zum Verzehr warm bleibt, wickelt man es einfach in ein Geschirrtuch ein und legt das Ganze auf die Heizung.

EIERLÖFFEL
Eierlöffel sollten immer aus Plastik oder rostfreiem Stahl sein. Nie Silberlöffel verwenden, da diese zum einen den Eiergeschmack verändern und zum anderen Flecken bekommen oder anlaufen!

EIERSCHACHTELN, GEBRAUCHTE
Leere Eierschachteln werden nicht weggeworfen, sondern für den nächsten Eierkauf verwendet. Ein kleiner, sinnvoller Beitrag zur Müllersparnis.

EIERWASSER
Eierwasser nicht weggießen. Dieses Wasser ist Labsal für Ihre Topfpflanzen durch die vielen Mineralien, die es durch das Eierkochen bekommt.

EIGELB
Gibt man das Eigelb in eine kleine Tasse und gießt sorgfältig so viel Wasser darauf, bis das Eigelb bedeckt ist, kann man es mehrere Tage im Kühlschrank aufbewahren.

EIGELB
Eigelb eignet sich gut zum Bestreichen von Kuchen und Süßspeisen. Wenn Sie dem Eigelb eine Prise Salz oder Zucker beigeben, wird die Farbe intensiver.

In der Küche

Eingemachtes

Eingemachtes sollte immer mit dem Herstellungsdatum versehen werden, damit nichts im Regal veraltet.

Einmachgläser

Einmachgläser, bei denen der Deckel zu fest sitzt, hält man kurz kopfüber über Wasserdampf. Das Gummi lässt sich dann leicht aufziehen.

Einwegverpackungen

Einwegverpackungen sollten Sie vermeiden. Sie vergrößern nur unnötig den Müllberg. Kaufen Sie Getränke in Gläsern, Milch in Flaschen oder, wenn möglich, wieder in der Kanne.

Eisablagerungen

Eisablagerungen in Kühlschränken lassen sich besser entfernen, wenn man die Wände mit einer Lösung aus warmem Wasser und wenigen Tropfen Glyzerin eingerieben hat.

Eischnee

Eischnee wird besser steif und gerinnt nicht, wenn man eine Prise Salz hinzufügt. Die Schüssel, in der der Eischnee geschlagen wird, darf nicht fettig sein.

Eiswürfel färben

Eiswürfel kann man mit Fruchtsäften oder Grenadinesirup färben. Auch kleine Früchte oder Kräuter, z. B. Minze, Kirschen oder Himbeeren, kann man darin als Überraschung einfrieren.

In der Küche

Elektrokochgeschirr

Elektrokochgeschirr sollte einen ebenen Boden haben. Stahltöpfe mit verstärktem, geschliffenem Boden nützen durch den guten Kontakt zur Kochplatte die Herdwärme besser aus und wirken dadurch energie- und zeitsparend.

Emaillierte Pfannen und Töpfe

Pfannen und Töpfe aus Email sollte man nicht kalt abschrecken, sondern langsam abkühlen lassen. Email springt wie Glas.

Erbsen

Erbsen behalten ihre Farbe und schmecken besser, wenn man dem Kochwasser etwas Zucker zugibt.

Erdbeeren

Erdbeeren, die eingefroren werden, sollen klein und vollreif sein. Man lässt die Erdbeeren erst auf einem Tablett vorfrosten, bevor man sie vorsichtig in Beutel verpackt. Sie werden dann nicht aneinanderkleben.

In der Küche

Essig

Essig, aromatischer

Essig erhält ein frisches Aroma, wenn er mit grünen Kräutern, Kresse oder Estragonzweigen angesetzt wird. Er wird fruchtig mit Himbeeren, Veilchenblüten oder Orangen- und Zitronenschalen. Besonders würzig wird er durch einen Zusatz von Ingwerwurzeln, Muskatnüssen, Senfkörnern oder Pfefferschoten.

Essig aufbewahren

Essig sollte nie in Plastik- oder Metallgefäßen aufbewahrt werden. Am besten ist Porzellan, Glas, Steingut.

Essiggurkensaft

Besonders den Saft von selbst eingemachten Gewürzgurken sollte man nicht gleich wegschütten. Man kann ihn noch gut zum Würzen verschiedener Gerichte, z. B. Wild oder Wurstsalat, verwenden. Auch zum Einlegen von Sauerbraten ist diese Essigbrühe noch geeignet.

Estragon

Estragon hat einen sehr intensiven Geschmack, der mit dem des Waldmeisters und Anis zu vergleichen ist. Daher darf man dieses beliebte Küchengewürz nur sehr sparsam verwenden. Erst durch Mitkochen entwickelt die Kräuterpflanze ihren vollen Geschmack.

Estragonessig

Estragonessig erhält man wie folgt ganz einfach: Man gibt einen frischen, gewaschenen Stängel Estragon in den Essig,

In der Küche

lässt das Ganze ca. 1 Woche ziehen und hat dann einen Essig mit dem typischen fein-würzigen Geschmack.

Februarsalate und -gemüse

Dies sind Chicorée, Endiviensalat, Feldsalat, Grünkohl, Lauch, Möhren, Rosenkohl, Rotkohl, Weißkohl.

Feldsalat

Feldsalat, der seine Blätter hängen lässt, wird schnell wieder frisch, wenn Sie ihn in lauwarmes Wasser legen.

Fettsäuren

Die Qualität eines Fettes richtet sich nach der Menge an ungesättigten Fettsäuren. Wertvoll sind Sonnenblumen-, Oliven-, Raps-, Distel- und Leinöle.

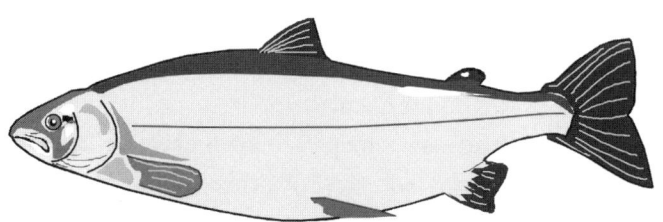

Fisch

FISCH GAREN

Fisch ist gar, wenn die Augen hervorquellen oder grau werden, wenn sich die Rückenflosse herausziehen lässt oder wenn man die Hauptgräte vom Fleisch lösen kann.

In der Küche

FISCH SCHUPPEN
Fisch lässt sich leichter schuppen, wenn Sie ihn kurz in heißes Wasser legen und ihn dann anschließend gleich mit kaltem Wasser abschrecken.

FISCHGERUCH
Fischgeruch verhindert man, wenn man alles, was mit Fisch in Berührung kommt, vorher mit kaltem Wasser abspült: also Hände, Bretter, Geschirr usw. Auch nach dem Essen alles kalt abspülen, bevor man mit Spülmittel abwäscht.

Flambieren
Beim Flambieren sollte der Alkohol niemals direkt aus der Flasche in die Pfanne gegossen werden, da die Gefahr besteht, dass die Flamme auf die Flasche überspringt. Immer in einem Löffel oder einem Spezialtöpfchen zugeben.

Fleisch

FLEISCH BRATEN
Fleisch, das gebraten werden soll, muss trocken sein. Deshalb sollte Fleisch, das in einer Marinade eingelegt war, mit Wasser abgewaschen wurde oder tiefgefroren war, mit Küchenkrepp oder einem sauberen Tuch trocken getupft werden.

FLEISCH, WEICHES
Fleisch, das einfach nicht weich werden will, müssen Sie mit etwas Weinbrand begießen. Da erhitzter Weinbrand seinen Eigengeschmack verliert, wird das Gericht im Geschmack nicht verändert.

In der Küche

Fleischbrühe

Fleischbrühe sollte langsam zum Kochen gebracht werden. Niemals kaltes Wasser nachgießen, da die Brühe sonst trübe wird.

Fondue-Öl

Fondue-Öl brodelt nicht über und behält einen besseren Geschmack, wenn man eine halbe rohe Kartoffel dazugibt und mitziehen lässt.

Frittieren

Frittieröl auswählen

Zum Frittieren sollte man ein Öl verwenden, das hoch erhitzbar ist. Bestens eignet sich Kokos-, Palm- und Erdnussöl.

Frittieröl, überschäumendes

Das Überschäumen von Frittieröl wird gestoppt, wenn man einige Stücke Zwiebeln in das Öl gibt.

Frittieröl mit Essig

Damit die Nahrungsmittel nicht zu viel Öl aufsaugen, gibt man in das Frittieröl 1 EL Essig!

Fruchtsäfte und Nektare

Fruchtsäfte und Nektare, die keine Konservierungsstoffe enthalten, sollten kühl und dunkel gelagert werden, damit die Vitamine erhalten bleiben. Angebrochene Flaschen sollten nicht länger als 3–4 Tage aufbewahrt werden, und zwar unbedingt im Kühlschrank.

In der Küche

Gänsefett

GÄNSEFETT VERFEINERN

Gänsefett kann mit kleinen, mitgebratenen Apfelschnitzen delikat verfeinert werden. Zur Geschmacksabrundung geben Sie noch eine Prise Thymian dazu.

GÄNSEFETT VERWENDEN

Gänsefett ist gut geeignet zum Gemüsedünsten oder für Pasteten. Als Brotaufstrich wird es streichfest, wenn man es mit Schweineschmalz (1:1) oder Kokosfett (2-mal Gänseschmalz auf 1-mal Kokosfett) auslässt.

Garzeiten für Steaks (2 cm dick)

Wichtig ist, dass das Steak zu Anfang bei großer Hitze von beiden Seiten angebraten wird, damit sich die Poren außen schließen und das Fleisch innen schön saftig bleibt. Das Steak hat außen eine dünne Kruste und ist innen rosa blutig, wenn es 2 Minuten von jeder Seite bei starker Hitze gebraten wird (= blutig, seignant, rare). Wenn das Steak 1 Minute von jeder Seite bei mittlerer Hitze brät, ist es außen braun, innen zartrosa (rosa, medium, anglaise bzw. á point). Ganz durchgebraten ist es, wenn Sie es 1 Minute von jeder Seite bei großer Hitze und noch 5 Minuten bei mittlerer Hitze braten (= welldone bzw. bien cuit).

Geflügel

GEFLÜGEL GRILLEN ODER BRATEN

Beim Grillen und Braten sollte Geflügel öfter mit einer Nadel in die Haut (aber nicht tiefer) gestochen werden, damit das darunterliegende Fett abfließen kann.

In der Küche

GEFLÜGEL, GEFRORENES, HANDELSKLASSEN
Es wird in Handelsklassen, wie folgt, eingeteilt: Extra A = allerbeste Qualität, A = gute Qualität. Die Handelsklasse B kommt kaum zum Verkauf, die Handelsklasse C gar nicht.

GEFLÜGEL RUPFEN
Geflügelrupfen ist oft eine mühsame Angelegenheit. Wenn Sie das Fleisch mit schwach sodahaltigem Wasser abbrühen, geht das Federrupfen einfacher und schneller.

Gefrierdosen
Gefrierdosen sollten immer gut beschriftet werden, auch das Einfrierdatum darf nicht fehlen!

Gefriergut

GEFRIERGUT EINFRIEREN UND AUFTAUEN
Gefrorenes darf nach dem Auftauen nicht wieder eingefroren werden und sollte bald verbraucht werden. Es ist günstig, wenn man kleinere Portionen einfriert.

GEFRIERGUT, FLÜSSIGES UND BREIIGES
Flüssiges und breiiges Gefriergut sollte nie bis zum Rand der Behälter gefüllt werden, weil es sich beim Einfrieren um etwa $1/10$ ausdehnt.

In der Küche

Gefrorenes stürzen

Gefrorene oder halbgefrorene Gerichte und Süßspeisen kann man leichter stürzen und aus der Form lösen, wenn man diese kurz über Wasserdampf hält oder kurz mit einem Tuch, das man vorher in heißes Wasser getaucht hat, umhüllt.

Gelatine

Gelatine geliert schneller, wenn man sie bei kühler Temperatur ausgießt und abkühlen lässt. In hohen Gefäßen dauert der Geliervorgang länger.

Gemüse

Gemüse, farbloses

Gemüse, das beim Kochen seine frische Farbe verloren hat, wirkt appetitlicher, wenn man es mit in Butter angeschmolzenem Paniermehl anrichtet, mit viel frischer Petersilie bestreut oder mit Holländischer Soße serviert.

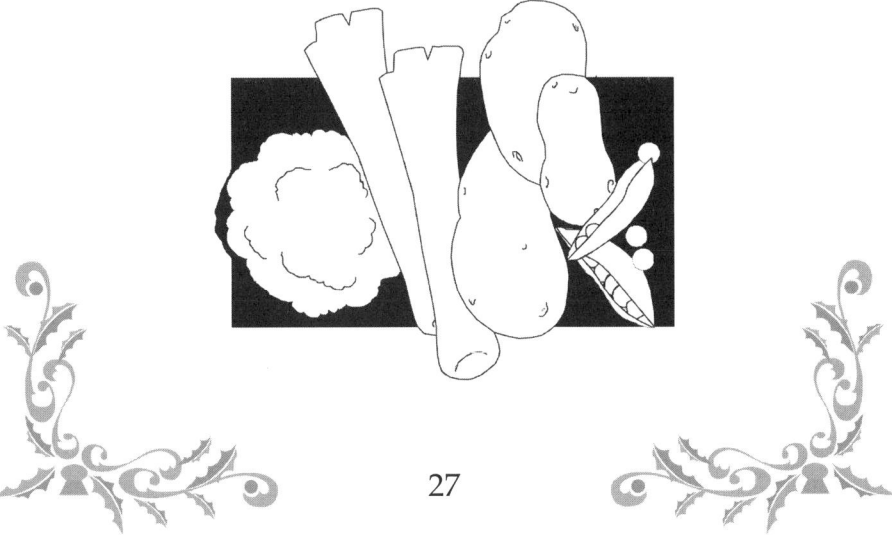

In der Küche

Gemüse frisch halten
Gemüse hält sich länger frisch, wenn es mit Wasser besprengt (z. B. mit einem Blumensprenger) in einen Bogen Papier eingeschlagen wird.

Gemüse kochen
Beispielsweise Kartoffeln brauchen weniger Garzeit, wenn man sie in einem flachen Topf kocht.

Gemüsewasser
Gemüsewasser, das übrig bleibt, eignet sich noch sehr gut zur Herstellung von Suppen, da es noch reichlich Nähr- und Aromastoffe enthält.

Gewürzsalz
Gewürzsalz zur Verfeinerung von Speisen kann man leicht selbst herstellen, wenn man die Gewürze, wie fein gemahlene Nelken, geriebene Muskatnuss, gemahlenen weißen Pfeffer und Cayenne, Thymian, Majoran, Lorbeerblätter und Rosmarin, pulverisiert und mit Jod-Meersalz vermischt. Im Steinguttopf zugedeckt im Kühlschrank bereithalten.

Gräten, verschluckte
Verschluckte Gräten lassen sich mit trockenem Brot, Brei, Kartoffeln oder Sauerkraut besser herunterschlucken. Zitronensaft oder Essigwasser unterstützen das Aufweichen der Gräten im Magen.

Grüne Bohnen
Grüne Bohnen, rohe
Grüne Bohnen sollten nicht roh verzehrt werden, da sie Spuren von Blausäure enthalten.

In der Küche

Grüne Bohnen kochen

Grüne Bohnen behalten beim Kochen ihre grüne Farbe, wenn sie in nur schwach gesalzenem Wasser und ohne Deckel gegart werden oder wenn Sie in das Kochwasser etwas Zucker streuen.

Gurken

Gurkensaft, frisch gepresster

Frisch gepresster Gurkensaft enthält wertvolle Bestandteile, wie z. B. Kupfer, Kalk, Magnesium, Eisen, Phosphor.

Gurkensalat

Gurkensalat verliert seinen oft bitteren Geschmack und liegt nicht mehr im Magen, wenn man die Gurken dünn abschält, anschließend mit heißem Wasser kurz überbrüht und gleich unter kaltem Wasser abschreckt.

Hackbraten

Hackbraten brennt nicht an, wenn man in die Pfanne Alufolie legt oder den Braten mit einer Speckschwarte bedeckt.

Hackfleischteig

Hackfleischteig können Sie mit gekochten, geriebenen Mohrrüben geschickt und auch kostensparend „strecken".

Hammelfleisch

Hammelfleisch muss sehr heiß gegessen werden, da das erkaltete Fett talgig schmeckt. Achten Sie deshalb beim Servieren auf Stövchen.

In der Küche

Honig

Honig ist fast unbegrenzt haltbar, wenn er kühl und fest verschlossen aufbewahrt wird. Er sollte nie offen im Kühlschrank stehen, da er Wasser anzieht und sehr leicht fremde Gerüche annimmt.

Hornbesteck

Hornbesteck bleibt schön, wenn man es ab und zu mit Salatöl abreibt. Es darf nicht unter kochendes Wasser gehalten werden oder in der Geschirrspülmaschine gewaschen werden, da es sich sonst verbiegt.

Hülsenfrüchte

Hülsenfrüchte werden am besten in kaltem Wasser aufgesetzt und erst gesalzen, wenn sie weich sind. Wenn man vergessen hat, sie über Nacht einzuweichen, kann man dem Kochwasser Natron beigeben.

Hummerschalen

Hummerschalen glänzen wunderschön, wenn Sie den Hummer kurz vor dem Servieren mit etwas Salatöl einreiben.

Ingwer

Ingwer darf wegen seines scharfen würzigen Geschmackes nur sehr sparsam verwendet werden. Besonders gut passt das Gewürz an exotische Speisen. Ingwer ist in Wurzelform, frisch eingelegt, kandiert oder in Pulverform erhältlich.

In der Küche

Januarsalate und -gemüse

Dies sind Chicorée, Endiviensalat, Lauchgemüse, Möhren, Rotkohl, Grünkohl, Rosenkohl, Sellerie, Schwarzwurzeln, Weißkohl.

Joghurt

Joghurt kann man selbst herstellen mit speziellen Pilzkulturen in Pulverform aus dem Reformhaus. Aber auch ein Becher biologischer Joghurt lässt sich leicht weiterverarbeiten, wenn man ihn in eine irdene Schüssel mit 1 l mäßig warmer Vollmilch schüttet, mit einem Tuch abdeckt und 15–20 Stunden an einem warmen Ort ruhen lässt.

Kaffee

Kaffee, milder

Kaffee wird milder, wenn Sie eine Prise Salz in das Pulver geben.

Kaffee, gemahlener

Gemahlener Kaffee wird am besten im Kühlschrank aufbewahrt, weil die feinen ätherischen Öle dort am wenigsten verdunsten.

In der Küche

KAFFEEKANNEN
Um den muffigen Geruch lange nicht benutzter Kaffeekannen zu vermeiden, legt man in diese ein Stückchen Zucker.

KAFFEEMASCHINEN
Kaffeemaschinen entkalkt man einfach, indem man anstatt Kaffeewasser eine Essig-Wasser-Mischung durchlaufen lässt. Evtl. den Vorgang wiederholen, zum Schluss mit klarem Wasser nachspülen.

KAFFEEMÜHLEN
Kaffeemühlen säubert man, indem man gelegentlich Reiskörner oder getrocknetes Weißbrot darin mahlt.

Kalamari
Kalamari dürfen bis maximal 45 Minuten gekocht werden, da sie sonst zäh werden.

Kartoffelbrei
Kartoffelbrei, der glasig geworden ist, kann mit etwas Milchpulver oder geschlagenem Eischnee gerettet werden.

In der Küche

Kartoffelchips

Kartoffelchips, die nicht mehr knusprig sind, legen Sie kurz in den vorgeheizten Backofen.

Kartoffeln

KARTOFFELN KOCHEN

Neue Kartoffeln bringt man in heißem Wasser zum Kochen. Ältere setzt man am besten in kaltem Wasser auf, damit die Stärke langsam zum Quellen gebracht wird.

KARTOFFELKOCHWASSER

Das Kochwasser von Kartoffeln nicht wegschütten. Geben Sie etwas davon in Ihre Bratensoße. Dadurch verfeinern Sie den Geschmack der Soße.

KARTOFFELN, SCHRUMPELIGE

Kartoffeln, die alt und schrumpelig sind, legt man einen Tag in kaltes Wasser. Dabei wird das verlorene Wasser wieder ersetzt. Hiernach lassen sie sich auch besser schälen.

KARTOFFELN, GEKOCHTE

Gekochte Kartoffeln müssen bald verbraucht werden, da sie nach 12 Tagen ein gefährliches Gift entwickeln (auch nicht mehr an Tiere verfüttern!).

KARTOFFELN, ROHE

Rohe Kartoffeln, die Sie schon geschält haben, aber doch nicht verwenden, legen Sie in kaltes Wasser und geben einige Tropfen Essig dazu. So bleiben die Kartoffeln (im Kühlschrank aufbewahrt) einige Tage frisch.

KARTOFFELPUFFER

Kartoffelpuffer bekommen eine besonders appetitliche Färbung, wenn Sie in den Kartoffelteig einige Mohrrüben reiben.

In der Küche

KARTOFFELSCHALEN, ROHE
Rohe Kartoffelschalen eignen sich gut zum Entfernen von Kesselstein. Man gibt sie mit Wasser in das verkalkte Gefäß und lässt es etwa 1 Stunde kochen.

PELLKARTOFFELN
Pellkartoffeln lassen sich leicht schälen, wenn man sie vor dem Pellen kurz mit kaltem Wasser abschreckt.

SALZKARTOFFELN
Salzkartoffeln werden nicht wässrig, wenn Sie die Kartoffeln nach dem Wasserabgießen im offenen Topf gut abdampfen lassen.

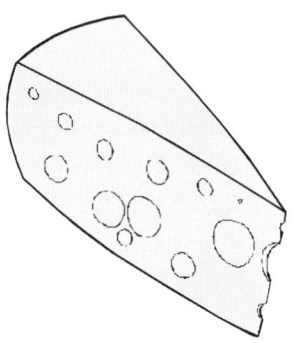

Käse

KÄSE AUFBEWAHREN
Käse lagert man am besten im Gemüsefach des Kühlschranks in einer Schüssel, die man mit einem feuchten Tuch bedeckt.

KÄSE, HART GEWORDENER
Hart gewordener Käse wird wieder genießbar, wenn man ihn einige Stunden in ein in Weißwein getauchtes Tuch einschlägt.

In der Küche

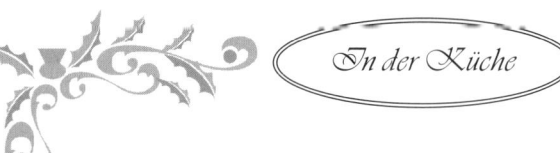

Käsefondue
Käsefondue wird leichter verdaulich, wenn man etwas Backpulver in die geschmolzene Käsemasse gibt. Es hilft auch, im Anschluss schwarzen Tee zu trinken.

Kaviar

Kaviarlöffel
Wenn man Kaviar auf dem kalten Buffet anbietet, sollte man darauf achten, dass die Löffel aus Kunststoff sind.

Kaviar, frischer
Frischen Kaviar genießt man so am besten: Man zerdrückt eine heiße Pellkartoffel mit einer Gabel, gibt etwas saure Sahne oder Créme fraîche darüber und legt auf das Ganze den frischen Kaviar.

Keramik-Kochfelder
Keramik-Kochfelder säubert man mit einem Spülmittel. Keine groben Scheuermittel benutzen. Achten Sie darauf, dass die Kochfelder nicht durch kleine Fremdkörper (wie Sandkörner) zerkratzt werden.

Ketchup
Ketchup fließt flüssiger aus der Flasche, wenn Sie vor dem Gebrauch einen Strohhalm bis auf den Flaschenboden stecken und wieder herausziehen.

Kirschen
Kirschen entkernt man problemlos und schnell mit einer alten Haarnadel, die in einem Korken steckt.

In der Küche

Knoblauch

Knoblauch, gepresster
Gepresster Knoblauch ist im Geschmack wesentlich schärfer als in Scheiben geschnittener.

Knoblauchpresse reinigen
Nach Gebrauch reibt man einfach die Presse unter fließendem Wasser ab.

Knödel
Knödel lassen sich gut formen, wenn man die Hände vor der Verarbeitung kurz in kaltes Wasser taucht.

Kochfisch
Kochfisch und Kohl riechen nicht so sehr, wenn man beim Kochen ein essiggetränktes Tuch zwischen Topf und Deckel hängt.

Kochlöffel
Umrühren beim Kochen sollte man nur mit einem Holzlöffel, da Metalllöffel auf manche Speisen chemisch reagieren.

Kochplatten

Elektro-Kochplatten
Kochplatten bei Elektroherden sollten in ihrer Größe möglichst mit der Topfgröße zusammenpassen. Ist die Kochplatte kleiner, dann kann sich nach und nach der Topfboden in der Mitte hochwölben. Dadurch ist die Wärmeleitung nicht mehr gesichert und es entsteht Energieverlust. Wenn der Topf kleiner ist als die Platte, wird diese nicht wirtschaftlich genutzt.

In der Küche

KOCHPLATTEN-NACHWÄRME
Die Nachwärme können Sie noch nutzen, wenn Sie 5–10 Minuten vor dem Ende der Garzeit die Kochplatte abstellen.

Kochtöpfe, angebrannte
Angebrannte Kochtöpfe sind nur mühsam zu reinigen. Hilfreich ist es, in den Topf Waschpulver zu geben, etwas Wasser darauf zu gießen und über Nacht stehen zu lassen.

Kohlrabiblätter
Kohlrabiblätter nicht wegwerfen! Sie können daraus eine leckere Gemüsebeilage kochen. Einfach wie Spinat zubereiten.

Konfitüren
Konfitüren und Gelees sollten vor dem Einfüllen in Gläser durch eine Gelierprobe überprüft werden. Dazu wird eine Probe der Masse auf einem Teller abgekühlt. Wenn sich schnell eine Haut bildet, kann abgefüllt werden, sonst noch etwas kochen lassen.

Konservendosen
Konservendosen mit gewölbtem Deckel unbedingt wegwerfen. Der Inhalt ist nicht mehr genießbar.

Kopfsalat, welker
Welker Kopfsalat wird wieder frisch, wenn Sie ihn in Wasser legen, in das Sie etwas Zitronensaft träufeln.

In der Küche

Krabben

Krabben schmecken nicht nach Dose, wenn man sie etwa 10 Minuten in einer Mischung aus Sherry und Essig ziehen lässt.

Kräutertee

Kräutertees sollten nur in Keramik- oder Porzellangefäßen aufgegossen werden.

Kresse

Kresse ist sehr gesund und lässt sich problemlos selbst am Küchenfenster züchten. Geben Sie einfach eine dicke Lage feuchter Papierküchentücher in ein Gefäß, Kresse daraufstreuen, fertig.

Kristallglas

Kristallglas sollte auf keinen Fall in der Spülmaschine gewaschen werden, da durch das Zusetzen der feinen Poren das Glas stumpf und unansehnlich wird.

In der Küche

Kuchen

KUCHEN, TROCKENER

Kuchen trocknen im Backrohr nicht aus, wenn Sie während des Backvorganges ein kleines Schälchen Wasser in den Backofen dazustellen. Kuchen, der zu trocken geworden ist, kann man mit Zitronen- oder Orangensaft (oder Rum, Cognac, Wein) beträufeln und mit Zuckerguss überziehen.

KUCHEN, FESTSITZENDER

Kuchen, der in der Form festsitzt, lässt sich leichter lösen, wenn man ihn kurz auf ein nasses Tuch stellt.

KUCHEN, FRISCHER

Frischer Kuchen lässt sich besser schneiden, wenn Sie das Messer vor jedem Schnitt in heißes Wasser tauchen. (Das Messer wird dadurch aber schnell stumpf!)

KUCHENTEIG

Kuchenteig lässt sich leichter ausrollen, wenn man das Teigrollholz vorher ins Eisfach gelegt und die Tischplatte mit Mehl bestäubt hat. Man kann den Teig auch zwischen zwei Bogen Pergamentpapier oder zwischen Plastikfolie legen und ausrollen. Er klebt dann bestimmt nicht fest.

KUCHENTELLER

Kuchenteller können Sie sich leicht selbst zaubern. Wickeln Sie eine alte Langspielplattenhülle oder ein Stück stabile Pappe mit Alufolie ein.

Küchenbeleuchtung

Arbeitsplatz und Herd in der Küche müssen gut beleuchtet sein. Wählen Sie für die Küche am besten eine normale Allgemeinlampe an der Decke oder über einem Essplatz und sor-

In der Küche

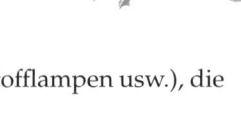

gen Sie für helle Arbeitslampen (Leuchtstofflampen usw.), die man nach dem Kochen ausschaltet.

Küchenkräuter

Küchenkräuter aufbewahren
Küchenkräuter werden in Keramikbehältern im Kühlschrank aufbewahrt oder zum Trocknen an einen Haken gehängt. Sie sollten niemals im Wasser stehend aufbewahrt werden.

Küchenkräuter schneiden
Küchenkräuter schneidet man am besten auf Glas, Porzellan oder auf einer Marmorplatte (nicht auf Holz).

Küchenlappen

Küchenlappen und Spülbürsten kann man in der Geschirrspülmaschine mitreinigen.

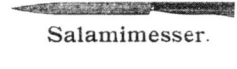

Salamimesser.

Verzierungsmesser.

Küchenmesser

Küchenmesser werden stumpf, wenn sie in heißem Wasser oder gar in der Geschirrspülmaschine abgewaschen werden. Am besten nur mit einem feuchten Tuch abwischen.

Kühlhalten

Kühlhalten von Speisen
Sollte Ihr Kühlschrank vor einer Party für die vorbereiteten Speisen nicht ausreichen, stellen Sie die Schüsseln mit den

In der Küche

Speisen einfach in noch größere Gefäße, die Sie mit Salzwasser und Eisstücken gefüllt haben.

KÜHLHALTEN VON GETRÄNKEN

Kühlhalten von Wein und Mineralwasser für eine Party ist einfach, wenn Sie die Flaschen in die mit kaltem Wasser und einer Handvoll Salz gefüllte Badewanne stellen.

Kühlschrankfrische

Den Kühlschrank regelmäßig mit Essigwasser auswischen.

Kupfergeschirr

Kupfergeschirr darf zum Kochen nur verwendet werden, wenn es innen mit einer Legierung versehen ist. Das Beste ist eine Kombination aus Kupfer und Edelstahl.

In der Küche

Lachs

LACHS, FRISCHER

Frischer Lachs muss folgende Kennzeichen tragen: Glänzende Schuppen; Flossen und Schwanz dürfen nicht angetrocknet sein.

LACHS, ROHER

Roher Lachs schmeckt am besten, wenn man ihn entweder mit Essig und Öl oder mit Joghurt-Zitronensaft beträufelt.

Leber

Leber lässt sich mühelos häuten, wenn Sie das Fleischstück kurz in heißes Wasser eintauchen.

Lebkuchen, eingetrocknete

Eingetrocknete Lebkuchen werden wieder weich, wenn Sie einen geschälten Apfel mit in die Blechdose geben.

Lorbeerblätter

Lorbeerblätter lassen sich ganz einfach aus Ihrem Essen entfernen, wenn Sie die Blätter in ein Tee-Ei geben.

Mais

MAIS, GELBER

Mais wird so richtig schön gelb, wenn Sie dem Kochwasser ein paar Spritzer Zitronensaft beifügen.

In der Küche

Maiskolben kochen
Die Maiskörner bleiben schön zart, wenn man ins Kochwasser kein Salz streut. Den Maiskolben erst kurz vor dem Servieren mit Salz bestreuen.

Maiskolben putzen
Die leicht klebenden Fäden an einem Maiskolben lassen sich mit einer alten Zahnbürste oder ausrangierten Nagelfeile einfach entfernen.

Majoran
Das beliebte Küchengewürz hat magenstärkende und blähungswidrige Eigenschaften.

Makrelen
Makrelen sind laut neuesten Forschungen bei Herz- und Kreislauferkrankungen zu empfehlen!

Mandeln
Mandeln lassen sich einfach häuten, wenn Sie sie mit kochendem Wasser übergießen.

Mangoldgemüse
Bei der Zubereitung von Mangoldgemüse verwendet man nicht nur die Blätter, sondern auch die sehr schmackhaften Stiele, die nur noch klein geschnitten werden müssen.

In der Küche

Marmelade

Marmelade, eingetrocknete

Eingetrocknete Marmelade wird schnell wieder flüssig, wenn man das geöffnete Marmeladenglas in kochend heißes Wasser stellt und ca. 5 Minuten darin kochen lässt!

Marmeladengelee

Um die Bildung von Kondenswasser beim Geleemachen zu verhindern, muss man das Gelee immer erst etwas abkühlen lassen, bevor man es in das Glas einfüllt.

Marmeladengeschmack

Man verfeinert den Geschmack, indem man, je nach persönlicher Note, etwas Rum, Wodka, Cognac oder Calvados dazugibt. Auch fertig gekaufte Marmeladen lassen sich so verändern.

Marmeladengläser

Marmeladengläser platzen nicht, wenn sie beim Einfüllen der heißen Flüssigkeit auf einem feuchten Tuch stehen und wenn man einen Silberlöffel beim Einfüllen hineinlegt. Man kann die Gläser aber auch in der Backröhre vorwärmen, um den Temperaturausgleich herzustellen.

Marzipan

Marzipan hebt man im Kühlschrank auf. Man wickelt es in ein feuchtes Tuch ein.

Märzsalate und -gemüse

Dies sind Chicorée, Gartenkresse, Möhren, Rosenkohl, Rotkohl, Weißkohl.

In der Küche

Mayonnaise

Mayonnaise gerinnt nicht, wenn man vor dem Rühren zuerst den Senf in die Schüssel gibt und dann erst das Eigelb. Die Zutaten sollten möglichst gleich kühl sein.

Meerrettich

MEERRETTICH, GEFRORENER

Meerrettich lässt sich in gefrorenem Zustand reiben, ohne dass man weinen muss.

MEERRETTICH, GERIEBENER

Geriebener Meerrettich wird nicht dunkel, wenn man ihn gleich nach dem Reiben mit etwas Zitronensaft beträufelt.

Mehl

Mehl lässt sich in Wasser auflösen, wenn man eine Prise Salz daruntermischt.

Milch

MILCH, HEISSE

Heiße Milch bekommt keine Haut, wenn Sie sie durch einen kleinen Eiswürfel schocken.

MILCHKOCHTÖPFE

Kochtöpfe vor dem Gebrauch gut mit kaltem Wasser ausspülen, damit die Milch beim Kochen nicht so leicht anbrennt.

MILCH, SAURE

Milch wird nicht sauer, wenn man sie mit Zucker kocht.

MILCH, ÜBERKOCHENDE

Milch kocht nicht über, wenn man den Topfrand mit Butter bestreicht.

In der Küche

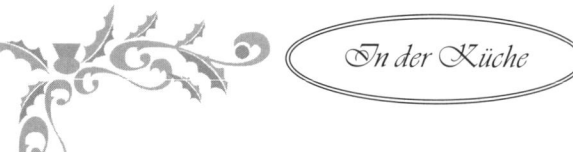

Mohn

Mohn sollte man nie auf Vorrat kaufen, da er sich nicht lange hält und wegen seines Ölgehaltes leicht ranzig wird. Erst vor dem Verarbeiten mahlen.

Möhren

MÖHREN KOCHEN

Möhren nie in einem Aluminiumtopf kochen, da sie sonst ihre herrliche Farbe verlieren und unansehnlich grau werden.

MÖHREN PUTZEN

Möhren gründlich unter laufendem Wasser abbürsten, nicht abschaben. So bleiben die wertvollen Vitamine, die direkt unter der Schale sitzen, erhalten.

Mürbeteig

Mürbeteig lässt sich bis zu einer Woche im Kühlschrank aufbewahren, wenn man ihn in Pergamentpapier einwickelt.

Napfkuchen

NAPFKUCHEN BACKEN

Damit der Napfkuchen im Backofen nicht zusammenfällt, sticht man einfach ein Stück Makkaroni in die Oberfläche des Napfkuchens.

NAPFKUCHENFORM

Damit die Form des Napfkuchens sich leichter vom Kuchen löst, lässt man ihn einfach ein paar Minuten zum Abkühlen stehen. Streut man die Innenseite der Form vor dem Backen mit gemahlenen Mandeln oder Haselnüssen aus, erhält man nicht nur lecker schmeckende Ränder, sondern einen Napfkuchen, der sich mit diesem kleinen Trick schnell und einfach aus der Form lösen lässt.

Natron
Natron ist ein vielseitiges Küchenmittel. Viele Speisen werden weich mit Natron, z. B. Fleisch und Hülsenfrüchte.

Nockerln, zerkochte
Zerkochte Nockerln kann man retten, wenn man sie aus der Flüssigkeit (Suppe) schöpft und mit Ei, Grieß oder Paniermehl fester formt.

Nudeln
Nudeln kleben beim Kochen nicht zusammen, wenn Sie einen Teelöffel Öl ins Kochwasser geben.

Obst
OBST, ERFRORENES
Erforenes Obst kann meistens noch verwendet werden, wenn man es eine Weile in kaltem Salzwasser lagert.

In der Küche

OBST- UND GEMÜSEHAUT
Haut, z. B. von Pfirsichen, Aprikosen, Mandeln, Tomaten und Pellkartoffeln, löst sich leichter, wenn man die Früchte nicht nur überbrüht, sondern danach mit kaltem Wasser „abschreckt" oder darin abkühlen lässt.

OBST UND GEMÜSE, TIEFGEFROREN
Benötigt man von einer Packung tiefgefrorenem Gemüse oder Obst nur einen Teil, schneidet man sich einfach die benötigte Menge mit einer Säge ab. Den Rest umwickelt man mit Gefrierfolie und legt die Packung wieder schnell zurück in die Tiefkühltruhe!

OBSTTORTENBODEN
Bereits nach kurzer Zeit weicht das Obst eines Kuchens den Tortenboden durch. Abhilfe schaffen Backoblaten. Man verteilt sie deckend auf den ganzen Tortenboden und gibt dann erst die Früchte darauf!

Öl

ÖL HALTBAR MACHEN
Öl bleibt länger haltbar, wenn man vor dem Einfüllen etwas Salz in den Ölbehälter streut.

ÖL AUFBEWAHREN
Öl sollte niemals im Kühlschrank aufbewahrt werden, da beim Auftauen der Geschmack leidet. Am besten heben Sie Öl in einer dunklen Flasche, an einem dunklen Ort, bei mäßiger Temperatur auf. Man kann die Ölflasche auch mit einer Silberfolie umwickeln.

In der Küche

Oliven
Oliven im angebrochenen Glas schimmeln nicht, wenn man sie mit Öl oder Zitronensaft bedeckt.

Olivenöl
Olivenöl wird nicht so schnell ranzig, wenn Sie ein Stück Würfelzucker in die Flasche geben.

Oktobersalate und -gemüse
Dies sind: Blumenkohl, Kohlrabi, Lauch, Mangold, Möhren, Rotkohl, Sellerie, Steckrüben, Tomaten, Wirsing.

Orangeat
Orangeat kann man wie folgt leicht selber zubereiten: Man wäscht die Schale einer ungespritzten Orange gründlich mit heißem Wasser und schält dann ab. Die Schale wird in kleine Würfel zerteilt. Diese gibt man in Honig und stellt sie zur Aufbewahrung in den Kühlschrank.

Orangenschnitze häuten
Dies funktioniert ganz einfach: Man schneidet mit einem scharfen Messer die Oberkante des Fruchtstückes ein und zieht dann die Haut seitlich ab.

Oregano
Das Kraut ist geschmacklich dem Gewürz sehr ähnlich. Viele südländische Gerichte werden mit diesem Gewürz in frischer oder getrockneter Form verfeinert. Für die optimale Geschmacksentwicklung ist ein Mitkochen ganz wichtig!

In der Küche

Paniermehl

Paniermehl wird in der Mikrowelle wie folgt unkompliziert und schnell produziert. Man legt 1 Scheibe Vollkornbrot und 1 Brötchen 2 Minuten bei höchster Stufe in das Gerät. Anschließend zerreibt man das Ganze!

Parmesan

Parmesan hält sich wochenlang frisch, wenn Sie ihn (am Stück) in Salz aufbewahren.

Petersilie immer frisch

Sie haben auch im Winter immer frische Petersilie zur Hand, wenn Sie ein paar Petersilienwurzeln, statt in die Suppe, in die Erde stecken (am Fenster aufbewahren) und regelmäßig gießen. Die Petersilie treibt aus und kann anschließend frisch geerntet werden.

Pfannkuchen

Pfannkuchen werden besonders locker, wenn in den Teig anstelle von Wasser ein Schuss Bier oder Mineralwasser eingerührt wird.

Pfeifenreiniger

Pfeifenreiniger in Öl getaucht, eignen sich gut zum Ölen von schwer zugänglichen Stellen an Küchengeräten.

In der Küche

Pilze

PILZE, VERTRÄGLICHKEIT

Pilze sind schwer verdaulich. Man sollte sie möglichst nicht abends essen. Je kleiner man die Pilze schneidet und je mehr man sie kaut, desto leichter sind sie verdaulich.

PILZE, GETROCKNETE

Getrocknete Pilze sollte man möglichst schon einen Tag vor Gebrauch in Wasser (oder Milch – z. B. bei Morcheln) einweichen, damit sie schön weich werden. Den aromatischen Einweichsud sollte man beim Kochen mit verwenden.

Plastikgeschirr

PLASTIKGESCHIRR REINIGEN

Plastikgeschirr sollte nur mit warmem Wasser gereinigt werden. Nie in der Geschirrspülmaschine mitwaschen oder mit Spülmitteln behandeln. Es wird sonst schnell grau und unansehnlich.

PLASTIKGESCHIRR, GELBES UND ORANGES

Achtung: Plastikgeschirr in Gelb oder Orange kann Kadmium enthalten.

Pudding

Pudding und süße Soßen bekommen beim Kaltwerden keine Haut, wenn man sie vor dem Abkühlen mit etwas heißem Zucker bestreut.

In der Küche

Quark
Quark bleibt länger frisch, wenn Sie die Packung auf den Kopf gestellt im Kühlschrank aufbewahren.

Radieschen
Radieschen bleiben mehrere Tage lang frisch und knackig, wenn man sie mit den Blättern nach unten in ein Glas Wasser stellt (täglich erneuern).

Reis

Reis kochen
Reis, der mit Bouillon, Gemüse- oder Fleischbrühe gekocht wird, schmeckt würziger.

Reiskochwasser
Kochwasser nicht weggießen! Es ist eine billige und gute Textilstärke z. B. für Gardinen und feine Seidenstoffe. Man legt die Textilien nach dem Waschen eine Zeit lang in Reiskochwasser mit einem Schuss Borax und hängt sie tropfnass auf. Mit mäßig warmem Eisen und Tuch bügeln.

Remouladensoße
Remouladensoße, die zu dünn geworden ist, wird dicker, wenn man ein hart gekochtes, zerdrücktes Eigelb oder ganze, klein gehackte gekochte Eier untermischt.

In der Küche

Rinderbraten

Der Rinderbraten wird besonders saftig, wenn Sie das Fleischstück vor dem Anbraten kurz in kochendes Wasser eintauchen.

Rohkostsalate

Rohkostsalate sollte man möglichst frisch einkaufen und sofort verwenden, weil sie sonst fade schmecken und die wichtigen Vitamine durch Sauerstoffzufuhr innerhalb kürzester Zeit zerstört werden. Salate, die in einer Marinade ziehen sollen, deckt man zu.

Rotkohl schneiden

Rotkohlschneiden verfärbt die Hände unansehnlich rot. Wenn Sie Ihre Hände nach dem Schneiden mit Zitronensaft einreiben, werden sie schnell wieder sauber.

Rotweine

Rotwein servieren

Rotweine serviert man (außer italienische Rotweine und Primeurs) „zimmerwarm", d. h. aber auch nicht sehr warm; der Ausdruck „zimmerwarm" entstammt aus der Zeit, als diese Temperatur etwa 16 °C betrug.

In der Küche

Rotweinflaschen
Rotweinflaschen bereits 2 Stunden vor dem Gebrauch entkorken. So kann sich der Wein mit der Luft verbinden und dadurch sein volles Aroma entwickeln.

Rotwein „Lüften"
Manche Rotweine brauchen unbedingt Luft, um ihr Aroma entfalten zu können. Man gießt diese Weine (oft sehr kräftige oder auch sehr junge Weine) vorsichtig in eine Karaffe um oder lässt sie vor dem Servieren eine Zeit lang offen in der Flasche stehen.

Rühreier
Rühreier werden ergiebiger und pikanter, wenn man der Eimasse etwas (pro Person 1 TL) geriebenen Käse beigibt oder zum Schluss die fertigen Eier in der Pfanne mit Käse überstreut und zugedeckt etwas ziehen lässt.

Rumtopf
Verwenden Sie gut ausgereifte Früchte und Rum, der einen Alkoholgehalt von 50 % hat. Naschen zwischendurch mit Händen und Küchenbesteck ist zu unterlassen, da der Inhalt dann leicht schimmeln kann.

Salz

Salzeinsatz
Salz wird in der Küche vielseitig eingesetzt, z. B. zum Kühlhalten von Getränken und Speisen. Angebrannte Speisen

In der Küche

lösen sich leichter aus den Töpfen. Man kann Maden und Mehlwürmer durch Beigabe von Salz aus Gemüse vertreiben und von Mehl fernhalten.

SALZ IN SALATSOSSEN

Salz löst sich nicht in Öl. Beim Zubereiten von Salatsoßen löst man daher zuerst das Salz in Essig und gibt dann erst das Öl hinzu.

SALZ, KLUMPENDES

Salz klumpt nicht, wenn man in den Salzstreuer einige Reiskörner hineingibt.

Salzgebäck

Niemals auf Silberschalen aufbewahren oder servieren. Das Salz greift das Silber an und hinterlässt Flecken und matte Stellen.

Schimmel

Schimmel ist gefährlich. Verschimmelte oder angeschimmelte Lebensmittel sollten sofort weggeworfen werden. Versuchen Sie nicht, angeschimmelte Lebensmittel noch zu retten, indem Sie den Schimmelbelag abschneiden oder z. B. bei Marmelade abheben. Schimmel ist sehr oft auch schon da, wo man ihn noch nicht sieht.

Schinken, roher

Roher Schinken, der zu salzig ist, wird zart, wenn man ihn einige Stunden in Milch legt.

In der Küche

Schmalzgebackenes

Schmalzgebackenes liegt oft schwer im Magen. Wenn Sie dem Backfett einen Löffel Rum beifügen, nimmt das Gebäck nicht so viel Fett auf und ist leichter bekömmlich.

Schnellkochtöpfe

Schnellkochtöpfe sollte man so oft wie möglich benutzen, da diese sehr energiesparend kochen (im Durchschnitt sparen sie 15- bis 20%ige Energie).

Schnittlauch

Schnittlauch verliert seine gesundheitsfördernden Eigenschaften (blutreinigend, Vitamin-C-Gehalt und Eisen), wenn er erhitzt wird – deshalb nie mitkochen. Man sollte ihn v. a. in Quark, grünen Soßen und in Salat verwenden.

Schokolade

Schokolade, die Sie zum Backen brauchen, können Sie ganz einfach zerkleinern, indem Sie die Tafel im Papier eingewickelt lassen und mit der genoppten Seite eines Fleischklopfers darauf schlagen.

Schüsseln

Schüsseln stehen beim Rühren fest, wenn man sie auf einen feuchten Lappen stellt.

Schwarzwurzeln

Schwarzwurzeln putzt man am besten unter laufendem Wasser. Man sollte aber unbedingt ein Tuch über den Abfluss

In der Küche

legen, damit die abgeschabten Schalen den Abfluss nicht verstopfen. Die Hände kleben nicht, wenn man sie vor dem Schwarzwurzelputzen mit Öl eingerieben hat. Man kann die Schwarzwurzeln auch vor dem Putzen mit kochendem Wasser abschrecken, dann lässt sich die Haut abziehen.

Senf

Senf sollte kühl, dunkel und verschlossen aufbewahrt werden, damit er nicht austrocknet. Ist das doch mal passiert, kann er mit Essig und Weißwein wieder glatt gerührt werden.

Silber

SILBER OHNE ANLAUFEN
Silber läuft nicht mehr an, wenn Sie in den Schrank oder Besteckkasten ein Stückchen Kampfer legen.

SILBER, ANGELAUFENES
Bereits angelaufenes Silber reibt man mit Salmiakgeist ab. Man kann es auch zusammen mit einer Alufolie in kochendes Wasser legen und einen Löffel Salz dazugeben. Silber und Alufolie müssen sich berühren.

Soßen

SOSSEN WARM HALTEN
Soßen, die man vor dem Servieren nicht mehr aufwärmen darf, weil sie sonst zusammenfallen, kann man in der Thermosflasche warm halten.

SOSSEN BINDEN
Soßen, die mit einem Gemüsebrei gebunden werden, sind schmackhaft und haben weniger Kalorien.

In der Küche

SOSSENZUTATEN
Wenn man zum Herstellen von Soßen Alkohol verwendet, ist es vorteilhaft, das Flüssigkeitsvolumen vorher durch Einkochen zu verringern.

Spargel

SPARGEL, GESCHÄLTER
Geschälter Spargel hält sich frisch, wenn man ihn in ein Tuch einwickelt, das man vorher in Essig- oder Salzwasser getaucht hat.

SPARGEL KOCHEN
Spargel wird besonders schmackhaft, wenn man dem Kochwasser außer Salz ein bisschen Zucker und Öl – oder noch besser ein Stück Butter – beigibt.

Speck

SPECK, KNUSPRIGER
Knuspriger Speck ist eine delikate Essensbeilage. Damit der Speck auch richtig rösch wird, tauchen Sie ihn, kurz bevor Sie ihn in die Pfanne geben, in kaltes Wasser ein.

SPECK SCHNEIDEN
Speckschneiden wird leichter, besonders bei großen, dünnen Scheiben, wenn man den Speck vorher im Eisfach hart werden lässt. Braucht man viele Speckscheiben, kauft man den Speck am Stück und lässt ihn vom Metzger auf der Wurstschneidemaschine in Scheiben schneiden. (Pergamentpapier dazwischenlegen lassen!)

In der Küche

Speisen, versalzene
Versalzene Speisen kann man noch retten, wenn man rohe Kartoffeln mitkocht. Sie saugen das Salz auf.

Speisen, warme
Warme Speisen in den Kühlschrank gestellt, erhöhen den Kälte- und den Strombedarf erheblich.

Speisereste, eingebrannte
Eingebrannte Speisereste lassen sich entfernen, wenn man Salzwasser im Kochtopf kurz aufkocht.

Stahlwollschwämme
Stahlwollschwämme, mit denen Sie angebrannte Kochtopfböden reinigen können, sollten Sie in kleinen Blumentöpfen aus Ton aufbewahren. Der Ton saugt die Feuchtigkeit aus dem Schwamm und verhindert so das Rosten!

Strudelteig
Strudelteig, z. B. für einen Apfelstrudel, lässt sich einfacher verarbeiten und reißt nicht mehr so schnell, wenn man etwas Essig und Öl in den Strudelteig vermengt.

Sud abseihen
Falls bei der Herstellung eines Kräutersudes viele kleine Blätterteile im Sud schwimmen, seiht man nicht durch ein Sieb, sondern durch einen Kaffeefilter ab!

In der Küche

Suppen, versalzene

Suppen, die versalzen sind, kann man mit etwas Sahne und Eigelb milder machen. Auch 1–2 Kartoffeln, die man kurz mitkocht und vor dem Servieren herausnimmt, können das Salz neutralisieren.

Suppenfleisch

Wenn man ein besonders gutes Fleisch haben will, gibt man es in kochendes Wasser. Wenn man mehr Wert auf gute Brühe legt, setzt man das Fleisch mit kaltem Wasser auf. Mit einem Schuss Kognak wird die Suppe besonders fein und das Fleisch schneller gar.

Tee

TEE AUFGIESSEN

Tee in Porzellan-, Ton- oder Glastassen aufgießen, Metallgefäße aus Aluminium und Kupfer sind ungeeignet.

TEE, SCHWARZER

Schwarzer Tee sollte nur in Kannen zubereitet werden, die ausschließlich dafür benutzt werden. Teekanne innen nur ausspülen, der dunkle Belag erhöht noch das Aroma.

In der Küche

Teegeschirr

Teegeschirr, d. h. Gefäße, in denen Tee zubereitet und serviert wird, sollte nicht für andere Getränke benutzt werden. Teekannen bekommen nach einiger Zeit braune Ränder. Wen das stört, der kann mit Hagebuttentee, den man einige Zeit darin stehen lässt, den Belag schonend entfernen, ebenso mit Brennnesselsud.

Teewasser

Teewasser sollte 2–3 Minuten kochen, ehe es auf die Teeblätter gegossen wird. Wenn das Wasser sehr hart ist, sollte man zum Teekochen lieber kohlensäurefreies Mineralwasser nehmen. Man kann dem Wasser auch eine Prise Natron beigeben, um den Geschmack zu verbessern. Teekannen sollte man vor dem Aufbrühen heiß ausspülen.

Teflon®-Pfannen

Beschichtete Teflon®-Pfannen reagieren empfindlich gegen Hitze über ca. 250 °C, gegen das Reinigen mit Scheuermittel und Stahlwolle und gegen spitze, scharfe Gegenstände.

In der Küche

Teigrollen

Wenn man keine Teigrolle zur Hand hat oder beim weihnachtlichen Plätzchenbacken eine zweite für die Kinder braucht, kann man sich mit einer leeren Weinflasche behelfen. Diese mit kaltem Wasser füllen, zukorken und dann kurz in den Kühlschrank legen.

Teller

Gerissene Teller (z. B. Antiquitäten) sollte man etwa eine ¾–1 Stunde in Milch kochen. Risse werden hierdurch unsichtbar.

Thermoskannen und -gefäße

Thermoskannen und -gefäße dürfen nie ganz bis zum Rand gefüllt werden, besonders nicht mit heißen Flüssigkeiten. Diese dehnen sich aus, sodass die Gefäße platzen können.

Tiefkühlgut

Tiefkühlgut beschriftet man entweder mit Klebeetiketten oder mit Folienfilzschreiber (Datum nicht vergessen!).

In der Küche

Tomaten

TOMATEN, WEICHE

Weiche Tomaten werden wieder fest, wenn man sie in kaltes Wasser legt.

TOMATEN, SELBST GEZOGENE

Selbst gezogene Tomaten, die im Herbst nicht mehr rot geworden sind, zusammen mit einem reifen Apfel in einer Papiertüte aufbewahren. Das dem Apfel entweichende Äthylengas beschleunigt die Reifung.

Töpfe

TOPFDECKEL

Topfdeckel sollen gut schließen, da durch ständiges Abdampfen Wärme verloren geht. Bei nur einen Spaltbreit geöffnetem Topf ist der Wärmeverlust fast so groß wie bei Töpfen ohne Deckel.

TÖPFE, ANGEBRANNTE

Angebrannte Töpfe werden wieder sauber, wenn Sie darin etwas Wasser mit Backpulver aufkochen. Die angebrannten Speisereste lassen sich so leicht lösen.

TÖPFE UND SCHÜSSELN

Töpfe und Schüsseln, in denen z. B. zum Kuchenbacken Mehl mit Milch und Eiern verarbeitet wurde, spült man zuerst mit kaltem Wasser ab, damit sich die Reste besser lösen.

Topfkratzer

Topfkratzer sind geeignet zum Putzen von Wurzelgemüsen.

In der Küche

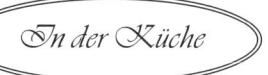

Turmkochen

Durch „Übereinanderstellen" von Töpfen auf einer Kochplatte lässt sich die Wärmeabgabe besser ausnutzen. Wichtig dabei ist, dass die gestapelten Töpfe dicht abschließen. Ganze Menüs lassen sich auf diese Weise kostensparend kochen. Zuunterst sollte dabei immer das Gericht mit der längsten Garzeit stehen (z. B. Gulasch, Gemüse, Reis). Üben Sie erst mit zwei Töpfen, z. B. Schmorbraten und Kartoffeln.

Vanille

Vanillestangen werden geschlitzt und einfach mitgekocht. Sie verleihen Süßspeisen einen süßlich-würzigen Geschmack.

Veilchen, gewaschene

Gewaschene Veilchen dekorieren bunte Salate und können mitgegessen werden.

Verstopfungen in Abflüssen

Verstopfungen in Abflüssen sollte man am besten mechanisch mittels Saugglocken, Spiralen oder durch Öffnen und Reinigen des Siphons beheben. Ablagerungen von Kalk und Eisen lassen sich mit Essigsäure entfernen.

Walnüsse

WALNÜSSE SCHÄLEN

Walnüsse lassen sich sehr viel leichter schälen, wenn Sie die Nüsse über Nacht in handwarmes Wasser legen.

In der Küche

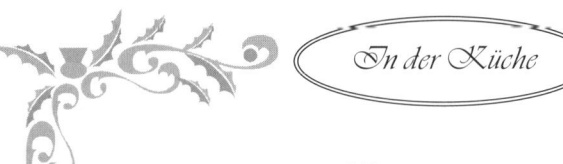

WALNUSSVERZEHR
Beim Verzehr von Walnüssen ist zu beachten, dass die Nüsse Inhaltsstoffe haben, die blutdrucksteigernd sind.

Warmhalteplatten

Warmhalteplatten müssen nach dem Benutzen sofort gereinigt werden, damit sich keine Krusten bilden. Dabei sollte nie die ganze Platte ins Wasser getaucht werden: Nur mit einem Tuch oder Schwamm abwischen.

Wasserbad

Beim Wasserbad sollte der zweite Topf nicht im, sondern über dem heißen Wasser hängen.

Wassermelonen, reife

Um herauszufinden, ob eine Wassermelone reif für den Verzehr ist, muss man die Frucht an mehreren Stellen mit dem Finger abklopfen. Entsteht ein dumpfer, dunkler Ton, ist sie reif. Ein hohler Ton deutet auf eine Überreife hin!

Wasser, kaltes

Kaltes Wasser sollte nicht in kochende Speisen gegossen werden. Besonders Fleisch und Hülsenfrüchte werden dadurch schwer weich, weil das Eiweiß durch das Abschrecken mit kaltem Wasser eine harte Kruste bildet.

In der Küche

Wasserzugabe

Vermeiden Sie beim Kochen allzu großzügige Wasserzugabe. Unnötig viel Wasser verlängert die Ankochzeit, erhöht den Stromverbrauch und vermindert die Qualität der Speisen.

Weihnachtsgebäck

Weihnachtsgebäck behält sein Aroma und bleibt frisch, wenn es in einer geschlossenen Dose mit einem Apfelstück aufbewahrt wird.

Wein

WEINEINKAUF, UMWELTFREUNDLICHER

Wohin mit den leeren Weinflaschen? Sicherlich ist der Gang zum Altglascontainer für viele schon selbstverständlich geworden. Gerade aber bei Wein macht sich ein neuer Trend breit. Man lässt die leeren Weinflaschen in der Weinhandlung einfach wieder auffüllen! Das ist zum einen sehr originell, zum anderen freut sich die ohnehin schon sehr geplagte Umwelt darüber!

WEINRESTE

Oftmals bleibt in einer Weinflasche ein kleiner Rest über, den man jedoch nicht wegschütten sollte. Man gießt ihn einfach in einen Eiswürfelbehälter und friert das Ganze ein. So hat man immer zum Würzen etwas Wein parat, ohne gleich eine neue Weinflasche öffnen zu müssen!

WEISSWEINE

Weinreste sollen kühl serviert werden. Sie sollten jedoch nicht länger als einen Tag im Kühlschrank liegen, da übermäßige Kälte die zarten Duftstoffe tötet.

In der Küche

WEISSWEIN, TROCKENER

Trockener Weißwein verliert beim Kochen ¾ seiner Kalorien und seinen gesamten Alkoholgehalt!

Wild

Wild wird nicht trocken, wenn es erst kurz vor dem Braten gesalzen wird. Man sollte es auch nicht, wie vielfach üblich, spicken, da dabei auch viel Saft verloren geht. Am besten ist es, wenn man das Wild in dünne ungesalzene Speckscheiben wickelt.

Wirsingkohl

Wirsingkohl schmeckt nur dann bitter, wenn Sie beim Kochen den Topf zudecken.

Wurst, angeschnittene

Angeschnittene Wurst behält die Farbe, wenn die Schnittfläche mit Pergamentpapier, das man vorher mit Wasser angefeuchtet hat, bedeckt wird.

In der Küche

Zeitungspapier

Zeitungspapier ist nicht geeignet für das Einwickeln von Salat und anderen Lebensmitteln, da Druckerschwärze giftig oder zumindest gesundheitsschädlich ist.

Zimmersalate

Kresse, Weizenkeimlinge, Rettich und viele andere Pflänzchen, die sich zu delikaten Salaten verarbeiten lassen, kann man im Zimmer selbst ziehen, wenn man eine Schüssel, ein Blech- oder Obstkistchen usw. mit angefeuchteter Watte oder einem Moltontuch belegt und mit Samen bestreut. Die Behälter sollten zuerst an einem warmen Ort, später am Fenster aufgestellt werden. Ernten kann man nach 6–10 Tagen.

Zimt

Zimt gibt es in Form von Zimtstangen oder als Pulver. Sein sehr individuelles, süßliches Aroma verfeinert Reis- und Grießbreie, Bratäpfel, Kuchen und diverses Gebäck.

Zitronat

Zitronat lässt sich ganz einfach selbst herstellen. Man wäscht die Schale einer Zitrone gründlich mit heißem Wasser ab. Unbedingt darauf achten, dass nur ungespritztes Obst verwendet wird! Dann schält man mit einem scharfen Messer die Schale ab und zerteilt sie in kleine Würfel. Diese gibt man in Honig und stellt sie zur Aufbewahrung in den Kühlschrank.

Kleidung
&
Textilien

Kleidung & Textilien

Angora
Angora- oder Mohairwolle
Angora- oder Mohairwolle lässt sich leicht stricken, wenn man die Knäuel vorher (über Nacht) in einer Plastiktüte im Gefrierfach aufbewahrt.

Angorapullis
Angorapullis usw. wäscht man am besten im Handwaschbecken – nicht zu warm und nicht zu kalt. Das ideale Waschmittel ist eine Olivenölseife. In das Spülwasser etwas Vaseline geben.

Badeanzüge
Badeanzüge, die im Meerwasser getragen wurden, sollte man nach dem Baden mit Leitungswasser mehrmals gut durchspülen, weil das Salz sonst das Gewebe angreift.

Bademützen
Bademützen werden nicht so schnell brüchig, wenn Sie sie in einem Plastikbeutel aufbewahren, in den Sie noch etwas Babypuder geben. Oder Sie reiben die Badekappen einfach mit Glyzerin ein.

Baumwollpullover
Baumwollpullover tragen sich zwar sehr angenehm, leiern aber in der Waschmaschine manchmal aus. Das passiert nicht,

Kleidung & Textilien

wenn man die Pullover in einen ausrangierten Kopfkissenbezug gibt, diesen zuknöpft und dann in die Waschmaschine legt!

Baumwollstores, vergilbte

Vergilbte Baumwollstores werden wieder weiß, wenn man der Seifenlauge eine Handvoll Salz zugibt.

Blaubeerflecken

Blaubeerflecken in Textilien entfernt man, wenn man die verschmutzten Teile in Buttermilch oder saurer Milch einweicht und danach mit Seifenlauge auswäscht.

Bettwäsche, bügelfreie

Bügelfreie Bettwäsche sollte sofort nach Beendigung des Waschgangs möglichst ungeschleudert aufgehängt werden.

Brandflecken in Textilien

Leichte Brandflecken in Textilien behandelt man mit kaltem Wasser. Schwerere werden mit Salz, ganz starke mit 10%igem Wasserstoffsuperoxid behandelt und jeweils einige Stunden in die Sonne gelegt.

Bügelfalten

Bügelfalten sollten ab und zu erneuert werden. Tauchen Sie ein Tuch in Essigwasser (⅓ Essig, ⅔ Wasser) und legen Sie das ausgewrungene Tuch auf die Bügelfalte, die dann mehrmals überbügelt wird.

Kleidung & Textilien

Bügel- oder Mangelwäsche

BÜGELBRETTBEZUG

Bügelbrettbezug, der gewaschen wurde, sitzt wieder perfekt auf Ihrem Bügelbrett, wenn Sie ihn in noch feuchtem Zustand über das Brett spannen.

BÜGEL- UND MANGELWÄSCHE SPRENGEN

Bügel- oder Mangelwäsche sprengt man möglichst schon einen Tag vor dem Bügeln ein und verpackt sie in einer Plastiktüte.

BÜGELWÄSCHE

Bügelwäsche wird schnell und gleichmäßig angefeuchtet, wenn Sie die Wäsche mit warmem, statt mit kaltem Wasser besprengen.

Cordhosen

Cordhosen sollten Sie vor dem Waschen auf die linke Seite ziehen. So bekommen Ihre Hosen keine Knickstellen und werden nicht so schnell abgerieben.

Dauerfalte

Wenn man Hosenbeine oder einen Vorhang verlängert, bleibt die alte Falte als hässlicher Einschnitt im Stoff zurück. Legt man den Stoff kurz in Essigwasser (Mischverhältnis 1:1), lässt sich die Dauerfalte mühelos wegbügeln!

Kleidung & Textilien

Entfärber

Wenn sich beim Waschen nicht farbechte Textilien verfärbt haben, weicht man sie in frischer Milch ein und lässt sie darin so lange liegen, bis die Milch sauer und dick geworden ist. Dann spült man sie gut mit kaltem Wasser aus.

Faltenrock

Um einen Faltenrock leichter bügeln zu können, heftet man die Falten vor dem Waschen zusammen.

Farbechtheit bei Textilien

Farbechtheit bei Textilien prüft man, indem man am Saum oder an der Naht den Stoff mit starker Seifenlauge wäscht und zwischen einem weißen Tuch oder Krepppapier ausdrückt. Wenn der Stoff nicht farbecht sein sollte, dann werden Stoff und Papier verfärbt.

Färben

FARBEN MIT UMWELTZEICHEN

Vermeiden Sie, soweit wie nur irgend möglich, Farben mit giftigen Inhaltsstoffen. Versuchen Sie es immer zuerst mit Farben, die das Umweltzeichen aufgedruckt haben. Beim Verarbeiten von Farben mit giftigen Inhaltsstoffen sollten Sie unbedingt die Vorsichtsmaßregeln beachten.

FÄRBEN IN DER WASCHMASCHINE

Nach dem Färben in der Waschmaschine wäscht man am besten zuerst in einem Waschgang einige ältere Kleidungsstücke, z. B. alte dunkle Strümpfe. Dies reinigt die Maschine besser als ein Leerwaschgang.

Kleidung & Textilien

Feinstrumpfhosen und -strümpfe

Feinstrumpfhosen und -strümpfe halten länger, wenn man nach dem Waschen in den letzten Spülgang ein Stück Zucker gibt.

Fensterleder

Fensterleder werden wieder weich und geschmeidig, wenn Sie sie in einer Kernseifenlösung gründlich spülen. Anschließend in starker Salzlösung durchdrücken, auswringen und trocknen lassen.

Filzhüte

Filzhüte werden wieder wie neu, wenn Sie sie über heißen Wasserdampf halten und mit einer weichen Bürste abbürsten.

Flicken, aufgebügelte

Aufgebügelte Flicken halten länger an einem Kleidungsstück, wenn Sie den Flicken vor dem Aufbügeln in kaltem Salzwasser waschen.

Kleidung & Textilien

Formbetttücher

Glatt-Betttücher können Sie durch vier kleine Nähte so ändern, dass sie faltenfrei über der Matratze gespannt sind und ein schnelles, müheloses Bettenmachen ermöglichen. Legen Sie das Betttuch glatt auf die Matratze, und zwar so, dass es an allen Stellen gleichmäßig übersteht. Schlagen Sie dann Kopf- und Fußende um und nähen den Umschlag seitlich mit doppelter Steppnaht neben der Längskante fest.

Fransen

Fransen an Tüchern, Decken usw. reißen nicht aus, wenn man mit der Nähmaschine den Stoff am Übergang zu den Fransen 2-mal absteppt (am besten mit Zickzackstich).

Frottierwäsche

FROTTIERWÄSCHE NICHT BÜGELN ODER MANGELN

Frottierwäsche sollte nicht gebügelt oder gemangelt werden, denn die zusammengedrückten Schlingen vermindern die Saugfähigkeit.

FROTTIERWÄSCHE TROCKNEN

Frottierwäsche sollte nicht auf der Heizung trocknen, weil das Material sonst hart wird. Sie wird besonders weich und flauschig, wenn sie im Tumbler getrocknet wird. Durch die Lufteinwirkung und Bewegung entsteht keine Trockenstarre. Man kann dabei sogar den Weichspüler sparen.

Kleidung & Textilien

FROTTIERWÄSCHE-FÄDEN
Fäden, die aus der Frottierwäsche heraushängen, nicht herausziehen, sondern abschneiden.

FROTTIERWÄSCHE, NEUE BUNTE
Neue bunte Frottierwäsche sollte getrennt die ersten beiden Male bei 60 °C gewaschen werden.

Gardinen

Gardinen, die von Zigarettenrauch usw. gelb geworden sind, legt man über Nacht in lauwarmes Salzwasser, bevor man sie wie gewöhnlich wäscht.

Hemdenknöpfe, verfärbte

Verfärbte Hemdenknöpfe sind nicht gleich ein Grund, das Hemd wegzuwerfen. Legen Sie ein Stück Plastikfolie hinter den Knopf und reiben ihn fest mit einem Radiergummi ab.

Holunderbeerflecken

Holunderbeerflecken in Textilien werden mit Wasserstoffsuperoxid behandelt. Gut nachspülen. Vorher die Textilien auf Farbechtheit prüfen.

Holzknöpfe

Vor der Wäsche in kleine Stückchen Alufolie fest einwickeln.

Kleidung & Textilien

Imprägnieren

Imprägnieren von Textilien geht umweltfreundlich und einfach, indem Sie eine Tasse voll essigsaurer Tonerde in das letzte Spülwasser geben.

Jeans

JEANS, DURCHGESCHEUERTE

Jeans, die an den Knien durchgescheuert sind, bekommen Flicken aus den Gesäßtaschen alter, abgelegter Jeans. Da die Kanten schon fertig umgenäht sind, brauchen Sie die Flicken nur noch aufnähen.

JEANS BLEICHEN

Jeans bleichen aus, wenn man der heißen Seifenlauge etwas Entfärber beigibt.

Kaugummiflecke

Kaugummiflecke lassen sich aus Kleidungsstücken leicht entfernen, wenn man diese (in einer Plastiktüte) im Gefrierfach erkalten lässt. Kaugummi löst sich auch, wenn man die Textilien in Essigessenz einweicht. Man kann die Kaugummiflecken auch mit Benzol ausreiben und die verbleibenden Fettflecken mit Seifenwasser und Soda auswaschen.

Kernseife

Kernseife eignet sich bestens als Vollwaschmittel. Sie ist preiswert und schont Wäsche und Umwelt. Man reibt ein großes Stück Kernseife auf einer gewöhnlichen Küchenreibe und löst sie danach in heißem Wasser auf. Nach dem Erkalten wird die Masse wieder dickflüssig bis fest. Für eine Waschmaschinen-

Kleidung & Textilien

füllung benötigt man etwa die Menge eines üblichen Waschmittelmessbechers.

Kinderkleidung wächst mit

- Rocksäume. Wenn man Röcke verlängern muss, kann man den Saum herauslassen und die Kante mit einem „falschen Saum" besetzen. Alte Saumbrüche kann man unter Litzen, bunten Zierstichen oder Borten verstecken. Man kann den Rockrand auch mit einer andersfarbigen Blende mit Rüschen oder Volants verlängern.
- Hosen wachsen durch breite Strickbündchen an den Beinen und durch eine breite Strickpasse am Taillenrand um 1–2 Größen mit.
- Hosen werden weiter, wenn man seitlich Streifen (z. B. Kunstleder, farbige Tressen) dazwischensetzt oder die Nähte auftrennt, kantig (mit unterlegtem Band) aneinandersteppt und auf die Naht und Nahtbrüche (die jetzt sichtbar werden) Bänder setzt.
- Ärmel werden durch eingesetzte Blenden und Strickbündchen länger. Durch längs eingesetzte Blenden werden sie weiter.
- Oberteile lassen sich auch durch Quer- und Längsblenden verlängern und verbreitern. Man kann aber auch andersfarbige Schulterpassen und Faltenpartien (und evtl. Kragen und Bündchen) auf- und einsetzen.
- In der Taille kann man Kindersachen oft erweitern, indem man Falten und Smokpartien auftrennt.
- Beim Kinderkleidereinkauf sollte man immer darauf achten, dass genug Nähte usw. zum Herauslassen vorhanden

Kleidung & Textilien

sind. Beachten Sie auch, dass die Textilien bei der ersten Wäsche noch einlaufen können.
- Wenn Sie Kinderkleidung selbst nähen, sollten Sie möglichst viel Quer- und Längsnaht zugeben. Außerdem kann man viele Fältchen, Biesen und breite Umschläge einbauen, die man nach und nach herauslässt. Heben Sie auch Stoffreste, übrige Knöpfe und Zutaten auf.

Kinderschuhe

Kinderschuhe, die abgestoßen sind, raut man vorsichtig mit Schmirgelpapier auf und reibt sie dann mit farbiger Schuhcreme ein oder bepinselt sie vorsichtig mit passender Schuhfarbe.

Kleiderbügel, stabile

Stabile Kleiderbügel für schwere Mäntel können Sie sich schnell selbst basteln. Umwickeln Sie zwei Drahtbügel (gibt's bei Reinigungen) mit Klebeband und fertig ist Ihr Kleiderbügel.

Kleiderstangen

Kleiderstangen aus Holz eignen sich hervorragend, um in Ihrem Schrank Ordnung zu halten. Schnitzen Sie einfach kleine Kerben im Abstand von jeweils etwa 3 cm in die Stange. Die Bügel halten dann gut und Ihre Kleider können nicht mehr verknittern.

Knicke

Knicke in glatten Wäschestücken können Sie vermeiden, indem Sie über die Wäscheleine Papprollen (von Papierhand-

Kleidung & Textilien

tüchern) ziehen. Die Rollen müssen Sie aber mit Plastikfolie überziehen, denn Pappe kann leicht Flecken auf den Kleidungsstücken hinterlassen.

Knöpfe

KNÖPFE ANNÄHEN
Knöpfe werden haltbarer angenäht, wenn Sie zwischen Knopf und Kleidungsstück ein kleines Stoffstück legen und mit annähen.

KNÖPFE AUFHEBEN
Restknöpfe hebt man im Nähkasten am besten auf einen Faden gereiht auf. Binden Sie den Faden mit einer Schleife zu, und nehmen Sie so dünnes Material, dass es sich leicht durch alle Knopflöcher ziehen lässt. So kann man die Knopfkette an jedem beliebigen Knopf aufmachen und hat sofort den richtigen Knopf parat.

KNOPFLÖCHER
Knopflöcher, die ausfransen, kann man wieder haltbar machen, wenn man sie mit Alleskleber oder mit farblosem Nagellack betupft.

Kochwäsche

Waschen Sie weiße und farbige Kochwäsche möglichst immer getrennt! Es kann sonst zu Vergrauung der weißen Wäsche kommen.

Kognakflecken

Kognakflecken entfernt man aus Wolle oder Seide mit etwas erwärmtem Alkohol.

Kleidung & Textilien

Kragen

Kragen bügeln
Kragen bekommen beim Bügeln keine hässlichen Fältchen mehr, wenn Sie sie von der Kragenspitze zur Kragenmitte hin bügeln. Nicht umgekehrt!

Kragen säubern
Kragen verschmutzen besonders leicht. Um sie wieder richtig sauber zu bekommen, schmieren Sie die Hemd- oder Blusenkragen, bevor die Kleidungsstücke in die Waschmaschine gegeben werden, einfach mit Haarshampoo ein.

Kragen und Manschetten, weisse
Weiße Kragen und Manschetten an farbigen Kleidern und Blusen: Wenn der Kragen nicht mehr ganz einwandfrei ist, bevor das ganze Kleidungsstück gewaschen oder gereinigt werden muss, kann man ihn mit heißem Natronwasser abbürsten. Danach mit einem trockenen weißen Baumwolltuch nachreiben, auf dem Bügel trocknen und wenn nötig bügeln.

Kräutersäckchen
Kräutersäckchen mit Lavendel, Anis, Steinklee, Myrte, Walnussblättern und Tabak im Kleiderschrank ausgelegt, geben den Textilien nicht nur einen angenehmen Geruch, sondern halten auch Motten ab.

Kugelschreiberflecken
Kugelschreiberflecken auf Textilien mit 90%igem Alkohol entfernen.

Kleidung & Textilien

Lackfarbenflecken

Lackfarbenflecken auf Stoffen reibt man mit reinem Terpentin aus. Man kann die Flecken auch mit Lackverdünner anlösen und abtupfen. Danach in einer Seifenlauge auswaschen.

Lacklederschuhe

Lacklederschuhe glänzen wieder wie neu, wenn Sie sie mit Vaseline einreiben. Oder mit einer Zwiebelscheibe und danach mit einem weichen Lappen polieren.

Lackledertaschen

Sind Lackledertaschen stumpf und unansehnlich geworden, reibt man das Leder einfach mit dem Inneren einer Bananenschale fest ein. Anschließend poliert man die Tasche mit einem sauberen, fusselfreien Tuch gründlich ab.

Lackschuhe

Lackschuhe, die mit Rizinusöl eingerieben werden, bleiben länger geschmeidig und brechen nicht.

Laufmaschen

Laufmaschen sind sehr ärgerlich. Ein kleiner Tupfer farbloser Nagellack gebietet ihnen Einhalt!

Kleidung & Textilien

Leder

LEDERHANDSCHUHE

Lederhandschuhe waschen Sie am besten mit einem milden Haarshampoo, das Lanolin enthält. So bleiben dem Leder seine natürlichen Fette erhalten.

LEDER NÄHEN

Leder mit der Maschine zu nähen, ist relativ einfach, wenn man ein Stückchen Folie ganz fest unter das Füßchen der Nähmaschine klebt.

LEDERSACHEN

Ledersachen werden beim Waschen nicht hart, wenn man etwas Rizinusöl ins Spülwasser gibt.

LEDERSCHUHE

Lederschuhe, die mit Rizinusöl eingerieben werden, bleiben länger geschmeidig und brechen nicht.

Leinen

Leinen kann man bleichen, wenn man es in Wasser spült, dem man je Liter Wasser 1 EL Weinstein zugegeben hat.

Meerwasser

Badet man mit einer Badekappe in Meerwasser, empfiehlt es sich, nach dem Baden die Haube mit Süßwasser abzuspülen. Salzwasser macht das Gummi brüchig.

Milchflecken

Milchflecken an Kleidungsstücken oder in Tischdecken lassen sich am einfachsten und besten mit kaltem Wasser auswaschen.

Kleidung & Textilien

Mohairpullis

Mohairpullis werden wieder flauschig und weich, wenn Sie sie über Nacht in das Tiefkühlfach legen.

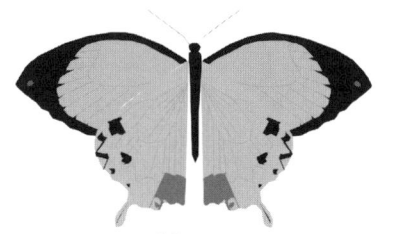

Motten

ZEITUNGSPAPIER GEGEN MOTTEN

Motten mögen keine Druckerschwärze. Wickeln Sie die Textilien und Pelze zur Aufbewahrung im Sommer mit Zeitungspapier ein. Zeitungen, die man unter den Teppich legt, halten ebenfalls Motten ab.

KRÄUTERSÄCKCHEN GEGEN MOTTEN

Ein gutes und einfaches Mittel gegen Mottenbefall sind kleine Kräutersäckchen.

Nähte, geplatzte

Nähte, die geplatzt sind und an die man mit der Nähmaschine nicht so gut herankommt, näht man von links mit feinen überwendlichen Stichen aneinander. Dann die Naht ausbügeln, evtl. mit der Bürste überstreichen.

Nessel

Nessel wird nach jeder Wäsche weißer. Man kann das beschleunigen, wenn man den Nessel in Wasser spült, dem man

Kleidung & Textilien

pro Liter Wasser 1 EL Weinstein zugegeben hat. Man kann den Nessel auch in dieser Lösung über Nacht einweichen. Soll der Nessel écrue (ungebleicht) bleiben, fügt man dem Spülwasser etwas Tee zu.

Obstflecken

Obstflecken mit Essigessenz oder Zitronensaft beträufeln und mit lauwarmem Seifenwasser auswaschen. Kochwäsche kann man mit kochendem Wasser übergießen und dabei die Flecken ausspülen.

Ölfarbenflecken

Ölfarbenflecken auf Textilien. Wenn sie noch frisch sind, kann man sie durch Betupfen mit Benzin entfernen.

Parfümflecken

Parfümflecken kann man mit verdünntem Salmiakgeist entfernen. Achtung bei Acetatstoffen! Parfüm härtet diesen Stoff, der Fleck ist nicht mehr zu entfernen.

Pelze

Pelze, nasse

Nasse Pelze nicht an warmen Öfen oder Heizkörpern trocknen, da sie sonst hart und brüchig werden. Das Fell möglichst langsam trocknen lassen und mit einer Bürste wieder glatt streichen.

Pelze und Motten

Pelze schützt man vor Motten, indem man gemahlene Pfefferkörner in den Pelz streut.

Kleidung & Textilien

Perlmuttknöpfe

Perlmuttknöpfe sehen wieder wie neu aus, wenn Sie sie von Zeit zu Zeit mit farblosem Nagellack überpinseln.

Plastikstoff

Plastikstoff näht sich leicht auf der Nähmaschine, wenn Sie bei der Naht Seidenpapier mitnähen. Dadurch kann das Nähmaschinenfüßchen besser gleiten. Auch Öl, das auf die vorgesehene Nahtlinie getupft wird, garantiert eine glatte Naht.

Pullover

PULLOVERBÜNDCHEN

Pulloverbündchen leiern sehr schnell aus. Kurz in heißes Wasser getaucht (aber nur die Bündchen), bekommen sie ihre alte Form zurück.

PULLOVER, SELBST GESTRICKTE

Zum Zusammenheften statt Stecknadeln Lockenwicklernadeln aus Plastik verwenden.

PULLOVER, WEISSE

Weiße Pullover dürfen nie im prallen Sonnenlicht zum Trocknen aufgehängt werden, da sie sonst vergilben.

Reißverschlüsse

REISSVERSCHLÜSSE IN DER WASCHMASCHINE

Reißverschlüsse immer schließen, bevor Sie das Wäschestück waschen. So lässt sich der Reißverschluss auch nach der Wäsche leicht auf- und zumachen.

Kleidung & Textilien

REISSVERSCHLÜSSE, KLEMMENDE
Klemmende Reißverschlüsse mit etwas Seife einreiben.

Samt
Samt reinigen Sie am besten, indem Sie mit einem anderen Stück Samt das zu reinigende gegen den Strich abreiben.

Satin
Satin wäscht sich besser und wird glänzender, wenn man dem Wasser etwas Borax beigibt.

Schneeränder
Schneeränder auf Lederschuhen verschwinden, wenn Sie die Ränder mehrmals mit Vollmilch abreiben.

Schokoladenflecken
Schokoladenflecken kratzt man vorsichtig mit dem Messer ab. Anschließend wäscht man den Rest mit einer lauwarmen Waschmittellauge aus.

Schuhe

SCHUHBÄNDER
Schuhbänder, die in die Waschmaschine gegeben werden, gehen leicht verloren. Befestigen Sie sie mit einer Sicherheitsnadel an einem anderen Wäschestück.

Kleidung & Textilien

Schuhe, innen
Schuhe bleiben innen schöner und frischer, wenn man sie ab und zu mit einem in Salmiakgeist getauchten Wattebausch abreibt. Zum Schluss kann man die Schuhe innen mit etwas Talkpuder (Babypuder oder dergleichen) bestreuen.

Schuhe, zu enge
Schuhe, die zu eng sind, kann man weiten, wenn man vor dem Anziehen etwas Brennspiritus hineingießt. Möglichst kein Wasser dazu nehmen, da das Oberleder sonst hart und brüchig wird.

Schuhe und Stiefel, nasse
Schuhe werden nicht hart, wenn man sie vor dem Trocknen mit Sattelfett einreibt. Dann mit Zeitungspapier ausstopfen und trocknen lassen (nicht neben der Heizung). Nasse Schuhe und Stiefel auf Leisten spannen oder mit Seidenpapier oder Zeitungspapier ausstopfen.

Schuhe, verschmutzte
Verschmutzte Schuhe reinigt man mit Kernseifenschaum und spült sie nachher mit klarem Wasser ab. Es ist wichtig, das Leder hiernach schonend zu trocknen (nicht in Ofen- oder Heizungsnähe), indem man die Schuhe mit Zeitungspapier oder Toilettenpapier ausstopft.

Schuhsohlen wasserdicht machen
Schuhsohlen werden fest und wasserdicht gemacht, wenn man sie mit Firnis bestreicht.

Schuhsohlen, glatte
Schuhsohlen, die nach dem Schuhkauf noch gefährlich glatt sind, sollten Sie kurz auf grobkörnigem Boden aufrauen, damit Sie auf glatten Böden nicht ausrutschen.

Kleidung & Textilien

SEGELTUCHSCHUHE
Segeltuchschuhe bleiben länger schön, wenn man sie vor dem ersten Tragen und nach dem Reinigen mit Imprägniermittel einsprüht. Man kann sie auch mit Stärke besprühen, damit sie schmutzabweisend werden.

Schweißgeruch
Schweißgeruch lässt sich problemlos aus jeder Kleidung entfernen, wenn Sie das Kleidungsstück vor dem Waschen kurz in Essig legen.

Seidenstrümpfe und Strumpfhosen
Seidenstrümpfe und Strumpfhosen halten besser, wenn sie vor dem Tragen 1-mal eingefroren wurden. Die nasse Strumpfhose in einer Plastiktüte ins Gefrierfach legen. Im Waschbecken wird sie in warmem Wasser aufgetaut und zum Trocknen aufgehängt.

Sitzstellen, glänzende
Glänzende Sitzstellen an dunklen Hosen oder Röcken sehen hässlich aus. Reiben Sie die Flecken mit Essig ein.

Spinatflecken
Spinatflecken reibt man aus Textilien mit rohen Kartoffelscheiben aus und wäscht mit Seifenwasser nach.

Spültücher
Spültücher sollten Sie immer in heißem Sodawasser auswaschen, da Soda eine stark desinfizierende Wirkung hat.

Kleidung & Textilien

Stiefelschäfte

Stiefelschäfte bleiben länger glatt und fest, wenn die Stiefel hängend, z. B. an einem Kleiderbügel mit Kammern, aufbewahrt werden.

Stockflecken

STOCKFLECKEN IN DER WÄSCHE

Stockflecken in der Wäsche reibt man mit Salz und Salmiak aus und spült dann in klarem Wasser.

STOCKFLECKEN AUF LEDER

Stockflecken auf Leder bearbeitet man mit einem Schwamm und einer Wasser-Spiritus-Mischung (1:1).

Stoffe, versengte

Reiben Sie die Textilien mit Wasserstoffsuperoxid (3–10 %) ein und legen Sie dann das versengte Stück in die Sonne. Oder legen Sie ein in 3%iges Wasserstoffsuperoxid getauchtes Baumwolltuch auf die versengte Stelle und bügeln Sie darüber.

Strickjackenknöpfe

Strickjackenknöpfe haben einen besseren Halt und reißen nicht so schnell aus, wenn man auf der Jackeninnenseite einfach an jeden Knopf einen Gegenknopf näht. Dazu muss man natürlich nicht dieselben Knöpfe wie auf der Vorderseite verwenden. Nur sollte man auf die gleiche Knopfgröße achten.

Strümpfe und Strumpfhosen

Strümpfe und Strumpfhosen kann man in der Waschmaschine waschen, wenn man sie in ein Kopfkissen gibt.

Kleidung & Textilien

Tabak

Tabak im Kleider- oder Wäscheschrank vertreibt Motten und gibt den Textilien eine „männliche Duftnote".

Textilien, wattierte

Wattierte Textilien werden nach dem Waschen wieder locker und weich, wenn man sie gut durchgespült etwa 20 Minuten in Salzwasser legt. Nicht trocken schleudern, sondern auf einem Bügel aufhängen!

Tintenflecken

Tintenflecken aus Textilien kann man entfernen, wenn man die Teile in Buttermilch, Sauermilch, Essig oder Zitronensaft einweicht. Danach gut auswaschen.

Tischdecken, fleckige

Fleckige Tischdecken werden wieder sauber, wenn Sie die Decke in warmes Wasser legen; eine halbe Tasse Wasserenthärter dazugeben. Über Nacht ziehen lassen und wie gewohnt waschen.

T-Shirts

T-Shirts sollten Sie vor dem Aufhängen auf die Leine kurz in Längsrichtung strecken, damit sie ihre Form behalten.

Kleidung & Textilien

Wachsflecken

Wachsflecken bügeln Sie mit Haushalts- oder Toilettenpapier, das Sie auf den Fleck legen, vorsichtig heraus. Zum Schluss etwas Reinigungsbenzin verwenden.

Wachstuch

Wachstuch hält länger und bleibt geschmeidig und schön, wenn es öfter mal mit Milch abgerieben wird.

Walnussblätter

Walnussblätter eignen sich sehr gut für Mottenschutz im Kleiderschrank. Aber Vorsicht! Diese Blätter dürfen nicht direkt mit den Kleidungsstücken in Berührung kommen, da sie sonst auf den Stoffen Flecken hinterlassen.

Wäsche

Wäsche, farbige

Farbige Wäsche sollte möglichst nur im Schatten aufgehängt werden, damit die Farben nicht ausbleichen.

Wäsche, frisch gebügelte

Wäsche, die frisch gebügelt ist, sollte nicht gleich zusammengelegt und in den Schrank oder Koffer eingeordnet werden, da durch die feuchte Bügelwärme sehr leicht Knickfalten entstehen können.

Wäsche, gefrorene

Gefrorene Wäsche nie im gefrorenen Zustand von der Leine nehmen, da das Stoffgewebe sonst brechen kann.

Kleidung & Textilien

Waschecht
Waschecht kann man Stoffe machen, wenn man sie über Nacht in Milch legt und am folgenden Tag gründlich auswäscht.

Wäsche trocknen mit dem Haarföhn
Wäsche, die z. B. zu einer Party schnell trocknen muss, kann man ruhig mal mit dem Föhn trocknen. Das schadet den Textilien weniger, als wenn man sie trocken bügelt.

Wäsche, weisse
Weiße Wäsche wird schön weiß, wenn man dem Waschmittel ein Päckchen Backpulver beigibt. Auch für die Waschmaschine geeignet.

Wäschetrockner
Wäschetrockner dürfen nie zu heiß eingestellt werden. Beachten Sie unbedingt die Temperaturvorgaben, die für das Waschen und Bügeln auf den Pflegesymbolen gegeben sind, sonst besteht die Gefahr, dass vorschriftsmäßig gewaschene Textilien beim Wäschetrocknen einlaufen.

Waschmaschinenfüllmenge
Wenn man die Wäsche vor dem Füllen mit einer Personenwaage wiegt, hat man eine Vorstellung, welche Wäschemenge in kg die Füllmenge ungefähr ausmacht.

Waschpulver
Das Waschmittel gibt man am besten direkt in die Waschmaschinentrommel. So wird vermieden, dass Reste im Einspülsystem zurückbleiben.

Kleidung & Textilien

Waschvorbereitungen

Vor dem Waschen sollte man die Taschen an Kleidungsstücken umstülpen, Reißverschlüsse schließen, Kragenränder mit Spezialmitteln (Schmierseife oder Shampoo) einreiben. Empfindliche Knöpfe abtrennen und hartnäckige Flecken vorbehandeln. Bettbezüge und Kopfkissen wenden, Nähte und vor allem die Ecken ausbürsten. Wollsachen stopft man vor dem Waschen, da sich die Wolle dann durch leichtes Verfilzen und Verfärben gut angleicht. Will man Säume von Röcken, Kleidern oder Hosen verlängern, sollte man vor dem Waschen die Säume auftrennen und Stoßkanten entfernen, damit die alten Brüche glatt werden.

Wildleder

Flecken auf Wildleder mit sehr feinem Schleifpapier abreiben.

Wolldecken

Wolldecken brauchen eine spezielle Pflege. Man sollte sie nur lauwarm waschen und auf keinen Fall schleudern. Anschließend tropfnass diagonal aufhängen. Nach dem Trocknen kann man die Deckenoberfläche mit einer weichen Haarbürste wieder auflockern.

Wolle

Wolle aus alten, aufgetrennten Pullis wird wieder glatt, wenn Sie sie über Nacht um eine Flasche, gefüllt mit heißem Wasser, wickeln.

Kleidung & Textilien

Wollfäden

Wollfäden verfilzen beim Stricken mehrfarbiger Pullis nicht, wenn Sie die Fäden durch Trinkhalme ziehen.

Wollsachen

WOLLSACHEN, KRATZENDE

Kratzende Wollsachen legt man vor dem Tragen in einer Plastiktüte in die Gefriertruhe.

WOLLSACHEN TROCKNEN

Wollsachen behalten ihre Form, wenn sie nach dem Waschen nicht aufgehängt, sondern auf einem Tuch (z. B. Badetuch) ausgebreitet werden.

WOLLSACHEN, HART GEWORDENE

Wollsachen, die hart geworden sind, kann man manchmal retten, wenn man sie mit mildem Haarshampoo wäscht.

WOLLSACHEN WASCHEN

Wollsachen laufen nicht ein, wenn dem Waschwasser Glyzerin, Borax oder verdünnter Salmiakgeist zugegeben wird. Sie dürfen natürlich trotzdem nicht zu heiß gewaschen werden.

WOLLSACHEN, VERFILZTE

Wollsachen verfilzen nicht so leicht, wenn man dem Spülwasser einen Schuss Glyzerin beigibt.

WOLLSACHEN, VERFILZTE UND EINGELAUFENE

Verfilzte und eingelaufene Wollsachen nicht wegwerfen, sondern mit dem Dampfbügeleisen (auf höchste Stufe gestellt) wieder in Form ziehen. Die Wolle wird in den meisten Fällen wieder glatt und großmaschig (sie „wächst") und fühlt sich wunderbar seidig an.

Garten & Pflanzen

Garten & Pflanzen

Amaryllen

Amaryllen halten in der Blumenvase länger, wenn Sie das Stielende mit durchsichtigem Klebeband umwickeln.

Ameisen an Bäumen

Ameisen hält man von Bäumen fern, indem man einen Leimring um den Stamm legt oder mit Schlämmkreide das untere Ende des Stammes bemalt.

Blattläuse

Blattläufe bekämpfen

Blattpflanzen, die stark von Läusen befallen sind, übersprüht man mit einer Lösung aus Wasser und Spülmittel. Die Pflanzen vertragen diese „Rosskur" gut, wenn dabei kein Wasser an die Wurzeln kommt. Schneiden Sie deshalb einen Pappteller ein, und stecken Sie ihn über den Blumentopf so, dass die Erde abgedeckt ist. Danach gut nachspülen.

Garten & Pflanzen

BLATTLÄUSE AN ZIMMERPFLANZEN

Blattläuse an Zimmerpflanzen gehen ein, wenn man die Pflanzen mit einem Sud besprüht, den man aus billigem Pfeifentabak und Wasser kocht. Flüssigkeit durch ein Tuch sieben und in einen Pflanzensprüher füllen.

Blumenableger

Blumenableger kneift man am Stamm ab und stellt sie ins Wasser, bis sie Wurzeln schlagen. Man kann auch geeignete Zweige (in den Sommermonaten!) auf den Boden biegen, den Stängel triebaufwärts ein wenig einschneiden und die Schnittstellen gut mit Erde bedecken. Hat der Trieb Wurzeln bekommen, wird er vorsichtig in einen neuen Topf verpflanzt.

Blumendünger

Rußreste, Kaffeesatz, abgestandener Tee mit Teeblättern, Haarstaub aus dem Elektrorasierer, Eierschalen, Hornspäne und zerklopfte Muschelschalen sind ausgezeichnete und billige Pflanzendünger. Entweder direkt auf die Blumenerde streuen oder im Gießwasser einige Tage stehen lassen.

Blumen gießen

Blumengießen während des Urlaubs ist 3–4 Wochen lang nicht nötig, wenn Sie in einem Wassereimer befeuchtete Stoff-

Garten & Pflanzen

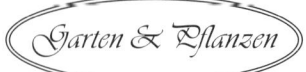

streifen befestigen und diese zu den einzelnen tiefer stehenden Blumentöpfen führen. Der Stoff saugt Wasser an und gibt es dann an die Blumenerde weiter.

Blumenigel

Blumenigel sind sehr nützliche Helfer für eigene Blumengestecke. Statt eines gekauften Blumenigels können Sie eine halbierte Kartoffel verwenden. Bei stärkeren Stängeln evtl. die Löcher mit einem Streichholz vorbohren.

Blumenknospen

Blumenknospen öffnen sich schneller, wenn Sie die Blumen in warmes Wasser stellen.

Blumenstiele, umgeknickte

Blumenstiele, die umgeknickt sind, lassen sich wieder aufstellen und halten noch eine ganze Weile, wenn Sie die geknickte Stelle mit durchsichtigem Klebeband umwickeln.

Blumentöpfe

BLUMENTÖPFE AUS TON

Blumentöpfe aus Ton erhalten durch das Gießwasser oft hässliche weiße Kalkflecken. Sie können sie einfach entfernen, indem Sie den Topf mit etwas Essig oder Essigessenz abreiben.

BLUMENTÖPFE SICHERN

Blumentöpfe auf Fensterbrettern und Balkongeländern müssen unbedingt gesichert werden. Lassen Sie sich vom Schlosser ein Schutzgitter anbringen, oder befestigen Sie die

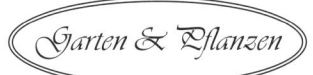

Blumenkästen mit Haken und Ösen oder einer Holzleiste und die Blumentöpfe mit starkem Draht.

Blumenvasen, verschmutzte

Verschmutzte Blumenvasen, in die man wegen der Enge des Halses nicht hineinreicht, können gesäubert werden, wenn man eines der gebräuchlichen selbsttätigen Gebissreinigungsmittel über Nacht einwirken lässt.

Brennnesseln

BRENNNESSELN NEBEN ROSEN

Brennnesseln, die sich neben Ihren Rosenstauden angesiedelt haben, nicht entfernen. Dieses sogenannte Unkraut verhindert wirksam, dass Ihre Rosen von Läusen befallen werden.

BRENNNESSELSUD

Brennnesselsud wirkt gegen Blattläuse, Milbenbefall und andere Schädlinge. Er kostet nichts und ersetzt umweltschädliche Pflanzengifte.

Chrysanthemen, welke

Welke Chrysanthemen stellen Sie kurz in kochendes Wasser, anschließend gleich wieder in kaltes; die Stiele mit einem Streichholz abbrennen. So verlängern Sie das Leben Ihres Blumenstraußes.

Dahlien

Diese Herbstblumen sind kälte- und frostempfindlich und müssen daher im Winter aus der Erde genommen werden. Dazu sticht man die Dahlienknollen mit einem Spaten aus der

Garten & Pflanzen

Erde, schüttelt gut die Erde ab und schneidet die alten Triebe weg. Man bewahrt Dahlien im Winter in einer mit Torf gefüllten Kiste auf. Dabei muss man darauf achten, dass die Knollen wirklich trocken sind, da sonst Schimmelgefahr besteht.

Dill

DILL SÄEN

Im Gemüsebeet verträgt sich Dill sehr gut mit Erbsen, Gurken, Kopfsalat, allen Kohlgewächsen, Möhren, Feldsalat, Roter Bete, Spargel und Zwiebeln.

DILLKRÄUTER

Dillkräuter wachsen nur sehr mäßig, wenn sie in die Nähe von Fenchelpflanzen gesetzt werden!

Efeublätter, klebrige

Klebrige Efeublätter deuten auf Nährstoffmangel hin! Die Pflanze muss dann entweder gedüngt oder in neue Erde gepflanzt werden.

Farn

FARNTOPFPFLANZEN

Farntopfpflanzen düngt man alle 2 Wochen mit verdünntem schwarzen Tee.

FARNWUCHS, BUSCHIGER

Damit die Farnpflanze schön gleichmäßig buschig wächst, muss man sie ab und zu nach dem Licht drehen.

Garten & Pflanzen

Gartengeräte

Gartengeräte rosten nicht, wenn Sie sie vorsorglich dünn entweder mit flüssigem Wachs oder einem Stück ausgelassenen Speck einreiben.

Gartenmauer

Sehr dekorativ und umweltfreundlich wird eine Gartenmauer aus größeren Natursteinen! Diese Mauer, besonders wenn sie nach Süden gerichtet ist, wird gerne von Insekten und Eidechsen besucht.

Gartenstiefel

Man wählt sie lieber eine Nummer größer, damit man bei Kälte ein Paar dicke Socken zusätzlich anziehen kann.

Gerbera

Gerbera sind ein sehr edler Schmuck in Ihrer Vase. Um länger an diesen Blumen Freude zu haben, sollten Sie darauf achten, dass die Vase immer nur zu ⅓ mit Wasser gefüllt ist.

Gießwasser

Gießwasser für Topfpflanzen ist oft zu hart. Hängen Sie deshalb einen mit Torf gefüllten Stoffbeutel in Ihre Gießkanne und das Gießwasser wird weich. Für 10 l Gießwasser benötigen Sie 50 g Torf.

Holzblumenkästen

Holzblumenkästen halten länger, wenn Sie die Außenseite mit Leinöl anstreichen.

Garten & Pflanzen

Johannisbeeren

Johannisbeeren bieten eine reiche Ernte, wenn sie stets mit abgestandenem Wasser gegossen werden.

Kakteen gießen

Kakteen erhalten ihr Wasser durch Besprühen mit einer Blumenspritze.

Kakteen-Schonzeiten

Im Winter hört man mit dem Gießen der Kakteen auf und beginnt erst wieder im Frühjahr. Kakteenstandplätze sollten ruhig sonnig sein. Die Pflanzen dürfen nicht umgestellt werden!

Katzen

Katzen scharren nicht mehr in Ihren Blumentöpfen, wenn Sie auf die Erde große Kieselsteine legen. Sieht auch sehr dekorativ aus!

Keimlinge

Keimlinge, geeignete

Gut eignen sich: Kresse, Weizen, Roggen, Rettich, Senf, Luzerne, Mais, Bockshornklee, ungeschälte Hirse und geschälte Sonnenblumenkerne.

Garten & Pflanzen

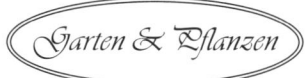

Keimlinge, ungeeignete
Nicht geeignet sind: Grünkern, geschälte Hirse, geschälte Linsen und geschälter Sesam.

Kirschbaum
Regelmäßig mit Hornspänen oder Kornmehl gedüngt, wachsen Kirschbäume üppig!

Kristallvasen
Kristallvasen erhalten ihren schönen Glanz wieder zurück, wenn man eine Lösung aus Essig, Kaffeesatz und Wasser einfüllt, einige Zeit stehen lässt und danach mit Wasser spült.

Malerbürste, alte
Alte Malerbürsten eignen sich hervorragend, um im Garten frisch gesäten Samen mit Erde zu bedecken. Zum einen ermöglicht die Bürste ein gezieltes Arbeiten, zum anderen spart man durch die Pinselfläche kostbare Zeit!

Mehltau
Mehltau auf Zimmerpflanzen verschwindet, wenn man die erkrankten Pflanzen mit einer leichten Salzwasserlösung (ca. 100 g in einer 5-l-Kanne) begießt.

Nachsaaten

Nachsaaten, nicht winterharte
Nicht winterharte Nachsaaten sind: Ölrettich, Senf, Lupine, Erbsen. Man gräbt die Pflanzen als biologischen Dünger einfach in die Erde ein.

Garten & Pflanzen

Nachsaaten, winterharte

Winterharte Nachsaaten sind: Winterwicke, Winterraps, Winterrüben, Winterroggen. Man gräbt die Pflanzen als biologischen Dünger einfach in die Erde ein.

Nachtschattengewächse

Nachtschattengewächse halten Fliegen ab. Stellen Sie die Pflanzen ans Fenster als Schnittblumen oder im Blumentopf.

Obstbäume

Obstbaumpflege

Damit Obstbäume reichlich Früchte tragen, benötigen sie regelmäßig Pflege. Im Frühjahr bürstet man den Stamm mit einer Wurzelbürste fest ab. Dann streicht man den Stamm mit Weißkalk, vermischt mit Wasser und Lehm, mit einem dicken Pinsel ein.

Obstbäume düngen

Obstbäume kann man mit folgendem Trick effektiver düngen. Man schlägt mit einem Pflock rund um die Wurzeln kleine Löcher in die Erde. In diese Löcher gießt man dann die Düngeflüssigkeit. Diese gelangt ohne Umwege direkt dorthin, wo sie nützlich werden kann, nämlich an die Wurzeln!

Ohrenkneifer

Die bekannten kleinen Tiere machen sich in jedem Garten sehr nützlich, denn sie fressen Blattläuse und andere Insekten, die an Pflanzen Schaden anrichten. Daher darf man sie auf keinen Fall vernichten. Und keine Bange! Die Kneifzangen am Hinterleib der Tiere sind für den Menschen völlig ungefährlich!

Garten & Pflanzen

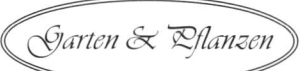

Orchideen

Orchideen in der Vase sollten nie in kaltem Wasser stehen. Sie halten sehr lange in lauwarmem Wasser.

Rosen

ROSEN SCHNEIDEN

Rosen darf man nicht im Herbst oder im Winter beschneiden. Denn der Frost würde die Pflanze zerstören. Erst im beginnenden Frühjahr stutzt man die Äste!

ROSENBLÄTTER, KRANKE

Man bereitet eine Kernseifenlösung zu und gießt diese mit einer Gießkanne langsam über die Blätter!

Schnittblumen

SCHNITTBLUMENKOMBINATIONEN

Schnittblumen vertragen sich nicht immer miteinander in der Vase. Lilien, Mohnblumen, Rosen und Narzissen sollte man nicht mit anderen Schnittblumen, sondern mit widerstands-

Garten & Pflanzen

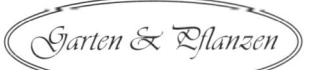

fähigen Grünpflanzen wie Efeu, Tanne oder Zypressen zusammenbinden.

SCHNITTBLUMEN, HALTBARE
Schnittblumen halten länger, wenn man dem Blumenwasser eine aufgelöste Aspirintablette, eine Prise Kalisalpeter, eine Prise Salz, ein Stück Würfelzucker oder einen Pfennig beigibt.

SCHNITTBLUMEN, GELBE
Gelbe Schnittblumen halten sich länger als andersfarbige.

Teeblätter
Teeblätter eignen sich, wie Kaffeesatz, auch gut zum Düngen von Pflanzen.

Tonvasen und -blumentöpfe
Tonvasen und -blumentöpfe sollten nie ohne Untersetzer benutzt werden, da sie immer etwas Feuchtigkeit durchlassen.

Topfpflanzen
Topfpflanzen, die ausgetrocknet sind, weil Sie z. B. im Urlaub waren, stellen Sie in einen Eimer, gefüllt mit Wasser. Vollsaugen lassen, bis keine Bläschen mehr aufsteigen, und Ihre Pflanze ist gerettet.

Trockenblumen
Trockenblumen lassen sich leicht selbst präparieren, wenn man Blumenstängel etwa 10 cm tief in eine Lösung aus Wasser mit Glyzerin (2:1) stellt. Nach etwa einer Woche können Sie die Blumen wie Trockenblumen verwenden.

Trockensträuße

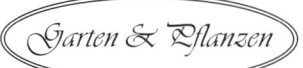

Trockensträuße, die schon etwas älter sind, bekommen wieder ein frisches Aussehen, wenn Sie den Strauß kurz in Spirituslack eintauchen. Anschließend trocknen lassen.

Tulpen

Tulpen halten länger in der Vase, wenn man sie abends in Zeitungspapier wickelt und an einer kühlen Stelle ins Wasser stellt. Selbst erschlaffte Blüten stehen dadurch wieder auf.

Umtopfen

Die Tontöpfe vorher in kaltes Wasser legen. Dadurch entzieht der gewässerte Ton der Pflanzenerde keine Feuchtigkeit mehr.

Ungeziefer

Ungeziefer, das sich gerne in Ihren Topfpflanzen einnistet, wird durch eine in die Topferde gesteckte Knoblauchzehe wirksam und schnell vertrieben.

Garten & Pflanzen

Unkrautvernichtung

Wächst in Beeten sehr viel Unkraut, sollte man an den betroffenen Stellen einige Kartoffelpflanzen setzen. Diese haben durch ihren hohen Anteil an Solanin die Eigenschaft, das Wachsen des Unkrautes zu verhindern.

Urlaubsvorsorge

Blumentöpfe aus Ton können auch in der Badewanne auf feuchten Tüchern oder Ziegelsteinen, die im Wasser stehen, aufbewahrt werden. Sie versorgen sich dabei selbst mit genügend Wasser.

Vogelfutter für den Winter

Sammeln Sie im Herbst Fettstücke, Talggrieben und Schmalz im Kühlschrank. Im Winter den Talg schmelzen und mit Hanfsamen und Sonnenblumenkernen in kleine Formen gießen (sehr schön ist z. B. eine halbe Kokosnuss) und aushärten lassen. An einer Schnur aufhängen. Brot und gekochte Kartoffeln dürfen nicht gefüttert werden, da sie Nässe anziehen und gefrieren. Man kann auch Speckschwarten am Fenster aufhängen.

Vogelnistkästen

Man kann durch das Aufstellen oder Anbringen von Nistkästen im eigenen Garten einen wertvollen Beitrag zum Naturschutz leisten.

Garten & Pflanzen

Wacholderpflanzen

Diese beliebte Pflanze stellt keinen besonderen Anspruch an ihren Standort. Nur die unmittelbare Nähe von Obstbäumen bekommt ihr nicht.

Wassertonne

Eine Wassertonne im Garten schont nicht nur den Geldbeutel, sondern bietet den Pflanzen auch eine natürliche Bewässerung.

Zimmerpflanzen

Zimmerpflanzen sollen nicht an gefrorene Scheiben kommen. Da die Scheiben die Kälte weiterleiten, können die Pflanzen eingehen.

Gesundheit
&
Schönheit

Gesundheit & Schönheit

Abführmittel, natürliche

Bevor man zu Arzneimitteln greift, sollte man lieber mit natürlichen Mitteln versuchen, die Verdauungsprobleme zu lösen! Beispielsweise mit Bittersalz, Leinsamen, Rizinusöl, Glaubersalz und abführenden Mineralwässern.

Abreibungen

Abreibungen mit nassen, kalten Leinentüchern dienen der Kreislaufbelebung.

Alkoholgenuss

Vor dem Alkoholgenuss nimmt man am besten 1 EL Olivenöl oder einige Ölsardinen zu sich. Diese fetthaltigen Lebensmittel beugen dem Kater vor.

Gesundheit & Schönheit

Ameisenlauf
Bei dieser Überempfindlichkeit der Nerven reibt man die betroffenen Körperstellen mehrmals täglich mit Essigwasser (Verhältnis 1:1) ab.

Apfelmasken
Apfelmasken eignen sich hervorragend gegen fettige Haut. Einfach einen reifen Apfel zerreiben und gleichmäßig auf Hals und Gesicht legen. Nach etwa ¼ Stunde die Apfelmaske mit viel lauwarmem Wasser abspülen.

Arzneimittel
Arzneimittel, die nicht mehr gebraucht werden, gibt man zur Vernichtung in der Apotheke ab.

Augen, müde
Müde Augen werden schnell wieder munter, wenn Sie auf die geschlossenen Augen 10 Minuten lang rohe Gurkenscheiben legen. Entspannen Sie sich dabei!

Bäder mit Essig
Bäder mit Essig helfen sehr gut gegen Müdigkeit. Die Haut wird erfrischt, wenn man sie vor dem Duschen mit Apfelessig einreibt.

Belebungsmittel, ideales

Wenn Sie eine Nacht durchtanzt haben, brauchen Sie am anderen Morgen eine Erfrischung. Geben Sie 2 Handvoll Meersalz in 1 l Wasser und waschen sich damit ab; anschließend nicht abtrocknen.

Bienenstiche

Bienenstiche in der Mundhöhle sind lebensgefährlich! Bis der Arzt eintrifft, sofort einen Eiswürfel lutschen, um die gefährliche Anschwellung zu vermeiden.

Bierhefe

Bierhefe ist eine ideale Ergänzung bei vitaminarmer Kost. Es macht die Haut klar und rein und bringt auch die Haare zum Glänzen.

Blasen

Blasen, z. B. an Händen, heilen schneller ab, wenn Sie ein mit Alkohol getränktes Tuch um die betroffene Stelle wickeln. Über Nacht einwirken lassen.

Brennnesseljucken

Brennnesseljucken verliert sich schnell, wenn Sie die betroffenen Stellen mit etwas Obstessig einreiben.

Gesundheit & Schönheit

Buttermilch

Buttermilch ist ein ideales Schönheitsmittel. Die Haut wird straffer und fühlt sich weich an. Selbst kleine Fältchen verschwinden wieder.

Chrysanthemenblütentee

Chrysanthemenblütentee wird bei Erkältungskrankheiten erfolgreich eingesetzt. Für die Zubereitung benötigt man 4 Tassen Wasser und 10 g trockene Chrysanthemenblüten. Alles zusammen lässt man so lange kochen, bis die Flüssigkeit sich auf die Hälfte reduziert hat. Von diesem Tee trinkt man, je nach Bedarf, täglich mehrere Tassen, in kleinen Schlucken und möglichst heiß!

Creme (Kosmetik)

Creme hält sich länger, wenn sie im Kühlschrank aufbewahrt wird.

Eisen

Eisen, der Mineralstoff, kann sich im Körper erst dann richtig entfalten, wenn er genügend Vitamin C vorfindet. Daher muss

Gesundheit & Schönheit

man auch auf eine verstärkte Zufuhr von diesem Vitamin achten. Schwangere, stillende Frauen, Kleinkinder und Raucher haben einen erhöhten Eisenbedarf, den man durch gezielte Rohkost ausgleichen sollte.

Essigbäder

Essigbäder helfen sehr gut gegen Müdigkeit. Die Haut wird erfrischt, wenn man sie vor dem Duschen mit Apfelessig abreibt.

Fingernägel, brüchige

Brüchige Fingernägel werden schnell wieder fest, wenn Sie Ihre Nägel jeden Abend mit Glyzerin einreiben.

Füße, übermüdete

Vom langen Stehen auf hartem Fliesenboden werden die Füße leicht müde. Legen Sie deshalb in der Küche Matten aus oder tragen Sie angenehme weiche Schuhe. Fußbäder, z. B. mit einer Lösung aus Latschenkieferöl, Kampfer und Menthol in warmem Wasser, oder Wechselfußbäder können Linderung verschaffen.

Fußpilz

Fußpilz wird mit Fußbädern in Essigwasser gelindert.

Gänseblumen

Gänseblumen haben, als Tee zubereitet, entgiftende, harntreibende, entzündungshemmende und schleimlösende Wirkung. Für 1 Tasse Tee benötigt man 1 TL frische Blumenköpfe.

Gesundheit & Schönheit

Gänsefett

Gänsefett ist ein altbewährtes Hausmittel gegen Fieber. Man streicht es Kranken (v. a. Kindern) auf die Brust.

Gelenkentzündungen

Bei Beschwerden der Gelenke sollte man täglich ein Glas Mineralwasser mit 20 TL Obstessig trinken!

Haarausfall

Man massiert echtes Klettenwurzelöl fest in die Haare, lässt das Ganze über Nacht gut einziehen und wäscht das Öl am anderen Morgen aus.

Haarbrillantine

Haarbrillantine ist wieder sehr modern geworden. Die Zubereitung ist sehr einfach: Vermischen Sie Olivenöl mit Glyzerin zu gleichen Teilen miteinander und geben Sie anschließend noch etwas Eau de Toilette dazu. Fertig.

Haarbürsten

Haarbürsten lassen sich einfach reinigen. Man fährt mit einem grobzinkigen Kamm mehrere Male fest durch die Borsten und zieht so die Haare aus der Bürste.

Gesundheit & Schönheit

Haar, ergrautes

Ergrautes Haar kann man durch Spülungen mit schwarzem Tee färben.

Haare färben

Natürliche Haarfärbemittel sind ungefährlich: Helle Haare werden schön blond, wenn man sie mit Kamillentee spült. Gibt man noch etwas doppeltkohlensaures Natron zu, erhält man einen herrlichen Goldton. Dunkle Haare färbt man mit einem Sud aus Walnussblättern und grünen Nussschalen. Rot werden die Haare mit Henna.

Haare

HAARE, GLÄNZENDE

Haare glänzen, werden weich und gut frisierbar, wenn sie nach der Wäsche mit Apfelessig gespült werden.

HAARE, SPRÖDE

Leidet man unter spröden Haaren, massiert man vor dem Schlafengehen Rizinusöl in die Haare und legt ein Handtuch um den Kopf. Über Nacht einziehen lassen und morgens gut ausspülen.

HAARE, WEICHE

Weiche Haare erhält man, wenn man nach jedem Haarewaschen die Haare mit einer Birkenblätterlotion durchspült. Für blonde Haare allerdings nicht geeignet!

Haarentfernungsmittel

Die chemischen Entfernungsmittel, die man im Handel bekommt, enthalten aggressive Chemikalien, die die Haut angreifen. Deshalb sollte man nach dem Enthaaren nie Desodorierstifte benutzen. Eine schwache Essig- oder Zitronenspülung kann die geschwollenen und aufgeweichten Hautstellen beruhigen. Mit Bimsstein abreiben oder mit Wachs entfernen ist ungefährlicher.

Haarfärbeflecken

Haarfärbeflecken auf der Haut beseitigt man, indem man einfach etwas Parfüm auf einen Wattebausch gibt und den Fleck damit wegreibt.

Haarfestiger selbst gemacht

Etwas Bier oder Hamameliswasser mit dem Wäschesprenger aufs Haar sprühen. Das Haar lässt sich prima legen und hält gut. Der Biergeruch verfliegt, bis das Haar trocken ist. Auch ein wenig Gelatine oder Zucker, in warmem Wasser aufgelöst, ist bestens geeignet.

Haargummis

Zum Abbinden eines Haarzopfes sollte man am besten nur Haargummis, die umwickelt sind, verwenden.

Haarnadelhalter

Ein preisgünstiger und zweckmäßiger Haarnadelhalter ist ein Plastik-Topfkratzer.

Haarschleifen, zerknitterte

Zerknitterte Haarschleifen lassen sich einfach und schnell glätten, indem man sie auf eine warme Glühbirne presst.

Gesundheit & Schönheit

Haarzöpfe

Haarzöpfe flechten

Vor dem Flechten feuchtet man die Haare kurz an. Man kann auch etwas Rizinusöl in die Haare kneten.

Haarzöpfe, dicke

Dicke Haarzöpfe werden am Ansatz eher locker, danach unter mehr Spannung geflochten. Dünne Haarzöpfe dagegen sollte man vom Ansatz bis zum Ende so straff wie möglich flechten.

Halsfalten

Halsfalten werden gemildert oder verhindert, wenn man öfter eine Ölpackung macht. Dazu wird Weizenkeimöl oder Mandelöl im Wasserbad erwärmt. Mit dem Öl tränkt man Mullstreifen und wickelt sie um den Hals. Mit einem alten Schal oder Frottierhandtuch abdecken und möglichst über Nacht einwirken lassen.

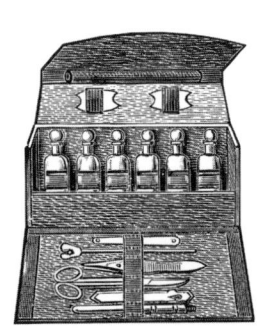

Hausapotheke

Bewahren Sie Ihre Apotheke gut verschlossen an einem kühlen und trockenen Ort (also nicht im Bad oder in der Küche) auf. Alles entnommene Material sollte sofort ersetzt werden.

Gesundheit & Schönheit

Überprüfen Sie 1-mal jährlich Ihre Hausapotheke auf Vollständigkeit. Die altgewordenen Medikamente in der Apotheke zur fachgerechten Vernichtung abgeben.

Das sollte Ihre Hausapotheke enthalten:

Verbandmittel

- 1 Rolle Heftpflaster, 5 m x 2,5 cm
- verschiedene Wundschnellverbände in 4 cm, 6 cm und 8 cm Breite
- 1 Packung Verbandwatte
- 2 Verbandklammern
- 2 Mullbinden in 6 cm Breite
- 2 Mullbinden in 8 cm Breite
- 3 Verbandpäckchen (klein, mittel und groß)
- Einmalhandschuhe
- 1 Verbandschere
- 1 Splitterpinzette
- 1 elastische Binde 8 cm breit
- 1 Dreiecktuch

Arzneimittel

- Schmerztabletten und Schmerzzäpfchen (auch für Kinder)
- Halstabletten
- Kohletabletten
- Mittel gegen Erkältungskrankheiten
- Mittel gegen Insektenstiche
- Wunddesinfektionsmittel
- 1 Brandgel

Gesundheit & Schönheit

KRANKENPFLEGEARTIKEL
- Fieberthermometer
- Augenklappe
- Mundspatel
- Desinfektionsmittel
- Kühlkompressen

Haut

HAUT, RAUE

Raue, durch Kälte gerötete, trockene Haut behandelt man mit einem Bad, in das man vor dem Wassereinfüllen Olivenöl und Buttermilch schüttet. Es entsteht eine Emulsion, die sich angenehm weich auf der Haut anfühlt. Die Wirkung wird erhöht, wenn Sie sich nach dem Baden nicht abtrocknen, sondern in warme Tücher gehüllt ins Bett legen.

HAUT, UNREINE

Unreine Haut sollte mehrmals täglich und vor dem Schlafengehen mit Essig, Zitronensaft oder Kampferspiritus abgetupft werden.

Husten

Husten wird durch Apfelweinmolke gelindert. Apfelwein, Wasser und Milch jeweils zu gleichen Teilen erhitzen, aber nicht kochen lassen! Danach alles durch ein sauberes Leinentuch seihen und warm trinken.

Insektenstiche

Insektenstiche jucken nicht mehr so stark, wenn Sie sie mit Kernseife einreiben.

Gesundheit & Schönheit

Jodmangel

Jodmangel ist ein sehr weitverbreitetes Übel. Rund 10 % der deutschen Bevölkerung leidet an einem Kropf, der aufgrund von Jodmangel (Schilddrüsenunterfunktion!) entsteht. Um Jodmangel vorzubeugen, sollte man mindestens 1-mal wöchentlich Fisch essen und jodiertes Salz verwenden!

Johannisbeersaft, schwarzer

Schwarzer Johannisbeersaft enthält viel Vitamin C und eignet sich daher hervorragend als Getränk bei Erkältungen.

Juckreiz

Die befallenen Stellen mehrmals täglich mit verdünntem Essig einreiben.

Kindermedizin, flüssige

Man lässt das Kind direkt vor der Einnahme der Medizin einen Eiswürfel lutschen. Dadurch werden die Geschmacksnerven im Mund leicht betäubt und die Arznei schmeckt nicht mehr ganz so schlimm.

Gesundheit & Schönheit

Kiwifrüchte

Kiwifrüchte schützen vor Entzündungen. Grund hierfür sind die im Fruchtfleisch enthaltenen Enzyme. Täglich sollte man daher mindestens 2 Kiwis essen!

Krankenzimmer

Zur Verbesserung der Luft im Krankenzimmer feuchte Tücher auf dem Heizkörper ausbreiten (evtl. mit einigen Tropfen Pfefferminzöl betropfen).

Latschenkiefernöl

Latschenkiefernöl hilft zuverlässig bei Bronchitis. Das ätherische Öl wird wie folgt zum Inhalieren verwendet: Man gibt einige Tropfen in einen Topf mit heißem Wasser, hält den Kopf darüber und legt über das Ganze ein großes Handtuch. So bleiben die wärmenden Dämpfe länger erhalten. Tief und langsam ein- und ausatmen.

Lippenbläschen

Lippenbläschen heilen schneller ab, wenn Sie die Bläschen vorsichtig mit einem Wattebausch, abwechselnd kurz in kaltes und warmes Wasser eingetaucht, betupfen.

Malven

Malven weisen einen sehr hohen Anteil an Mineralstoffen und Schleimstoffen auf und werden daher gerne bei Erkrankungen der Schleimhäute, Husten und Keuchhusten verwendet. Entweder als Tee, Inhalierflüssigkeit oder Kompresse.

Mate-Tee

Dieser Tee, der aus getrockneten Blättern des immergrünen südamerikanischen Matestrauches gewonnen wird, regt Herz und Nerven an und beseitigt Hungergefühle. Daher eignet sich dieser Tee als Getränk bei Diäten. Mate-Tee ist auch reich an Vitaminen, Mineralstoffen und Spurenelementen.

Nackenrolle

Wer unter Rückenschmerzen leidet, sollte auf ein normales Kopfkissen verzichten und auf eine Nackenrolle zurückgreifen. Durch diese Rolle können die Halswirbel völlig entlastet werden.

Nagelfeilen

Finger- oder Fußnägel dürfen nie im nassen oder aufgeweichten Zustand gefeilt werden. Denn dadurch reißen sie ein und

Gesundheit & Schönheit

der Nagelrand spaltet sich in viele kleine Risse. Daher sollte man nach dem Baden oder Duschen stets einige Zeit mit dem Feilen warten, bis die Nägel wieder hart geworden sind.

Nagellack

NAGELLACK, ABGEBLÄTTERTER
Abgeblätterter Nagellack sieht wirklich nicht besonders gepflegt aus. Um sich die Arbeit des Neulackierens zu ersparen, taucht man ein Wattestäbchen in Nagellackentferner und streicht damit vorsichtig mehrere Male über den lackierten Nagel.

NAGELLACK, ALLERGIEGETESTETER
In vielen Drogerien und Apotheken gibt es Nagellack, der zu 100 % allergiegetestet ist und keine Parfümzusätze enthält!

NAGELLACK AUFBEWAHREN
Nagellack, der im Kühlschrank aufbewahrt wird, bleibt glatt und trocknet nicht ein.

NAGELLACK, DICKFLÜSSIGER
Dickflüssiger Nagellack lässt sich mit folgendem kleinen Trick wieder verdünnen! Man gibt ein paar Tropfen 50%igen Weingeist in das Fläschchen und schüttelt den Lack dann gut durch.

Natron

Natron ist wirksam bei Magensäure-Überschuss und Sodbrennen.

Parfümduft

Parfümduft hält an eingefetteter Haut wesentlich länger als an trockener.

Quarkwickel

QUARKWICKEL GEGEN ENTZÜNDUNGEN

Quarkwickel können dem Körper Wärme entziehen. Daher empfiehlt sich die Anwendung bei Sonnenbrand, Insektenstichen oder Akne.

QUARKWICKELANWENDUNG

Man streicht den Quark dünn mit einem Messer auf ein Leinentuch und legt dieses auf die zu behandelnde Stelle. Wenn der Quark getrocknet ist, wird der Wickel erneuert!

Quendel

Quendel enthält hauptsächlich ätherische Öle. Wegen seiner krampflösenden und desinfizierenden Eigenschaft hilft es bei Reiz- und Keuchhusten.

Rote Bete

Erschrecken Sie nicht, wenn sich nach dem Genuss von Roter Bete Urin und Stuhl rot färben.

Gesundheit & Schönheit

Salz

Salz wirkt als Brei schmerzlindernd bei Insektenstichen, im Vollbad zur Durchblutungsförderung, als Heilmittel gegen Schluckauf, Sodbrennen und Stockschnupfen und zur Entfernung von Zahnbelag.

Schluckauf

Schluckauf vergeht, wenn man ein paar Pfefferkörner zerkaut, 1 TL Gelierzucker schluckt, ein Stück Würfelzucker im Mund zergehen lässt – noch wirksamer: den Zucker vorher in Essig legen –, ein Glas Wasser trinkt und dabei die Nase zuhält, etwas Salz auf der Zunge zergehen lässt.

Sodbrennen

Sodbrennen kann man mit Sauerkraut, Salzwasser, Natron (in Sprudelwasser!) oder einigen Schlucken Milch bekämpfen. Wer leicht dazu neigt, sollte sich bei allzu fetten und scharf gewürzten Speisen vorsehen.

Sonnenbrand

Sonnenbrand mit anschließender Hautabschälung wird gelindert, wenn Sie auf die betroffenen Hautstellen einige Tropfen Lavendelessenz geben und sanft einreiben.

Sonnenbräune

Sonnenbräune hält länger, wenn Sie täglich Karotten essen und Ihre Haut mit Karottenöl pflegen.

Überarbeitung, körperliche

Bei körperlicher Überarbeitung empfiehlt es sich, ein Stück Kalmuswurzel zu kauen!

Verbrennungen und Verbrühungen

Verbrennungen und Verbrühungen lindert man mit kaltem Wasser, das man über die Wunden laufen lässt (noch besser ist Eiswasser, aber Vorsicht mit Eiswürfeln, die evtl. nicht ganz keimfrei sind). Bei Blasenbildung oder offenen Wunden sofort zum Notarzt. Keine Salbe (oder Mehl, Öl usw.) benutzen. Nur mit einem keimfreien Tuch abdecken.

Verdauungsstörungen

Wer unter leichten, jedoch chronischen Verdauungsstörungen leidet, sollte täglich 1 l eines leicht abführenden Mineralwassers trinken!

Gesundheit & Schönheit

Verfalldaten

Verfalldaten beim Lebensmitteleinkauf sind unbedingt zu beachten. Wenn die noch verbleibende Mindesthaltbarkeit zu kurz ist, sollten Sie auch die günstigen Sonderangebote besser nicht nutzen.

Waldmeistertee

Waldmeistertee eignet sich hervorragend als Einschlafmittel für ältere Menschen und für Kinder.

Warzen

Diese gutartigen Wucherungen können auf natürliche Art und Weise verschwinden. Man mischt einfach 1 EL Salz mit 4 EL Obstessig, füllt das Ganze in ein kleines Fläschchen ab und schüttelt es gut durch. Von dieser Flüssigkeit gibt man mit einem Wattebausch mehrmals täglich einige Tropfen auf die Warzen.

Wespenstiche

Wespenstiche schwellen nicht so stark an, wenn Sie auf den Stich eine frisch geschnittene Zwiebel- oder Zitronenscheibe legen.

Zahnbürsten

ZAHNBÜRSTEN KAUFEN

Beim Kauf sollte man darauf achten, dass der Griff abgewinkelt ist, damit man auch in den hintersten Winkel der Mundhöhle reicht. Die Borsten sollten eine abgerundete Spitze haben und büschelförmig angeordnet sein. Verwenden Sie synthetische Borsten – Naturborsten sind zu porös. Jeden Monat sollte die Zahnbürste ausgewechselt werden.

ZAHNBÜRSTEN REINIGEN

Zahnbürsten kann man mit Zahnprothesenreinigern selbsttätig reinigen.

Zähne putzen

Wer gerade keine Zahncreme zur Hand hat, verwendet stattdessen einfach normales Küchensalz!

Zahnseide

ZAHNSEIDE, WIRKUNG

Durch die Verwendung von Zahnseide kann man die Zähne an den Stellen reinigen, an denen die Zahnbürste nicht mehr hinreicht, und verhindert so die Entstehung von Zahnbelag durch Bakterien.

ZAHNSEIDE, ANWENDUNG

Man nimmt einen etwa 40 cm langen Zahnseidenfaden (in Apotheken erhältlich) und wickelt ihn mit dem einen Ende mehrfach um den Mittelfinger der linken Hand, das andere

Gesundheit & Schönheit

Ende um den Zeigefinger der rechten Hand. Dann drückt man die Seide vorsichtig durch den Kontaktpunkt zwischen 2 Zähne und führt den geplissten Faden mehrmals an den Zahnoberflächen auf und ab.

Zahnputzgläser

Zahnputzgläser müssen aus hygienischen Gründen 1-mal in der Woche mit einer warmen Kochsalzlösung ausgewaschen werden.

Zahnschmelz

Zahnschmelz wird härter und widerstandsfähiger, wenn Sie nach dem Zähneputzen den Mund mit Mineralwasser ausspülen. Dabei lassen Sie den Schluck einige Sekunden im Mund, dadurch lagern sich wichtige Mineralien in den Zähnen ab.

Zahnverfärbung

Zahnverfärbung durch Nikotin, Rotwein oder Tee kann man durch spezielle Zahnpasten beseitigen. Auch Salz statt Zahnpasta auf der Zahnbürste hilft. Diese „Zahnpasten" sollten jedoch nicht zu oft benutzt werden, da sie den Zahnschmelz angreifen. Auf keinen Fall bei Zahnersatz benutzen, da die Kunststoffoberflächen angekratzt werden.

Zitronenmelisse

Zitronenmelisse eignet sich – außer für Salate – sehr gut für Schlafgetränke, da sie beruhigende, nervenstärkende Wirkstoffe enthält.

Sauberkeit

Sauberkeit

Alkoholflecken

Alkoholflecken sollte man möglichst sofort behandeln, da sie oft braun werden. Man weicht die verschmutzten Teile in kaltem Wasser, dem man einen Schuss Glyzerin beigibt, ein. Mit Essigwasser nachspülen.

Alleskleberflecken

Man betupft den Stoff mit etwas Nagellackentferner.

Aluminiumgegenstände

Aluminiumgegenstände erhalten einen schönen Glanz, wenn man sie mit Silberpolitur pflegt.

Sauberkeit

Armaturen

Armaturen glänzen wieder, wenn man sie mit einem in Petroleum getauchten Tuch putzt. Man kann sie auch mit Zitronensaft oder Essig abreiben.

Aufkleber

Aufkleber an Fensterscheiben lassen sich wie folgt schnell entfernen: Die Bildchen mit warmem Wasser einweichen und mit einem Messer, so weit es geht, abkratzen; der Rest lässt sich mühelos mit Nagellackentferner ablösen.

Autoölflecken

Autoölflecken entfernt man am besten mit Reinigungsbenzin.

Badewannen

Badewannen sollte man möglichst nicht mit Scheuermitteln behandeln, da die Oberfläche stumpf wird. Flüssige Mittel wie Schmierseifenlauge, Geschirrspülmittel, aber auch Kochsalzlösung sind gut geeignet. Nie in der Badewanne Wäsche mit starken Waschmitteln einweichen!

Bambus- oder Rattanmöbel

Bambus- oder Rattanmöbel reinigt man mit einem Tuch, das man mit Petroleum befeuchtet hat.

Bastkörbe

Um sie zu entstauben, stellt man sie in die Badewanne, schäumt sie mit Spülmittel ein und braust sie mit lauwarmem Wasser ab. Dann einfach an der Luft trocknen lassen.

Sauberkeit

Bernsteinketten

Bernsteinketten lassen sich schnell und einfach reinigen. Schwenken Sie die Kette in einer Lauge aus Kernseife. Anschließend das Schmuckstück mit kaltem Wasser abspülen und vorsichtig mit einem trockenen, weichen Tuch abreiben.

Bierflecken

Bierflecken entfernt man, indem man die Textilien in starkem Salzwasser auswäscht. Bei eingetrockneten Bierflecken weichen Sie die Sachen in Salmiak-Seifen-Wasserlösung ein und waschen sie darin aus.

Bilderrahmen, vergoldete

Vergoldete Bilderrahmen werden wieder schön glänzend, wenn man sie mit Zwiebelschalen abreibt.

Blechgeräte, rostige

Rostige Blechgeräte werden wieder blank, wenn man sie mit Tomatensaft abreibt.

Blutflecken

Kleine, frische Blutflecken kann man mit Speichel beseitigen (kauen Sie auf einer sauberen Taschentuchecke und reiben Sie mit dem angefeuchteten Stück den Fleck aus). Größere Flecken werden mit Natron bestreut, auf das man kaltes Wasser tropft; mit dem Finger breiig verkneten und etwa ½ Stunde einwirken lassen.

Sauberkeit

Brandflecken in Teppichböden

Brandflecken repariert man, indem man die verbrannten Fasern mit einer Schere entfernt. In das entstandene Loch gibt man flüssigen Klebstoff, in den man ein paar Fasern vom Teppichrand drückt. Die reparierte Stelle wird einige Zeit gepresst, bevor Sie wieder mit dem Staubsauger darübergehen.

Brille reinigen

Geben Sie auf jedes Brillenglas 1 kleines Tröpfchen Kölnisch Wasser und reiben Sie das Glas vorsichtig mit einem weichen, fusselfreien Tuch sauber.

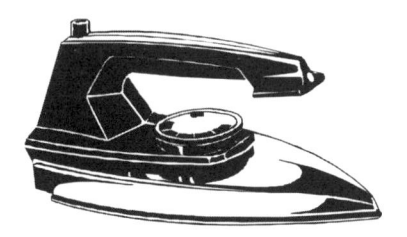

Bügeleisen

BÜGELEISEN-UNTERSEITEN

Bügeleisen-Unterseiten werden wieder glatt und fleckenlos, wenn Sie mit dem Eisen über ein Stück Alufolie plätten. Allerdings nur bei nicht beschichteten Bügeleisen möglich!

Sauberkeit

BÜGELEISEN, ROSTIGE
Rostige Bügeleisen werden wieder blank, wenn man sie mit einer Mischung aus Butter und feinem Salz bestreicht. Eine Zeit einwirken lassen und mit einem groben Tuch abwischen.

Chromteile

Chromteile, z. B. am Herd, lassen sich einfach und schnell reinigen, wenn Sie etwas Nagellackentferner auf Ihren Putzschwamm geben. Anschließend sehr gut mit Wasser nachspülen.

Dunstabzüge und Ventilatoren

Klebrigen, fettigen Schmutzfilm kann man mit einem in Spiritus getränkten Lappen oder Küchenkrepp abwischen oder mit einer Mischung aus Spülmaschinenpulver, Wasser und Glanzspüler abreiben. Waschbare Fettfilter kann man ab und zu in der Geschirrspülmaschine reinigen.

Duschkabinen, gläserne

Gläserne Duschkabinen glänzen wieder, wenn man sie mit einem in Essig getauchten Tuch einreibt.

Duschvorhänge

Duschvorhänge setzen keinen Schimmel mehr an, wenn Sie sie über Nacht in Salzwasser legen. Nass aufhängen.

Sauberkeit

Edelsteine

Edelsteine, die nicht mehr blinken und blitzen, zum Reinigen in 90%igen Weingeist schwenken.

Eigelbflecke

Eigelbflecke werden mit Benzin behandelt, nachdem man sie eintrocknen ließ und den Überschuss abgebürstet hat.

Emaileimer, -töpfe und -schüsseln

Emaileimer und -schüsseln kann man mit Terpentin oder Seifenwasser säubern.

Erdbeerflecken

Erdbeerflecken sind sehr hartnäckig. Probieren Sie es mit einer Mischung aus Salmiakgeist und Borax.

Essig

Essig ist ein Universalmittel. Man kann damit Kesselstein aus Kesseln, Töpfen und Kaffeemaschinen entfernen. Auch den Kalkablagerungen in Waschmaschinen, auf Kacheln und in Badewannen kann man mit Essig beikommen. Gerüche, z. B. Kohl-, Zwiebel- oder Fischgeruch, verfliegen, wenn man mit Essig getränkte Tücher zwischen Topf und Deckel spannt. Es-

Sauberkeit

sigspülwasser frischt Farben von Textilien auf und macht Haare glänzend und duftig. In Krankenzimmern werden Essigtücher aufgehängt oder Essigschalen aufgestellt, um die Luft angenehm aufzufrischen. Mit Essig kann man Flecken entfernen, und Essigwickel helfen bei Insektenstichen und Brennnesseljucken. Und nicht zuletzt: Essig gibt dem Salat erst die richtige Würze.

Farbe
Farbe auf Glas kann man mit Salmiakgeist oder mit Schmierseife beseitigen. Farbe, die klumpig geworden ist, filtern Sie einfach durch einen Nylonstrumpf.

Farbspritzer entfernen
Ist Farbe auf die Haut gespritzt, kann man sie mit Watte und Speiseöl entfernen.

Fenster
Fenster putzt man leicht und preisgünstig mit einem Lederlappen und einer Spiritus-Wasser-Lösung.

Fenster putzen
Fenster sollte man grundsätzlich nie bei Sonnenschein putzen, da die Scheiben dabei zu schnell trocknen und Streifen oder Schlieren zeigen.

Fernsehbildschirme
Fernsehbildschirme werden wieder blank, wenn Sie auf ein Küchenkrepp etwas Spiritus geben und sie damit abreiben.

Sauberkeit

Fettflecken auf Papier und Stoff

Fettflecken auf Papier und Stoff verschwinden, wenn Sie die Stellen mit Talk- oder Babypuder bestreuen und liegen lassen. Bei Papier lässt sich der Fettfleck auch durch vorsichtiges Ausbügeln zwischen Lösch- oder Krepppapier entfernen. Fettflecken in Stoff dagegen wäscht man mit wenigen Tropfen Geschirrspülmittel aus.

Filzschreiberflecken

Filzschreiberflecken lassen sich mit 90%igem Alkohol entfernen.

Fleckenentfernung aus Teppichen

- *Alkohol, Likör*. Shampoonieren, dann mit Reinigungsalkohol betupfen.
- *Bier*. Betupfen mit lauwarmem Wasser (max. 50 °C), gemischt mit 3 % Reinigungsalkohol.
- *Blut*. Mit kaltem Wasser betupfen, dann shampoonieren, ggf. Restflecken mit verdünnte Ammoniak (5 %) behandeln. Vorsicht! Zu starke Ammoniaklösung entfärbt!
- *Bohnerwachs, Schuhwachs, Möbelwachs*. Betupfen mit Testbenzin, anschließend shampoonieren, ggf. Restflecken mit verdünntem Ammoniak (5 %) oder Reinigungsalkohol nachbehandeln.
- *Butter, Öl, Soße*. Betupfen mit Testbenzin, anschließend shampoonieren. Bei hartnäckigen Flecken nochmals mit

Sauberkeit

verdünntem Ammoniak (5 %) betupfen. Vorsicht! Ammoniak kann entfärben oder Verfärbungen hervorrufen.
- *Eier, Eiweiß*. Mit verdünntem Ammoniak (5 %) oder Reinigungsalkohol betupfen, dann shampoonieren.
- *Erbrochenes, Urin, Kot*. Mit verdünnter Essigsäure (50 %) oder Reinigungsalkohol betupfen, anschließend shampoonieren.
- *Farbe, Lack, Ölfarbe*. Mit Testbenzin betupfen, dann shampoonieren. Latexfarbe: Bei frischen Flecken mit kaltem Wasser betupfen. Ein alter Fleck ist sehr schwierig zu entfernen. Fachmann ansprechen.
- *Kaffee, Tee*. Shampoonieren, ggf. Rest mit Reinigungsalkohol oder verdünntem Ammoniak (10 %) betupfen.
- *Kaugummi*. Mit Eisstückchen abfrieren.
- *Kerze, Paraffin*. Mit lauwarmem Bügeleisen und Löschpapier ausbügeln, mit Waschbenzin betupfen, anschließend shampoonieren.
- *Konfitüre, Sirup, Fruchtsäfte*. Mit lauwarmem Wasser (max. 50 °C) betupfen, ggf. Restflecken mit Testbenzin behandeln.
- *Kosmetikprodukte, Arzneimittel*. Mit Testbenzin oder Perchloräthylen behandeln, dann shampoonieren, ggf. Restflecken mit verdünntem Ammoniak (5 %) oder Reinigungsalkohol nachbehandeln.
- *Kugelschreiber*. Mit verdünnter Zitronensäure oder Reinigungsalkohol behandeln.
- *Milch, Kakao, Joghurt*. Shampoonieren, danach die Flecken mit verdünntem Ammoniak (5 %) oder mit Reinigungsalkohol betupfen. Bei Restflecken Testbenzin verwenden.
- *Nagellack*. Mit Aceton betupfen, danach shampoonieren.

Sauberkeit

- *Obst, Nahrungsmittel.* Mit lauwarmem Wasser betupfen (max. 50 °C), dann shampoonieren.
- *Parfüm.* Mit Reinigungsalkohol betupfen.
- *Pflanzen (Gras), Gemüse.* Mit Reinigungsalkohol betupfen.
- *Rost.* Verdünntes Kaliumoxylat (3 %) oder ein Antirostmittel für Textilien verwenden.
- *Schimmelbildung.* Mit einer Ammoniak-Wasserlösung betupfen. Stark verdünnen!
- *Schlamm.* Trocknen lassen und absaugen.
- *Schokolade, Karamellen, Bonbons.* Mit lauwarmem Wasser (max. 50 °C) oder mit verdünntem Ammoniak (5 %) betupfen.
- *Senf, Mayonnaise, Ketchup.* Verdünnten Ammoniak (10 %) einsetzen, shampoonieren.
- *Teer, Autoschmiere, Schmieröl, Heizöl.* Mit Testbenzin betupfen, danach shampoonieren. Vorgang mit Reinigungsalkohol wiederholen, anschließend shampoonieren.
- *Tinte, Anilin(-Stifte), Kohlepapier.* Möglichst viel mit Löschpapier abheben, anschließend mit einer Mischung aus 30 % Reinigungsalkohol, 70 % Wasser betupfen, dann shampoonieren. Gute Ergebnisse werden auch mit Zitronensaft erreicht.
- *Wasser.* Mit einem sauberen Läppchen aufsaugen und trocknen lassen, eventuelle Fleckenränder mit Shampoo oder mit Reinigungsalkohol behandeln.
- *Wein, Limonade.* Verdünnte Essigsäure (50 %) verwenden, danach shampoonieren.
- *Zucker.* Mit lauwarmem Wasser behandeln (maximal 50 °C), anschließend shampoonieren.

Sauberkeit

Fleckenentfernung allgemein

Man sollte nie die Reinigungsmittel direkt auf den Fleck geben, sondern um den Fleck herum verteilen. Unter den Fleck Löschpapier, Küchenkrepp oder saugfähigen Baumwollstoff legen. Das Fleckenmittel „treibt" den Fleck auf diese Weise nach innen, während das Lösungsmittel nach außen entweicht. Wird das Reinigungsmittel direkt auf den Fleck geschüttet, kann er sich nach außen ausdehnen.

Fußböden, versiegelte

Versiegelte Fußböden bekommen wieder frisches Aussehen, wenn Sie sie mit kaltem Teewasser abwischen.

Fusseln

Fusseln von Kleidern oder Polstern lassen sich leichter entfernen, wenn Sie die Bürste vorher etwas anfeuchten.

Gegenstände, verchromte

Verchromte Gegenstände glänzen wieder wie neu, wenn man sie mit einem mit Salmiakgeist befeuchteten Tuch abreibt.

Gitarrenkörper

Gitarrenkörper bekommen wieder ihren alten Glanz, wenn Sie etwas Zahnpasta auf das Holz geben und trocknen lassen. Anschließend gut polieren.

Gitter, rostige

Vor dem Streichen wird der Rost mit einer Drahtbürste entfernt und danach das Gitter mit warmem Leinöl bestrichen.

Sauberkeit

Gläser

MILCHGLÄSER

Gläser, aus denen Milch getrunken wurde, sollte man zunächst kalt ausspülen, damit sie keinen milchigen Film zurückbehalten.

GLÄSER, TRÜBE

Trübe Gläser reinigt man mit warmem Salzwasser und poliert mit Leinen nach.

Glaskaraffen, trübe

Trübe Glaskaraffen reinigt man, indem man Kaffeesatz einige Zeit darin ruhen lässt und dann gründlich ausspült. Man kann auch kleine, rohe Kartoffelstückchen in Essigwasser eine Zeit lang darin stehen lassen.

Glastischplatten

Glastischplatten werden wie neu, wenn man sie mit Zitronensaft reinigt.

Gold

Gold wird wieder glänzend, wenn man es mit Zwiebelsaft einreibt und nach 1–2 Stunden nachpoliert.

Goldborten und -tressen

Goldborten und -tressen mit Spiritus reinigen und mit einem weichen Tuch trocken reiben.

Sauberkeit

Grasflecken

Grasflecken entfernt man, in dem man den Stoff zuerst vorsichtig mit Benzin abreibt und anschließend mit Seifenlauge auswäscht. Bei empfindlichen Stoffen streicht man den Grasfleck mit Butter ein und wäscht ihn etwa nach 20 Minuten mit milder Seifenlauge aus.

Grillroste

Grillroste verschmutzen sehr stark. Um sich die Reinigung so einfach wie möglich zu machen, reiben Sie den Rost mit einer Sodalösung ab. Anschließend mit klarem Wasser gut nachspülen und abtrocknen.

Grünspan

Grünspan lässt sich leicht abreiben, wenn man die Stelle über einer Spiritusflamme erhitzt.

Handbürsten

Handbürsten werden wieder gründlich sauber, wenn sie über Nacht in Essigwasser gelegt werden.

Harzflecke

Harzflecke lösen sich durch Betupfen mit Terpentin auf.

Sauberkeit

Heizkörper

Heizkörperreinigung kann mühelos und schnell gehen! Wickeln Sie einfach um einen Kleiderbügel ein Tuch und fahren damit zwischen die Rippen.

Hundedreck

Hundedreck wird entfernt und die Stelle mit einer Essig-Seifenwasserlauge gereinigt. Mit Mineralwasser nachreiben und mit Salmiakgeist desinfizieren, damit der Hund diesen Platz nicht wieder benutzt.

Jalousetten

Jalousetten laden sich nicht statisch auf und ziehen somit auch nicht sofort wieder Staub an, wenn Sie die einzelnen Lamellen mit einem Tuch, mit etwas Weichspülmittel angefeuchtet, abreiben.

Jodflecken

Jodflecken weicht man in Salmiakgeistwasser ein. Frische Flecken bestreicht man mit Schmierseife, lässt kurz einwirken und wäscht mit lauwarmem Wasser aus.

Joghurtflecken

Joghurtflecken sollte man sofort mit lauwarmem Wasser entfernen (nicht reiben!). Wenn die Flecken bereits eingetrocknet sind, erst leicht ausbürsten und dann mit lauwarmem Wasser ausreiben.

Sauberkeit

Kachelwände und -tische

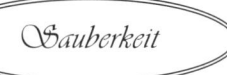

Kachelwände und -tische werden sauber und glänzen, wenn sie mit Magermilch abgerieben und nachpoliert werden.

Kakaoflecken

Kakaoflecken sofort mit kaltem Wasser auswaschen.

Kalkablagerungen

Kalkablagerungen in Brauseköpfen und Sieben an Wasserhähnen lassen sich wie folgt entfernen: Legen Sie das Sieb einige Stunden in heißen Essig. Wenn sich das Sieb nicht abschrauben lässt, löst sich der Kalk, wenn man einen Joghurtbecher voll Essigessenz mit Draht oder Klebestreifen so am Hahn befestigt, dass das Sieb in den Essig hängt. Am besten über Nacht hängen lassen, dann haben sich Ablagerungen sicher gelöst.

Kalkfarbenflecke

Kalkfarbenflecke lassen sich mit verdünntem Essig beseitigen.

Kalkrückstände

Kalkrückstände in der Waschmaschine verschwinden, wenn Sie 4 l Essig in die Trommel geben und einfach einen Hauptwaschgang leer durchlaufen lassen.

Katzendreck

Katzendreck wird erst entfernt, dann wird mit Essig-Seifenwasser abgewischt. Mit Mineralwasser nachreiben und trocknen lassen. Danach mit Salmiakgeist desinfizieren.

Sauberkeit

Kehrbesen

Kehrbesen lassen sich am besten reinigen, wenn Sie mit einem grobzinkigen Kamm durch die Besenborsten fahren.

Kesselstein

KESSELSTEIN ENTFERNEN

Kesselstein lässt sich mit Essig oder Zitronensaft gut entfernen.

KESSELSTEIN VERMEIDEN

Kesselstein vermeidet man, wenn man in den Wasserkessel ein Stückchen Marmor legt. (S. auch Kalk.)

Kirschflecken

Kirschflecken reibt man mit einer Lösung aus 3 Teilen Wasser, 1 Teil Salmiakgeist und 3 Teilen reinem Äther ein. 1 Stunde einwirken lassen; auswaschen.

Kokosläufer

Kokosläufer bekommen Sie schnell wieder sauber. Bürsten Sie die Teppiche mit Sodawasser ab und stellen Sie sie zum Trocknen leicht schräg auf.

Korkgegenstände

Korkgegenstände, z. B. Untersetzer, lassen sich gut mit Schmierseife reinigen, die dünn aufgetragen wird. Etwas einwirken lassen, dann mit warmem Wasser abbürsten.

Sauberkeit

Kugelschreiberflecken

Kugelschreiberflecken betupft man mit Spiritus oder Terpentinersatz und wäscht sie nach kurzer Einwirkzeit aus.

Kunststoffflächen

Kunststoffflächen, die matt geworden sind, reibt man mit Autopolitur oder Zahnpasta wieder glänzend.

Kunststofffußböden

Kunststofffußböden erhalten einen herrlichen Glanz, wenn Sie den Boden mit Seifenwasser wischen. In Ihr Wasser geben Sie zusätzlich eine Tasse Waschpulver.

Kupfergegenstände

Kupfergegenstände putzt man mit Buttermilch, in der man etwas Kochsalz aufgelöst hat.

Likörflecken

Likörflecken lassen sich mit Benzin entfernen. Ränder mit Wasser oder verdünntem Salmiakgeist nachbehandeln.

Linoleumböden

Linoleumböden haben oft unschöne Kratzer. Schnell können Sie diese mit einem Autolackstift, den es in vielen Farben gibt, beseitigen.

Lippenstiftflecken

Lippenstiftflecken reibt man mit Glyzerin ein. Dies löst den Fleck. Reste einfach mit Seifenlauge auswaschen. Lippenstiftflecken lassen sich auch mit Spiritus oder Reinigungsbenzin entfernen; in Seifenlauge auswaschen.

Marmor

Marmor wird wieder schön, wenn man ihn mit einem Brei aus feinem Scheuersand und Zitronensaft abreibt und dann mit Wasser abwäscht.

Möbel

MÖBEL, GEBEIZTE

Gebeizte Möbel, die sehr verschmutzt sind, reibt man am besten mit Terpentin ab.

MÖBEL, GESCHNITZTE

Geschnitzte Möbel lassen sich mit einer alten Zahnbürste reinigen. Auch die Möbelpolitur damit auftragen.

Nickelsachen

Nickelsachen reinigt man mit einer Seifenlauge.

Nikotinflecken

Nikotinflecken an den Fingern beseitigt man, wenn man in starkes Seifenwasser einige Tropfen Spiritus gibt und die

Sauberkeit

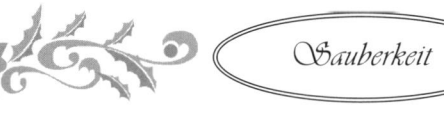

Hände darin badet oder die Hände gründlich mit frisch ausgepresstem Zitronensaft abreibt.

Ohrringe

Ohrringe müssen immer gut gereinigt sein, um Entzündungen zu verhüten. Legen Sie die Ohrringe über Nacht in eine Kernseifenlösung und spülen Sie diese am Morgen mit warmem Wasser gründlich ab.

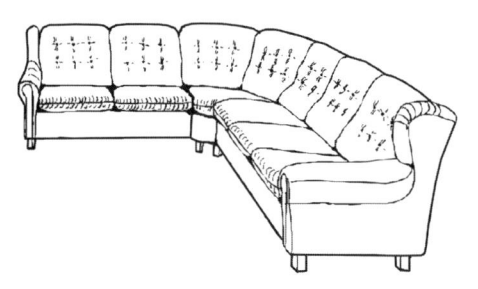

Polstermöbel

Polstermöbel mit Essigwasser abgebürstet, erhalten wieder leuchtende Farben.

Profilglas

Profilglas putzt man einfach, indem man Spiritus mithilfe eines Wäschesprengers auf die Scheiben sprüht; mit einer Bürste (schwierige Stellen evtl. mit einer alten Zahnbürste) abbürsten.

Riffelglas

Riffelglas lässt sich zeitsparend reinigen, wenn Sie mit einer mit Spiritus befeuchteten Kleiderbürste über das Glas reiben.

Sauberkeit

Rollladen- und Jalousienbänder und -schnüre

Rollladen- und Jalousienbänder und -schnüre werden wieder sauber, wenn man sie mit Geschirrspülmittel und Wasser oder mit Waschbenzin reinigt.

Rollos reinigen

Rollos, die man nicht waschen kann, werden mit Brotscheiben abgerieben. Mit einem Radiergummi lassen sich viele Flecken entfernen. Man kann die Rollos auch mit einem in Mehl getauchten, rauen Tuch abreiben.

Rostflecken

Rostflecken lassen sich gründlich und schnell durch Abreiben mit zerknüllter Alufolie entfernen.

Rotweinflecken

Rotweinflecken werden, so lange sie frisch sind, von Salz aufgesogen. Man bestreut sie dick damit und lässt dann das Salz arbeiten.

Rußflecken

RUSSFLECKEN ENTFERNEN

Rußflecken bestreut man dick mit Salz, lässt sie einige Zeit ruhen und bürstet sie trocken aus. Rußflecken dürfen nie feucht abgewischt werden.

RUSSFLECKEN AUF TAPETEN

Rußflecken auf Tapeten reibt man mit Weißbrotrinde oder einem weichen, sauberen Radiergummi ab.

⊘*Sauberkeit*

Salz

Salz wird im Haushalt vielfach eingesetzt, z. B. zum Entfernen von Rotwein- und Tintenflecken, zum Reinigen der Badewanne, zum Reinigen und Auffrischen von Korbwaren und Bast oder Strohteppichen. Man kann mit Salz den trüben Belag von den Zahnputzgläsern reinigen, Möbel blank reiben.

Schimmelflecken

Schimmelflecken auf Leder bearbeitet man mit einem Schwamm und einer Wasser-Spiritus-Mischung (1:1).

Schleiflackmöbel

Schleiflackmöbel lassen sich schnell und wirksam mit Schlämmkreide reinigen. Eine Handvoll Schlämmkreide mit etwas Wasser vermischen und mit einem weichen Schwamm die Möbel abwaschen. Die Nachreinigung erfolgt mit reinem, lauwarmem Wasser.

Schmierseife

Schmierseife eignet sich gut zum Reinigen und Waschen von farbiger Wäsche bei 40 °C oder für die Wäsche im Hand-

Sauberkeit

waschbecken. (Beim Nachspülen einen Schuss Essig ins Wasser geben.) Auch als Allzweckreiniger für Fliesen, Kacheln, Fußböden, Türen, Fensterrahmen und Kunststoffbelägen aller Art eignet sich dieses umweltfreundliche, kostensparende Allroundmittel, das unsere Großmütter schon schätzten.

Schuhcremeflecken

Schuhcremeflecken lassen sich mit Spiritus entfernen, den man bei weißen Geweben unverdünnt verwenden kann. Bei farbigen Geweben mit Wasser verdünnen und am Saum eine Probe machen.

Silberfische

Silberfische verschwinden, wenn man die „Nistplätze" mit Borsäure und Zucker behandelt.

Spiegel

Spiegel reinigen

Spiegel reinigt man mit lauwarmem Wasser, in das etwas Spiritus und Salmiakgeist gegeben wird.

Spiegel und Fenster

Spiegel und Fenster, die mit Essig abgerieben werden, halten die Fliegen fern.

Spinnweben

Spinnweben müssen mit Aufwärtsbewegungen abgefegt werden, sonst bleiben sie an der Wand kleben.

Sauberkeit

Staubtücher

Staubtücher nehmen besser den lästigen Schmutz auf, wenn Sie die Tücher ab und zu in mit einem Schuss Glyzerin angereicherten Wasser waschen.

Staubwischen

Staubwischen zwischen den Falten eines Lampenschirmes geht ganz einfach, wenn Sie einen ca. 10 cm breiten Malerpinsel verwenden.

Steintreppen

Bei Frost putzt man Steintreppen mit heißem Putzwasser, dem man Salmiakgeist zugibt. Dies verhindert Glatteisbildung.

Stuhlsitze, geflochtene

Geflochtene Stuhlsitze werden schön sauber, wenn man sie mit Salzwasser abbürstet.

Teeflecken

Teeflecken sollten sofort mit warmem Wasser ausgewaschen werden. Hartnäckige Flecken werden anschließend mit Glyzerin abgerieben.

Sauberkeit

Teerflecken

Teerflecken lassen sich mit Terpentin oder Reinigungsbenzin beseitigen.

Telefonapparate

Telefonapparate, die verschmutzt oder verschmiert sind, glänzen wieder wie neu, wenn man sie mit Spiritus abreibt.

Tierhaare

Tierhaare auf Teppichen, an Polstermöbeln und an Kleidungsstücken lassen sich leicht entfernen, wenn man sie mit einer feuchten Nylonbürste abbürstet.

Toilettenreinigung

Toilettenreinigung geht einfach und problemlos! Werfen Sie eine Gebissreinigungstablette in die Schüssel. Etwas einwirken lassen; Spülung betätigen.

Türrahmen, lackierte

Lackierte Türrahmen werden durch häufiges Scheuern und Abwaschen unansehnlich. Um ein schnelles Verschmutzen

Sauberkeit

der lackierten Flächen zu vermeiden, sollte man sie mit farblosem Wachs einreiben.

Ventilatoren

Ventilatoren und Dunstabzüge. Klebrigen, fettigen Schmutzfilm kann man mit einem mit Spiritus getränkten Lappen oder Küchenkrepp abwischen, oder mit einer Mischung aus Spülmaschinenpulver, Wasser und Glanzspüler abreiben.

Verlängerungskabel

Verlängerungskabel müssen immer aufgerollt auf einer Rolle aufbewahrt werden. Zum einen rollen sie so, ohne zu verknoten, ab. Zum anderen kann das Kabel nicht einknicken und die Isolierung bleibt gewährleistet.

Verpackungsmaterial

Verpackungsmaterial sollten Sie dem Recycling zuführen. Geben Sie Papier, Blechbüchsen und Glas zum Altwarenhändler oder in dafür bestimmte Container.

Vogelsand, schmutziger

Schmutziger Vogelsand gehört nicht auf den Komposthaufen, sondern in die Mülltonne.

Wachs

WACHS ENTFERNEN

Kerzenwachs lässt sich einfach ablösen, wenn man den Kerzenhalter unter heißes Wasser hält oder für einige Zeit ins Gefrierfach legt.

Sauberkeit

WACHSFLECKEN AUF MÖBELN
Man hebt vorsichtig, ohne zu kratzen, die Wachsschicht ab und reibt das Holz mit etwas Olivenöl oder Terpentin ab.

Wände

WÄNDE ABWASCHEN
Stülpen Sie sich beim Wändeabwaschen ein paar alte Socken, von denen Sie die Spitzen abgeschnitten haben, über Ihr Handgelenk. So laufen Ihnen die Wassertropfen nicht in die Ärmel.

WÄNDE, VERRUSSTE
Verrußte Wände lassen sich mit Knetgummi oder frischem Brot reinigen. Kaufen Sie eine größere Portion von dem Knetgummi, dann geht es leichter. Man kann ihn immer wieder verwenden, z. B. um Rollos „sauber zu radieren". In einem geschlossenen Glas aufbewahren.

Waschbecken

Waschbecken lassen sich mit einem Brei aus Schlämmkreide hervorragend reinigen.

Wasserflecken

Wasserflecken auf Möbeln reibt man mit einem Brei aus Zigarettenasche und Speiseöl ab. Lackierte Möbel mit Petroleum.

Sauberkeit

Wasserstein
Wasserstein lässt sich mit Essig oder Zitronensaft entfernen. (S. auch Kalk.)

Wasser- und Schneeflecken
Wasser- und Schneeflecken auf Parkett reibt man mit Benzin oder Leinöl ab.

Zeitungen und Zeitschriften
Zeitungen und Zeitschriften sammelt man am besten in 4-eckigen, leeren Waschmittelkartons. So kann man die Zeitungen leicht zur Altpapiersammlung geben.

Zeitungspapier
Zeitungspapier ist sehr vielseitig und gut geeignet zum Reinigen von Herdplatten, Öfen, Metallgeräten, Fenstern, als Wärmeschutz unter Teppichen oder als Mottenschutz für Pelze und Wollsachen.

Zigarettengeruch
Wenn sich Zigarettengeruch in den Polstern oder Teppichen festgesetzt hat, kann man mit folgendem Trick Abhilfe schaffen: Man reibt die betroffenen Stoffe mit einer Bürste, eingetaucht in Essigwasser (Mischverhältnis 1:1), fest ab.

Zinn
Zinn lässt sich mit Bier oder einer Mischung aus Petroleum und Zigarrenasche gut reinigen. Sie können es auch mit Kohlblättern abreiben.

Hobby & Heimwerken

Hobby & Heimwerken

Abbeizmittel

Zum Abbeizen kleinerer Flächen oder von Schnitzereien ist Salmiakgeist (evtl. öfter mit Bürste auftragen) gut geeignet. Diese Behandlung kann allerdings zu Verfärbungen des Holzes führen. Vorsicht! Nicht die giftigen Dämpfe einatmen und deshalb nur im Freien arbeiten.

Bilder

BILDER, SCHIEF HÄNGENDE

Bilder, die schief hängen, kann man gerade ausrichten, wenn man den Bilderrahmen mit Schaumgummiecken beklebt.

BILDER AN SCHRÄGEN WÄNDEN

Bilder kann man an Mansarden- und anderen schrägen Wänden aufhängen, wenn man sie oben mit einem gewöhnlichen Haken am Nagel anhängt und unten an einer Schiffsöse mit einer Schraube oder einem Nagel befestigt.

Hobby & Heimwerken

Bohren

BOHREN IN HOLZ ODER FLIESEN

Bohren in Holz oder Fliesen wird einfacher, wenn Sie auf der Bohrstelle Krepp-Klebeband befestigen.

BOHRSTAUB

Beim Bohren mit der Bohrmaschine kann man vermeiden, dass Staub herumgewirbelt wird, wenn jemand mit dem Staubsaugerrohr direkt danebensteht und den Staub einsaugt.

Decken streichen

Decken streichen ist für die Haartracht eine unerfreuliche Angelegenheit. Beugen Sie dem vor, indem Sie einfach eine Duschhaube beim Deckenstreichen aufsetzen.

Dichtstoffe

Will man Risse und Fugen abdichten, sollte man eine Dichtungsmasse verwenden, die auf Silikonbasis aufgebaut ist.

Dübel

DÜBEL, ALTE

Alte Dübel holen Sie mühelos aus der Wand: Drehen Sie vorsichtig einen Korkenzieher in den Dübel hinein; dann wieder herausdrehen.

DÜBELLÖCHER

Tapeziert man ein Zimmer neu, markiert man die alten Dübellöcher wie folgt: Man steckt ein Streichholz in das Dübelloch, legt die feuchte Tapete vorsichtig darüber und hat so schnell wieder das alte Dübelloch gefunden.

Hobby & Heimwerken

Duschvorhänge, alte

Alte Duschvorhänge nicht wegwerfen, sondern als Bodenabdeckfolie bei Malerarbeiten verwenden.

Eierschachteln, leere

Leere Eierschachteln lassen sich, an die Wände geklebt, sehr gut als Dämmstoffe verwenden, z. B. in einem Partykeller.

Faden einfädeln

Fadeneinfädeln geht leichter, wenn Sie eine Pinzette zu Hilfe nehmen, mit der Sie den Faden gleich am Nadelöhr packen können.

Farb-, Lack- oder Lösungsmittelreste

Farb-, Lack- oder Lösungsmittelreste nicht in den Müll werfen, sondern bei den Sammelstellen der örtlichen Mülldeponien abgeben.

Farbe umrühren

Man rührt mit einem Stück Holz die gedachten Linien einer 8 nach!

Hobby & Heimwerken

Farbtopf

Farbe muss vor der Verarbeitung immer umgerührt werden. Am einfachsten geht das mit einem Kochlöffel aus Holz, der in der Mitte ein Loch hat. Auf diese Weise vermeidet man unnötige Spritzer!

Feuchtigkeit im Zimmer

Feuchtigkeit wird durch ungelöschten Kalk gebunden. Stellen Sie eine Schale mit etwa 1 Pfund Kalk auf und Sie werden bald merken: Das Holz quillt nicht mehr und die Scheiben beschlagen nicht. Achten Sie immer darauf, dass sich der Kalk nicht in Reichweite von kleinen Kindern befindet. In feuchten Wohnungen, besonders in Neubauten, muss man den Kalk ab und zu erneuern. Vorsicht! Ungelöschten Kalk nie mit Wasser in Verbindung bringen. Verätzungsgefahr!

Fliesen

Fliesen anbohren ist eine heikle Sache. Damit die Fliese nicht springt, klopfen Sie einen Stahlnagel auf die Stelle, wo das Loch hinkommen soll. Dadurch springt die Glasur leicht ab und der Bohrer greift besser.

Fugen in Kachelöfen

Fugen in Kachelöfen mit einem Brei aus Braunstein und Wasserglas ausschmieren.

Furnierholz

Furnierholz splittert beim Sägen nicht ab, wenn Sie die Schnittlinie vorher mit Krepp-Klebeband bekleben.

Hobby & Heimwerken

Fußbodenbretter, knarrende

Knarrende Fußbodenbretter müssen nachgenagelt werden. Wenn man die Nägel mit Senkstift und Hammer tiefer ins Holz treibt und dadurch wieder fest mit dem Unterbalken verbindet, hört das Knarren auf.

Gips

GIPS, HARTER

Gips für besonders beanspruchte Stellen wird sehr hart, wenn man beim Anrühren etwas Gummilösung dazugibt.

GIPS, KLUMPENDER

Gips klumpt nicht, wenn man ihn in das Wasser rührt und nicht umgekehrt Wasser in den Gips. Gips, der statt mit Wasser mit Tapetenkleister angerührt wird, trocknet nicht so schnell.

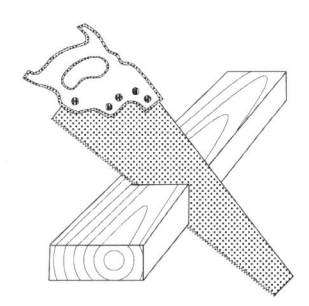

Handwerkskasten für den Haushalt

In jedem Haushalt sollte ein Handwerkskasten stehen, in dem man folgende Werkzeuge aufbewahrt:
- 1 Meterstab (2 m lang)
- 1 Flasche Maschinenöl

Hobby & Heimwerken

- 1 einfacher Messschieber, z. B. um die Stärke (Durchmesser) von Schrauben feststellen zu können
- 1 Hammer (sogenannter „Schlosserhammer") mittlerer Größe
- 1 Beißzange mittlerer Größe (zum Herausziehen von Nägeln z. B. aus Holzverpackungskisten etc., zum Abzwicken von Draht)
- 1 Kombizange (zum Geradebiegen von krummen Nägeln, Lösen von Schraubenmuttern)
- 1 Wasserpumpenzange (wird in erster Linie beim Auswechseln schadhafter Dichtungen an Wasserhähnen gebraucht)
- 1 Fuchsschwanz (Handsäge für Holz) zum Zuschneiden von Regalfächern, Kürzen von Stuhlbeinen etc.
- 1 kleine Mehrzwecksäge (Metallsäge) z. B. zum Durchsägen des Bügels eines Vorhängeschlosses, wenn der Schlüssel verloren gegangen ist
- 1 Satz Schraubenzieher (sehr klein, mittel, groß)
- 1 Bohrmaschine mit Schlagbohreinstellung (v. a. zum Löcherbohren für Mauerdübel), dazu:
- 1 Satz Holz- und
- 1 Satz Steinbohrer (4, 6, 8 mm)
- 1 Satz Schraubenschlüssel
- 1 Spachtel (zum Gipsen)
- 1 Zahnspachtel zum gleichmäßigen Auftragen von Leim oder Kleister
- Sortiment Holznägel (sogenannte Drahtstifte, verschiedener Größe), Holzschrauben und Schrankhaken sowie Mauerdübel, 4, 5, 8 mm

Hobby & Heimwerken

- 1 Satz Stahlnägel für Bilder
- 1 Holzfeile
- 1 Metallfeile, flach oder halbrund
- 1 paar Bogen Schleifpapier, grobe und feine Körnung
- 1 Wasserwaage (zum Bilderaufhängen u. a.)
- 1 Satz Handbohrer (zum Vorbohren in Holz)
- 1 Winkel
- 1 Teppichschneidemesser

Holzschrauben

Holzschrauben lassen sich besser eindrehen, wenn man sie vorher durch eine Wachskerze oder Seife zieht.

Holzschutzmittel, Imprägniermittel für Holz etc.

HOLZSCHUTZMITTEL, GIFTIGE

Holzschutzmittel, Imprägniermittel für Holz etc. sind meistens hochgiftig. Erste Symptome einer beginnenden Vergiftung sind Kopfschmerzen und ein Gefühl der Trockenheit im Hals. Auf keinen Fall sollte man diese Mittel in geschlossenen Räumen verarbeiten. Wenn man sie im Ausnahmefall nicht durch ungiftige Mittel (z. B. Boraxlösung, Holzessig, Holzteerlösung etc.) ersetzen kann und ihre Verwendung unbedingt notwendig scheint, so sollte man sie niemals spritzen oder sprühen, sondern mit einem Pinsel auftragen. Dies geschieht sinnvollerweise im Freien, nach Möglichkeit an windigen Tagen (nicht in den Wind stellen). Die behandelten Holzteile sollten, wenn sie für eine Verwendung oder Aufstellung im Innenraum bestimmt sind, mindestens eine Woche im Freien lüften. Bei der Verwendung solcher Mittel sind unbedingt die auf den Verpackungen angegebenen Verarbeitungshinweise und Vorsichtsmaßnahmen zu beachten.

HOLZSCHUTZMITTEL, CHEMISCHE

Chemische Holzschutzmittel sind in Innenräumen nur nötig, wenn die Wandfeuchtigkeit sehr hoch ist, sodass sich Insekten und Holzpilz besonders gut weiterentwickeln können. Bei normalen Temperaturen und gut ausgetrocknetem Holz reicht es aus, wenn die Holzoberfläche gewachst oder gelackt wird. Fast alle chemischen Holzschutzmittel sind sehr giftig. Sie dunsten lange aus und geben somit auch Gifte an die Raumluft ab. Die Wohnräume sollten also mindestens 1 Woche leer stehen und ständig gut belüftet werden.

Holzspachtelmasse

Holzspachtelmasse im passenden Farbton lässt sich leicht selbst anfertigen: Rühren Sie Sägemehl, das Sie von dem zu reparierenden Gegenstand abgeschliffen haben, mit etwas Holzleim zu einem Brei. Diese Masse lässt sich nach dem Trocknen gut feinschleifen und mit Wachs einreiben.

Holzvertäfelungen und Holzdecken

Holzvertäfelungen und Holzdecken brauchen nicht mit synthetischen Holzschutzmitteln behandelt zu werden. Diese sind meistens hochgiftig, die Giftwirkungen halten oft über Jahre hinweg an, die Gifte verflüchtigen sich oft über längere Zeiträume in die Innenräume und werden mit der Raumluft eingeatmet. Zum jahrelangen Schutz des Holzes, wenn es überhaupt befallen werden sollte, genügt ein Anstrich mit

Hobby & Heimwerken

Holzessig oder Boraxlösung. Anstelle von Lacken oder Farben, die oft ebenfalls giftige und umweltbelastende Lösungsmittel enthalten, verwendet man einen Anstrich mit bleifreiem Leinöl.

Kachelöfen
Fugen in Kachelöfen kann man selbst reparieren, wenn man sie mit einem Brei aus Braunstein und Wasserglas ausschmiert.

Kalkfarben
Kalkfarben kann man sowohl für Innen- als auch Außenwände verwenden. Sie zeichnen sich durch Witterungsbeständigkeit und günstigen Preis aus.

Klebebandanfang
Man knickt das Band an der abgerissenen Stelle schmal um. Sofort kann man es aufrollen!

Knetgummi
Knetgummi zum Basteln wird nicht hart und damit unbrauchbar, wenn Sie ihn in alte Marmeladengläser geben, etwas Salatöl daraufträufeln und mit einem Schraubdeckel bis zum nächsten Gebrauch gut abschließen.

Lack

LACKANSTRICHE, ALTE

Man sollte sich beim Abschleifen lackierter Möbelstücke unbedingt mit einer Feinstaubmaske schützen. Am besten nur im Freien arbeiten und den Staub gründlich absaugen oder wegwischen. Schleifwerkzeuge mit automatischer Absaugung verwenden.

LACKE, GIFTIGE

Vermeiden Sie, soweit nur irgend möglich, Lacke mit giftigen Inhaltsstoffen. Versuchen Sie es immer zuerst mit Lacken, die das Umweltzeichen aufgedruckt haben. Beim Verarbeiten von Lacken unbedingt die Vorsichtsmaßnahmen beachten.

LACKIERPINSEL, GEBRAUCHTE

Gebrauchte Lackierpinsel bewahrt man auf, indem man die Borsten einfach luftdicht mit Plastikfolie (z. B. Haushaltsfolie) umwickelt. Das Arbeitsgerät bleibt so bis zu einer Woche gebrauchsfähig.

LACKIERPINSELREINIGUNG MIT BENZIN

Nach Beendigung der Arbeit kann man Lackierpinsel in Benzin reinigen und aufbewahren.

Hobby & Heimwerken

Lack- und Farbreste
Lack- und Farbreste gehören nicht auf den Müll. Bei den Sammelstellen der örtlichen Mülldeponien abgeben.

Leim

Leimpinsel
Leimpinsel reinigt man mit kaltem oder warmen Wasser (je nach Leimart). Harte Pinsel weicht man in Essigessenz ein.

Leimtuben
Leimtuben verkleben leicht, sodass sich das Gewinde nicht mehr drehen lässt. Wenn Sie den Kopf der Tube in heißes Wasser tauchen, lässt sich die Tube wieder mühelos öffnen.

Löcher, kleine
Kleine Löcher in der Wand verschwinden oft schon, wenn Sie mit einer weißen Schulkreide mehrmals über die betroffene Stelle fahren.

Malerarbeiten

Farbflecken vermeiden
Cremen Sie sich, bevor Sie zu Pinsel und Farbtopf greifen, die Hände und die Unterarme mit einer fettigen Hautcreme oder

Hobby & Heimwerken

mit Margarine ein. Farbflecken lassen sich dann ganz leicht mit Wasser und Seife abwaschen.

MALFARBE

Das Umrühren von Malfarbe geht schnell und einfach, wenn Sie dafür einen alten Schneebesen verwenden.

MALFARBEIMER

Malfarbeimer werden geschützt, und Sie ersparen sich das lästige Reinigen, wenn Sie in den Eimer eine Plastiktüte geben. Dann erst kommt die Farbe hinein.

Malstifte

Malstifte kann man mühelos auch mit einem Kartoffelschneider anspitzen!

Möbelpflege

MÖBEL AUFFRISCHEN

Gebeizte und „farbgebürstete" Möbel können mit Wachs aufgefrischt werden.

MÖBELSCHUTZ

Bienenwachs, Leinölfirnis oder Schellack sind gute Holzschutzmittel, die den Möbeln und Wandbekleidungen einen guten Schutz geben, ein natürliches Aussehen verleihen und nicht gesundheitsschädlich sind. Bei Schellack sollte man zum Verdunsten des Lösungsmittels die Räume mindestens einen Tag lang lüften.

Hobby & Heimwerken

Nägel

Nägel, kleine
Kleine Nägel lassen sich leichter einschlagen, wenn man sie zwischen die Zinken eines Kammes oder durch ein Stückchen Papier steckt und dieses festhält. Die Nägel werden dabei nicht so schnell krumm und Ihre Fingernägel nicht blau.

Nägel in hartes Holz
Nägel lassen sich leichter in hartes Holz klopfen, wenn man sie vorher kurz in Seifenwasser getaucht hat.

Nägel stauchen
Nägel sollte man vor dem Einschlagen stauchen (d. h. mit dem Hammer auf die Spitze schlagen), dann reißt das Holz nicht.

Nägel in Tapete
Nägel einschlagen, ohne dabei die Tapete zu beschädigen, geht ganz einfach, wenn Sie vorher die Tapete vorsichtig kreuzweise einritzen und dann den Nagel einschlagen.

Nagellack, farbloser
Farbloser Nagellack kann oft als Ersatz für einen Kleber dienen, wenn man diesen gerade nicht im Hause hat!

Hobby & Heimwerken

Nähmaschinen

NÄHMASCHINE REINIGEN
Nähmaschinen lassen sich mit einer sauberen Wimpernbürste schnell und gründlich reinigen.

NÄHMASCHINENNADELN
Nähmaschinennadeln brechen nicht so leicht beim Nähen dicker oder harter Stoffe, wenn man sie ab und zu mit Kernseife trocken abreibt.

Nähseide

Nähseide rubbelt sich nicht auf, wenn man den Faden über Wachs oder Seife zieht.

Nassräume

Damit die Wandfarbe in Nassräumen, wie z. B. Bad oder Dusche, gut hält, kann man die Wände auch mit Außenwandfarbe streichen. Der Vorteil: Diese Farbe ist resistent gegen Feuchtigkeit!

Ökoleim

Ökoleim ist ein Kleber, der auf natürlichen Stoffen (Kartoffel- oder Maisstärke) aufgebaut ist. Auch Klebestifte fallen in die Rubrik Ökoleim, da sie gesundheitlich unbedenklich sind! Ökoleim findet man auch auf Briefmarken.

Ölfarben

ÖLFARBENDOSEN

Ölfarbendosen fest verschließen und zum Aufbewahren auf den Kopf stellen. So bleibt die Farbe streichfähig.

ÖLFARBEN- UND MALERGERUCH

Ölfarben- und Malergeruch verschwindet, wenn man Teller mit Essig, Salz oder aufgeschnittenen Zwiebeln aufstellt.

Pinsel

PINSEL, KLEINE

Pinsel, die kleiner als der Farbtopf sind, rutschen beim Abstellen oft in die Farbe. Nicht, wenn Sie einen Nagel seitlich in den Pinselstiel schlagen, um ihn damit am Farbtopfrand aufzuhängen.

Hobby & Heimwerken

Pinsel reinigen

Wasserlösliche Farben spült man mit Wasser aus, dem man evtl. etwas Spülmittel oder Schmierseife beigibt. Lack- und Ölfarbenpinsel streicht man erst auf Zeitungspapier gut aus und reinigt sie dann mit Terpentinersatz (Nitroverdünner nur, wenn unbedingt nötig bei hart gewordenen Pinseln verwenden) und wäscht sie in Seifenlauge nach. Gebrauchte Pinsel bewahrt man in Alufolie eingewickelt oder in Wasser auf, und zwar möglichst so, dass die Borsten nicht krumm liegen. Borsten, die krumm geworden sind, werden wieder glatt, wenn man sie senkrecht in heißes Wasser hält.

Rauputzwände

Rauputzwände lassen sich vor dem Anstreichen einfach reinigen, wenn sie mit dem Staubsauger abgesaugt werden.

Sägen

Sägen laufen leichter, wenn man das Sägeblatt mit trockener Kernseife oder einer ungesalzenen Speckschwarte einreibt. Wenn man sehr harzhaltige Hölzer sägt, sollte man das Sägeblatt mit Petroleum einreiben.

Salzteig

Aus Salzteig kann man schöne Dekorationsartikel wie Kerzenhalter usw. basteln.

Schabracken

Schabracken befestigt man an Decken- und Vorhangleisten am besten mit einem festen doppelten Klettband. Eine Hälfte wird mit Zweikomponentenkleber fest an die Leiste geklebt, die andere näht man von der rückwärtigen Seite her an die Schabracke. Man kann die Schabracke so jederzeit abnehmen und waschen, reinigen oder ausbürsten.

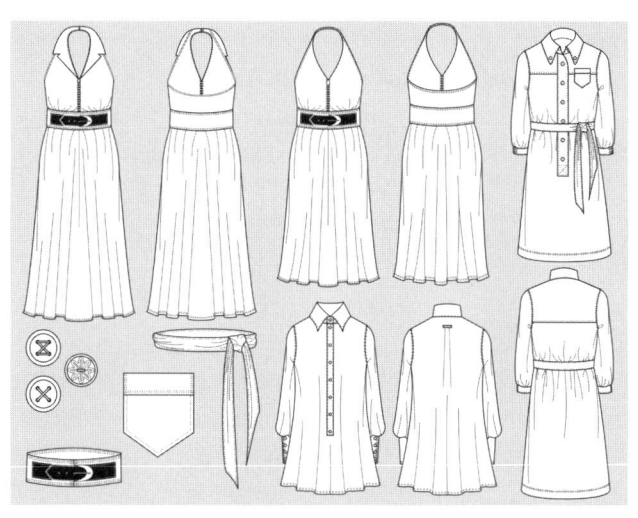

Schnittmuster

Schnittmuster einfach mit Klebestreifen auf den zu schneidenden Stoff kleben.

Schrauben

Schrauben werden durch Linksdrehen des Schraubenziehers gelöst, durch Rechtsdrehen angezogen.

Schraubendreher

Schraubendreher rutschen nicht mehr gefährlich ab, wenn Sie die Spitze mit Kreide einreiben.

Sperrholz

Sperrholz splittert beim Sägen nicht ab, wenn Sie die Schnittlinie vorher mit Krepp-Klebeband bekleben oder einen Sperrholzrest unter der Platte mitschneiden. Nur Sägen mit feiner Zahnung benutzen.

Stahlwerkzeug

Stahlwerkzeug bleibt rostfrei, wenn man es mit Paraffinöl einfettet.

Stricknadeln

Stricknadeln rutschen nicht aus der abgelegten Handarbeit und gefährden nicht durch ihre Spitzen, wenn man auf die Enden Flaschenkorken spießt.

Strickteile spannen

Fertiggestrickte Teile werden vor dem Zusammennähen gespannt. Dazu legen Sie die Teile auf dem Teppich aus und ste-

Hobby & Heimwerken

cken die Kanten des gestrickten Stückes am Teppich fest. Sie können das Strickteil dabei noch in die gewünschte Form ziehen. Stecken Sie die Nadeln dicht am Strickrand herum. Dann ein feuchtes Frottiertuch auflegen und so lange liegen lassen, bis es trocken ist (1–2 Tage).

Tapeten

Tapeten lösen
Tapeten lösen sich nach einiger Zeit gerne an den Rändern ab. Einfach etwas Eiweiß auf die Unterseite der Tapete streichen und fest andrücken.

Tapeten in Feuchträumen
Tapeten in Feuchträumen halten länger, wenn Sie alle Ränder mit Klarlack überziehen.

Tapetenfarbe, weisse
Weiße Tapetenfarbe vergilbt nicht, wenn Sie vor dem Streichen einen Klecks schwarze Farbe einrühren.

Tapetenscheren
Tapetenscheren werden wieder höllisch scharf, wenn Sie damit ganz feines Schleifpapier schneiden.

Türen

Türen, klemmende
Klemmende Türen müssen nicht sein! Schmieren Sie die Reibeflächen mit etwas Bohnerwachs ein.

Türen ölen
Die Türen mit einem Hebel, der unter die geöffnete Türe geschoben wird, etwas anheben und das Scharnier mit wenigen Tropfen Maschinenöl oder Grafit (Bleistift) schmieren.

Hobby & Heimwerken

TÜREN STREICHEN

Türen zum Streichen aushängen, auf 2 Böcke oder Schemel legen und abbeizen, schleifen und spachteln. Den Lack trägt man mit einem breiten, feinen Haarpinsel oder mit einem Schaumstoffgummipinsel zuerst quer und dann in Längsrichtung auf. Am nächsten Tag, wenn die gestrichene Seite ganz trocken ist, kann man die andere Seite streichen. Beim zweiten Anstrich genauso verfahren und wieder gut trocknen lassen, damit der Farbauftrag schön glatt und gleichmäßig wird.

TÜREN UND SCHLÖSSER

Türen und Schlöser dürfen nur mit Maschinenöl geölt werden, da sie durch Pflanzenöle klebrig werden.

Wände

WÄNDE STREICHEN

Um eine gleichmäßige Farbe und einen gleichmäßigen Strich zu erzielen, streicht man Wände immer von oben nach unten. Auch zum Ausbessern kleinerer Stellen diese Regel beachten!

WÄNDE, WEICHE

Weiche Wände dürfen niemals mit einem Schlagbohrer bearbeitet werden, da sonst große Stücke des Putzes herausgerissen werden könnten!

WANDSCHIMMEL

Will man wissen, ob der Schimmelbefall einer Wand nur die äußere Mauerschicht betrifft oder bis tief ins Mauerwerk reicht, bohrt man einfach ein Loch in die Schimmelstelle. Wird der Bohrstaub bei tieferem Bohren trockener, sitzt der Schimmel weit im Mauerwerk.

Hobby & Heimwerken

Wasserhähne

Tropfende Wasserhähne tragen unter Umständen erheblich zu erhöhtem Wasserverbrauch bei. Mit einer Wasserrohrzange kann man sie ganz leicht öffnen, natürlich, nachdem man zuerst das Absperrventil unter dem Becken geschlossen hat. Man sollte, insbesondere bei stark kalkhaltigem Wasser, die Dichtungen im Abstand von einigen Monaten erneuern. Hat man keine Dichtung zur Hand, so kann man auch die vorhandene Dichtung umdrehen.

Werkzeug

WERKZEUG VOR ROST SCHÜTZEN

Werkzeug können Sie vor Rost schützen, wenn Sie ein Stück Kohle in den Werkzeugkasten legen.

ZANGE

Überzieht man den Griff einer Zange mit einem Stück Gummischlauch, lässt sich wesentlich bequemer und v. a. ohne Blasenbildung an der Innenhand arbeiten.

Zedernholz

Mit der Zeit verlieren Möbel aus Zedernholz ihren herrlichen Duft. Dann schleift man mit einem Sandpapier die Möbeloberfläche mit leichtem Handdruck ab. Dabei darf man nur Sandpapier mit einer sehr feinen Körnung verwenden! Die Poren im Zedernholz werden wieder geöffnet und der angenehme Duft kann wieder ausströmen!

Tipps für alle Fälle

Abfluss

ABFLUSSROHR

Unangenehmer Geruch aus dem Abflussrohr wird durch starke Salzwasserlösung abgestellt.

ABFLUSSSTÖPSEL

Abflussstöpsel können Sie mit Vaseline oder Glyzerin geschmeidig machen und dadurch ein Festsaugen verhindern. Öl sollte man nicht verwenden, da es Gummi angreift.

ABFLUSSVERSTOPFUNG

Verwenden Sie lieber die Saugglocke statt aggressive Abflussreiniger. Gute Dienste tut auch ein langer, biegsamer Draht.

ABFLUSSVERSTOPFUNG VERMEIDEN

In ein WC dürfen keine gröberen Abfälle, wie z.B. Binden, Tampons, Zigarettenreste o. Ä., geworfen werden! Diese Dinge gibt man in einen kleinen Plastikeimer.

Ameisen

AMEISEN
Brennnesseljauche oder Lavendelöl, auf die Laufstraßen gegossen, schlagen die Ameisen in die Flucht.

AMEISENPLAGE
Man kann mit natürlichen Mitteln Abhilfe schaffen. Man pflanzt rings um das Nest Lavendel-, Majoran-, Kerbel- oder Thymianpflanzen. Der Geruch dieser Kräuter ist den schnellen Vierbeinern unangenehm.

Aschenbecher

Gefüllte Aschenbecher riechen nicht so unangenehm, wenn Sie vor dem Gebrauch einfach Sand hineingeben.

Batterien

BATTERIEN LAGERN
Batterien lagert man am besten im Kühlschrank.

BATTERIEN ENTSORGEN
Batterien, besonders die kleinen Knopfzellen, die in Uhren, Taschenrechnern und Fotoapparaten benutzt werden, enthalten Gifte wie Quecksilber oder Cadmium. Verbrauchte Batte-

Tipps für alle Fälle

rien dürfen deswegen nicht in den Hausmüll geworfen werden, sondern müssen dem Fachhändler zurückgegeben oder bei den zuständigen Abnahmestellen der Mülldeponien abgeliefert werden.

BATTERIEN, ALTE

Alte Batterien können in den Geräten auslaufen und das Gerät zerstören. Deshalb unbedingt aus dem Gerät entfernen!

BATTERIEN, LEERE

Leere Batterien gehören zum Sondermüll! In vielen Lebensmittelläden sind Behälter zur Entsorgung von leeren Batterien aufgestellt worden, die man nutzen sollte.

Beschlagen und Gefrieren von Fenstern

Beschlagen und Gefrieren von Fenstern kann man vermeiden, wenn man sie mit einem 60%igen Spiritus, dem Sie einen Schuss Glyzerin beimischen, abreibt.

Bleistifte

Bleistifte können Sie, falls Sie keinen Spitzer zur Hand haben, auch leicht mit einem Kartoffelschäler anspitzen.

Briefmarken

BRIEFMARKEN, AUFEINANDERKLEBENDE

Briefmarken, die aufeinanderkleben, legt man kurze Zeit ins Gefrierfach.

BRIEFMARKEN AUFKLEBEN

Hinterlässt einen unangenehmen Geschmack im Mund. Füllen Sie einfach Wasser in einen leeren Deodorant-Roller und befeuchten Sie damit Ihre Briefmarken.

Tipps für alle Fälle

Briefumschläge

Briefumschläge werden fest verschlossen, wenn Sie die Ränder mit farblosem Nagellack bepinseln. So kann der Brief auch nicht über Wasserdampf geöffnet werden.

Brillen

Brillen, die beschlagen, sind ein lästiges Übel. Um das zu verhindern, sollten Sie die Brillengläser dünn mit Kernseife einreiben.

Christbaumkerzen

Christbaumkerzen tropfen nicht, wenn Sie sie über Nacht in Salzwasser legen.

Christbaumkugeln

Christbaumkugeln, bei denen der Aufhänger verloren gegangen ist, wie folgt reparieren: Um ein halbiertes Streichholz einen Faden wickeln und in die Kugeln einführen. Das Streichholz stellt sich dann quer.

Tipps für alle Fälle

Diebstahlvorsorge

Machen Sie von allen wertvollen Gegenständen Fotos (z. B. von Bildern, Silber, Uhren, Pelzen). Die Vorlage dieser „Passfotos" macht es der Versicherung gegenüber leichter, die Dinge zu beschreiben.

Duschvorhänge

DUSCHVORHÄNGE BESCHWEREN

Duschvorhänge wickeln sich gerne beim Duschen um Ihre Beine. Um das zu verhindern, befestigen Sie einfach kleine Magnete am Duschvorhang, die ihn dann an der Badewanne festhalten.

DUSCHVORVORHANGSTANGE

Duschvorhänge gleiten müheloser, wenn Sie die Duschvorhangstange gleichmäßig mit Vaseline einreiben.

Eichenholz

EICHENHOLZ NACHDUNKELN LASSEN

Eichenholz dunkelt nach, wenn man es zwischendurch mit einem mit Salmiakgeist angefeuchteten Leinentuch abreibt.

EICHENHOLZ-TISCHPLATTEN

Eichenholz-Tischplatten werden schön, wenn man sie mit Bier abreibt und dann poliert.

Eisentüren, -gitter und -beschläge

Eisentüren, -gitter und -beschläge bleiben schön und rosten nicht, wenn man sie mit warmem Leinöl abreibt. Alte Eisenbeschläge können, nachdem sie gründlich entrostet worden sind, in Bienenwachs getaucht werden.

Tipps für alle Fälle

Eselsohren

Eselsohren in Heften und Büchern verschwinden wieder, wenn man ein angefeuchtetes Löschpapier auf die geknickte Seite legt und anschließend mit dem Bügeleisen darüberfährt.

Etiketten

Etiketten und Schildchen lassen sich entfernen, wenn man diese mit Essig einweicht und so lange mit Essig reibt, bis sie abgehen. Auch Zitronensaft, Salatöl oder Nagellackentferner helfen. Sie können den beklebten Gegenstand auch kurz über eine Flamme halten.

Federbetten, alte

Alte Federbetten werden wieder flauschig, wenn man eine Naht so weit auftrennt, bis ein Föhn hineinpasst. Dann wirbelt man mit kalter Föhnluft die zusammengeklebten Federn wieder auseinander.

Feilen

Feilen verschmutzen nicht, wenn man ab und zu ein Paketklebeband auf die Feile drückt und dieses mit einem Ruck wieder herunterreißt.

Fenster

Fenster beschlagen und gefrieren nicht, wenn sie mit einem 60%igen Spiritus, dem Sie einen Schuss Glyzerin beimischen, abgerieben werden.

Tipps für alle Fälle

Festtafel

Bequem ist ein ausgiebiges Festmenü nur mit genügend Ellbogenfreiheit am Tisch. Bedenken Sie bei der Planung Ihrer Gästeliste, dass pro Person etwa 70 cm Tischkantenbreite notwendig sind. Selbst wenn man eng zusammenrückt, müssen mindestens 60 cm zur Verfügung stehen.

Filter

Filter von Staubsaugern und Dunstabzugshauben, z. B. auch Lüftungsfilter im Bad, muss man regelmäßig wechseln bzw. auswaschen. Auch das Flusensieb der Waschmaschine.

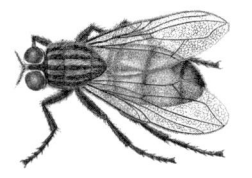

Fliegen

FLIEGEN VERTREIBEN

Fliegen werden aus dem Zimmer vertrieben, wenn Sie auf Ihre Fensterbank einen Strauß aus Lavendelblüten oder Tomatenpflanzen stellen.

FLIEGENGLOCKEN

Fliegenglocken kann man selbst basteln. Man bespannt ausgediente Lampenschirme oder die Drahtgestelle, die man in Bastlerläden zum Beziehen bekommt, mit Gaze, Maschendraht oder Gardinentüll und verziert die Nähte mit bunten Bändern, Litzen usw. Diese Glocken halten nicht nur die Fliegen von Speisen ab, sondern sind auch hübsch anzusehen.

Tipps für alle Fälle

Flüssigkeiten, giftige
Giftige Flüssigkeiten nicht in Getränkeflaschen und nur an einem kindersicheren Ort aufbewahren.

Folie, selbstklebende
Selbstklebende Folie sollten Sie vor der Verarbeitung kurz in der Tiefkühltruhe aufbewahren. Sie lässt sich dann leichter verarbeiten und schneiden.

Fotos
Fotos, auf die Flecken gekommen sind, mit einem mit Spiritus befeuchteten Wattebausch abwischen und an der Luft trocknen lassen.

Gardinenschnüre
Gardinenschnüre, die abgerissen sind, näht man fein aneinander, sodass es keine Verdickung gibt, und überzieht die Rissstelle mit Alleskleber.

Geburtstagskarte
Man kauft bunte Pappe, faltet eine aufklappbare Karte im gewünschten Format daraus und klebt auf die Vorderseite ein Foto.

Tipps für alle Fälle

Geheimtinte
Geheimtinte zu haben, ist ein herrlicher Spaß für Ihre Kinder. Verwenden Sie einfach statt Tinte Zwiebelsaft. Die Schrift wird erst nach Erwärmen über einer Kerze sichtbar.

Geschenke, sinnvolle
Praktische Mitbringsel sind Küchenhandwerkzeuge, die man lustig verpackt. Beispielsweise können eine Haushaltsschere, ein Gemüseschäler, ein Küchenwecker, ein Fleischthermometer, eine schöne Käseglocke große Freude machen. Erinnern Sie sich dabei möglichst an die Farben, die die Gastgeber für ihre Küche gewählt haben, und suchen Sie etwas Passendes dazu aus.

Gläser
GLÄSER MIT HEISSER FLÜSSIGKEIT
Gläser, in die heiße Flüssigkeit gefüllt werden soll, platzen nicht, wenn man die Gläser vorher sehr warm ausspült und

Tipps für alle Fälle

sie auf einen nasskalten Untersteller stellt. Anschließend kann man die heiße Flüssigkeit über einen Löffel in das Glas laufen lassen.

GLÄSER, INEINANDERGESTELLTE

Ineinandergestellte Gläser, die festsitzen, kann man voneinander lösen, wenn man in das obere Glas Eiswürfel legt und das untere Glas in warmes Wasser stellt und vorsichtig hin- und herbewegt.

Glühlampen

Glühlampen sollten nicht zu häufig an- und abgeschaltet werden, da sich dadurch ihre Lebensdauer eher verkürzt. Ein Abschalten lohnt sich wegen Energiesparens erst, wenn etwa 10 Minuten lang kein Lichtbedarf besteht.

Gummidichtungen

Gummidichtungen von Kühl- und Gefrierschränken und v. a. von Geschirrspülmaschinen sollten zwischendurch mit speziellen Dichtungsreinigern (aus der Drogerie) bearbeitet werden, damit sie nicht so schnell brüchig werden.

Gummischläuche

Gummischläuche reibt man vor dem Gebrauch mit etwas Glyzerin ein.

Handschriften, verblichene

Verblichene Handschriften kann man auffrischen, wenn man sie mit in Eisvitriol getränktem Fließpapier bedeckt. Danach lässt sich wieder alles lesen.

Tipps für alle Fälle

Hausfrauenhände

Fleckigwerden der Hände beim Einmachen (z. B. beim Pflaumen- oder Kirschsteinentfernen oder beim Schälen grüner Walnüsse) vermeidet man, wenn man die Hände vor der Arbeit mit Essig oder Zitrone abreibt. Bereits verschmutzte Hände werden auch durch Waschen mit Essig oder Zitrone wieder hell.

Hautkontakt

Hautkontakt mit Farben und Lösungsmitteln möglichst vermeiden. Handschuhe und evtl. Schutzbrille tragen.

Heizkörper

HEIZKÖRPERWÄRME AUSNUTZEN

Heizkörper werden besser ausgenutzt, wenn man hinter die Heizkörper Alufolie an die Wand klebt (mit beidseitigem Klebeband).

HEIZKÖRPER STREICHEN

Heizkörper sollte man nicht zu oft streichen, da dicke Farbschichten die Wärme isolieren.

LÜFTEN

Vor dem Heizen sollte man die Zimmer gründlich lüften, da sich frische Luft schneller erwärmt als verbrauchte.

HEIZUNGSROHRE

Heizungsrohre sollten unbedingt verkleidet werden, damit die Wärme nicht abstrahlt.

HOLUNDERBEEREN

Holunderbeeren, die Sie trocknen oder dörren lassen, können Sie im Winter als Vogelfutter verwenden.

Tipps für alle Fälle

Holztreppen

Holztreppen, die knarren, nerven entsetzlich. Abhilfe schafft Schmierseifenlösung, mit der Sie die Stufen einreiben.

Hundefutternäpfe

Hundefutternäpfe rutschen nicht, wenn Sie unter den Napf einen Gummi-Einmachring kleben.

Hundepfoten

Hundepfoten können durch Streusalz wund werden. Nach jedem Spaziergang die Pfoten gut abduschen und mit Babyöl einfetten.

Insekten, fliegende

Fliegende Insekten vertreibt man, indem man in den Räumen Ketten aus aufgefädelten Orangen- und Zitronenscheiben, gespickt mit Nelken, aufhängt.

Kater

KATER VORBEUGEN

Kater ist leider häufig die Folge von feuchtfröhlichen Abenden. Damit Sie sich diesen Zustand ersparen, essen Sie vor dem Alkoholgenuss einen Toast, der mit fetten Ölsardinen belegt ist.

Tipps für alle Fälle

KATER LINDERN
Abhilfe dagegen schafft schwarzer, kalter Kaffee, in den man eine halbe, frisch gepresste Zitrone gibt!

Kellerstufen
Kellerstufen werden rutschsicher, wenn Sie sie mit einer Farbe streichen, in die Sie etwas Sand gemischt haben.

Keramik
Risse in Keramik lassen sich abdichten, wenn man sie mit Paraffin ausstreicht. Die Gefäße dürfen dann aber nicht mehr heiß werden.

Kerzen
KERZEN, ABBRENNEN VON
Kerzen brennen nicht so schnell ab, wenn an den Docht fein gepulvertes Salz gestreut wird.

KERZEN LÖSCHEN
Man drückt den Docht mit einem abgebrannten Streichholz in das flüssige Wachs und biegt ihn sofort wieder hoch. So entsteht weniger Rauch!

KERZEN BEFESTIGEN
Kerzen sitzen fest, wenn man den Kerzenhalter vorher in heißes Wasser taucht oder die Kerze über einer anderen brennenden Kerze anwärmt.

Tipps für alle Fälle

Kerzen, nicht tropfende
Kerzen tropfen nicht, wenn man sie vor Gebrauch ca. 1 Stunde in Salzwasser legt und danach trocknen lässt.

Kerzenhalter
Man nimmt ein flaches Holzstück, schlägt in die Mitte von unten einen langen Nagel hinein, auf den dann die Kerze gesteckt wird.

Kinderstufen und -treppchen
Kinderstufen und -treppchen zum Höhenausgleich an Waschbecken und WC ersparen Mühe, Schmutz und Überschwemmungen. Man kann bunte Kisten als kindgerechte „Stufen" basteln und mit Schaumstoff oder anderem gleitsicherem Material bekleben.

Knoblauchgeruch

Knoblauchgeruch an den Händen
Knoblauchgeruch an den Händen lässt sich schnell und problemlos entfernen, indem Sie Ihre Hände gründlich mit Kaffeesatz oder Salz abreiben.

Knoblauchgeruch beseitigen
Knoblauchgeruch kann man beseitigen, wenn man ein Glas kalte Milch trinkt.

Kontaktlinse
Kontaktlinse auf den Boden gefallen? Kein Problem! Verdunkeln Sie das Zimmer und leuchten Sie mit einer Taschenlampe den Boden ab. So ist die Linse leicht zu finden, denn sie funkelt im Lichtstrahl der Taschenlampe.

Tipps für alle Fälle

Kochsalzlösung
Kochsalzlösung lässt Schwämme wieder wie neu aussehen.

Korken
Korken lassen sich in enge Flaschenhälse treiben, indem Sie den Korken in heißem Wasser einweichen.

Kugelschreiber, eingetrocknete
Eingetrocknete Kugelschreiber legt man kurz in heißes Wasser.

Kühlgeräte

KÜHLGERÄTLUFTSCHLITZE ODER -GITTER
Die Luftschlitze oder Luftgitter am Kühlgerät müssen immer frei bleiben. Wenn sie bedeckt sind, kommt es zu einem Wärmestau und dadurch zu erhöhtem Energieverbrauch.

KÜHLGERÄTESTELLPLATZ
Wählen Sie für Kühlgeräte möglichst kühle Stellplätze. Auf keinen Fall Gefrierschrank oder Kühltruhe in die Sonne oder neben den Herd stellen, da sonst der Energieverbrauch höher ist.

Laterne
Nach wie vor erfreuen sich kleine Kinder an dem Brauch, am Martinstag abends mit einer Laterne spazieren gehen zu dür-

Tipps für alle Fälle

fen. Stellt man in die Laterne statt einer normalen Kerze ein Teelicht, schränkt man die Brandgefahr immens ein!

Lederbucheinbände

Lederbucheinbände sehen wieder wie neu aus, wenn Sie das Leder mit Weingeist abreiben.

Luft

Frische und angenehm duftende Luft in beheizten Räumen erhält man, wenn man auf ein feuchtes Tuch einige Tropfen Pfefferminzöl gibt und das Tuch auf den Heizkörper legt.

Lüften

Vor dem Lüften die Thermostatventile schließen. Sie öffnen sich sonst in der kalten Frischluft und heizen während des Lüftens umsonst.

Messer

MESSER, ROSTIGE

Messer, an denen sich Rost angesetzt hat, lassen sich wie folgt reinigen: Streuen Sie etwas Scheuerpulver auf einen angefeuchteten Korken und reiben Sie damit die Messerklinge ab.

MESSER, STUMPFE

Will man ein stumpfes Messer wieder schärfen, wetzt man es einfach am Boden eines Porzellantellers.

Messingbeschläge

Messingbeschläge glänzen wieder, wenn man sie mit Zitronensaft oder Essigwasser abreibt.

Tipps für alle Fälle

Möbel

Möbel sollten nicht ganz dicht an Außenwänden stehen, weil sie sonst unter Umständen Feuchtigkeit anziehen.

Mundgeruch

Mundgeruch nach Genuss von Tabak, Alkohol, Knoblauch usw. bekämpft man, indem man etwas Petersilie kaut, mit leichtem Salzwasser gurgelt oder ein mit wenigen Tropfen Lavendelöl beträufeltes Zuckerstück langsam im Mund zergehen lässt.

Naturschwämme

Naturschwämme werden wieder schön, wenn man sie 24 Stunden in eine Salzwasserlösung (¼ Pfd. Salz auf 1 l Wasser) legt.

Öko-Bier

ÖKO-BIER KAUFEN

Öko-Bier ist in allen Bioläden, aber auch oft in normalen Lebensmittelläden erhältlich. Hierbei handelt es sich um Bier, das keinerlei chemische Zusätze enthält.

Tipps für alle Fälle

Öko-Bier-Herstellung

Bei diesem Bier werden Gerste und Hopfen aus ökologisch kontrolliertem Anbau verwendet. Auch im Brauen unterscheidet es sich vom herkömmlichen Bier. Statt Hopfenextrakt verwendet man hier Naturhopfen, Eiweißstabilisatoren fehlen völlig, und das Pressen des Bieres durch Filter mittels Hochdruck wird durch einfaches Filtern ersetzt. Geschmacklich kann diese Bier mit dem herkömmlichen sehr gut konkurrieren!

Ostereier

Ostereier vorbehandeln

Ostereier nehmen die Farbe besser an, wenn Sie sie vor dem Färben mit Essig abreiben; anschließend abspülen.

Ostereier färben

Ostereier sollten Sie nur natürlich färben. Rot bekommen Sie durch den Saft von Roten Rüben (mit etwas Essig vermischt), Gelb durch Zwiebelschalen, Blau durch eingeweichte Rotkohlblätter.

Pakete

Pakete schnüren sich leichter und fester, wenn man die Paketschnur vor dem Schnüren nass macht. Die Schnur zieht sich beim Trocknen fest zusammen.

Plastikflaschen

Plastikflaschen mit Haarshampoo oder Sonnenöl können in Ihrem Reisekoffer nicht mehr auslaufen, wenn Sie die Luft aus der offenen Flasche herausdrücken, bis die Flüssigkeit am Rand steht. Dann schnell und fest die Plastikflasche zuschrauben.

Tipps für alle Fälle

Plastikfolien

Plastikfolien lassen sich mit einer brennenden Kerze gut zusammenschweißen. Oder Sie legen die beiden Folien aufeinander zwischen Seidenpapier und fahren mit der Bügeleisenkante über die Nahtstelle.

Plastikhaken

Plastikhaken halten auf Kacheln und anderen glatten Flächen prima, wenn die Unterflächen vorher mit Kunstharzlack bestrichen wurden. Vor dem Ankleben den Lack unbedingt gut eintrocknen lassen.

Plastiktüten

Plastiktüten sind unnötig, wenn Sie immer eine Einkaufstasche (gibt es praktisch klein zusammenfaltbar) oder einen Korb mitnehmen. Plastiktüten vergrößern den Abfallberg und belasten die Umwelt.

Plüsch

Druckstellen auf Plüsch beseitigt man, indem man ein nasses Tuch über ein heißes Bügeleisen legt und das Eisen im Abstand von 2 cm über den Plüsch zieht. Noch besser geht es, wenn man das Tuch mit Krauseminze (aus Schneiderzubehörgeschäften oder Apotheken) befeuchtet.

Quietschen

Quietschen lässt sich abstellen, wenn Sie die „Lärmstellen" (z. B. Scharniere, Rollos, klemmende Riegel) mit Grafitpulver bestäuben oder mit Nähmaschinenöl ölen.

Tipps für alle Fälle

Radiergummi

Radiergummis bekommen ihre gröbere Oberfläche zurück, wenn Sie sie mit Sandpapier abschmirgeln.

Rattanmöbel, quietschende

Quietschende Rattanmöbel sollte man an den Verbindungsstellen mit Paraffinöl bestreichen.

Regenschirm, nasser

Spannt man einen nassen Regenschirm zum Trocknen auf, sollte man darauf achten, dass er nur bis zur Hälfte geöffnet wird. Andernfalls kann der Regenschirmstoff beim Trocknen zu sehr spannen und brüchig werden!

Ringe

Ringe lassen sich leicht vom Finger abstreifen, wenn man den Finger mit Fettcreme einreibt oder mit Schmierseife rutschig macht.

Rollladengurte und -schnüre

Rollladengurte und -schnüre halten länger, wenn man sie öfter mit Glyzerin oder Kerzenwachs einreibt.

Rosenblätter

Getrocknete Rosenblätter eignen sich hervorragend als Kissenfüllmaterial. Sie ergeben eine sehr weiche, dauerhafte, herrlich duftende Füllung.

Tipps für alle Fälle

Salmiakgeist

Salmiakgeist entwickelt beim Verarbeiten sehr giftige Dämpfe. Es ist deshalb dringend angeraten, Salmiakgeist nur im Freien oder in gut belüfteten Räumen bzw. nur in starker Verdünnung mit Wasser zu verwenden.

Salz

Salz verwendet man zum Auffrischen von Teppichfarben.

Scheren

Scheren sind in alten Brillenetuis sicher aufgehoben.

Schilf- und Bastteppiche

Schilf- und Bastteppiche leben länger, wenn man sie 1-mal im Monat mit einem Wäschesprenger befeuchtet. Stark ausgetrocknet verschleißen sie schneller.

Schlüssel

SCHLÜSSEL, KLEMMENDE

Schlüssel, die klemmen oder sich schlecht drehen lassen, reibt man mit Paraffin ein.

SCHLÜSSEL AUSEINANDERHALTEN

Schlüssel können gut auseinandergehalten werden, wenn Sie sie mit verschiedenfarbigem Nagellack betupfen.

Schneeglätte

Schneeglätte vor dem Haus und auf angrenzenden Bürgersteigen kann man umweltfreundlich und preiswert beseitigen durch Bestreuen mit Asche, Sägemehl oder Sand. Man sollte

Tipps für alle Fälle

auf keinen Fall mit Salz verschmutzten Schneematsch auf dem Grundstück, beispielsweise im Garten oder auf dem Rasen, ablagern.

Schneeschaufeln
Schneeschaufeln rosten nicht und der Schnee klebt nicht fest, wenn man sie mit Glyzerin einreibt.

Schrankraum
Schrankraum gewinnt man, wenn man an die einzelnen Schrankbretter bunte Drahtkörbe anhängt, wie man sie zum Aufbewahren von Gemüse und Obst in Küchenschränken bekommt. Ideal für kleine Sachen wie Leibwäsche, Socken, Handschuhe, Mützen und Taschentücher.

Schubladen
Schubladen, die klemmen, lassen sich wieder bewegen, wenn Sie die Gleitflächen mit Kernseife einreiben.

Schuhcreme
Eingetrocknete Schuhcreme wird wieder gebrauchsfähig, wenn man sie mit einer Mischung aus Benzin und Terpentin vermischt (nicht anwärmen).

Seifenblasen selbst herstellen
Mischen Sie 3 EL Spülmittel mit 4 EL Wasser und verrühren das Ganze leicht. Damit die Seifenblasen märchenhaft glänzen, geben Sie in die Flüssigkeit noch ein paar Tropfen Glyzerin.

Tipps für alle Fälle

Tiefkühltruhen

Tiefkühltruhen öfter abzutauen, spart kostbare Energie. Eine 1 mm dicke Eisschicht verbraucht bereits 10 % mehr Energie.

Tischdecken

Tischdecken weht es leicht von Balkon- oder Terrassentischen. Abhilfe schaffen kleine Kieselsteine, die Sie umhäkeln und mit einem Clip an den Ecken der Tischdecke anbringen.

Tischtennisbällchen, zerbeulte

Zerbeulte Tischtennisbällchen werden wieder rund, wenn man sie kurz in kochendes Wasser legt.

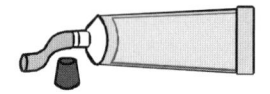

Tubendeckel

Tubendeckel lassen sich leicht aufschrauben, wenn man sie kurz in heißes Wasser legt.

Umzüge

Umzüge wollen gut organisiert sein. Wenn Sie die Aufstellung Ihrer Gläser und Ihres Porzellans in den Schränken einfach abfotografieren, können Sie es leicht nach diesen Vorlagen wieder aufstellen.

Urlaubsvorsorge

Verriegeln Sie nicht nur die Türen, sondern denken Sie auch an Keller-, Kippfenster und an Hebe- und Schiebetüren an Ter-

Tipps für alle Fälle

rassen, Balkons und Abstellräumen. Vergessen Sie nicht Garagenfenster und -türen. Die Wohnung oder das Haus sollten nicht unbewohnt wirken. Beauftragen Sie deshalb Freunde, die Briefkästen zu leeren, ab und zu zu lüften und die Blumen zu gießen (danach aber alles wieder gut verschließen). Achtung: Nicht den Hahn tropfen lassen, da Sie ein Verstopfen des Abflusses und ein Überlaufen der Wanne nicht unter Kontrolle haben. Kontrollieren Sie auch alle Elektrogeräte und Abflüsse. Ziehen Sie keine Sicherungen heraus, an denen gefüllte Kühlgeräte hängen. Die Heizung sollte im Winter nie ganz abgestellt werden, da die Gefahr besteht, dass Wasserleitungen einfrieren.

Verkehrsmittel, öffentliche

Gerade in einer Großstadt ist die Nutzung der öffentlichen Verkehrsmittel notwendig und sinnvoll. Damit man auf einen Blick eine Übersicht über die jeweiligen Abfahrtszeiten und Verbindungsmöglichkeiten hat, hängt man einfach die Fahrpläne an eine Pinnwand in der Diele.

Verpackung, kindersichere

Bei Produkten mit giftigen und schädlichen Stoffen sollte beim Einkauf unbedingt auf kindersichere Verschlüsse geachtet werden.

Vögel

Vögel können leicht Milben bekommen. Hängen Sie ein Stück Filzstoff in den Käfig, und Sie werden feststellen, dass die lästigen Untermieter sich in diesem Stück Stoff einmieten.

Tipps für alle Fälle

Vogelsand, gebrauchter

Folgender Tipp ist für alle Vogelbesitzer geeignet. Gibt man seinem gefiederten Liebling frischen Sand, wirft man den alten nicht weg! Man siebt ihn einfach durch. Der Vogelkot wird weggeworfen, der Sand stellt einen hochwertigen Dünger dar, der zusätzlich die Pflanzen vor Wurmbefall bewahrt! Man vermengt ihn einfach mit Blumenerde für Blumentöpfe oder hebt ihn direkt in die Erde von Gartenbeeten unter.

Wachsmalkreiden

Wachsmalkreiden brechen in Kinderhänden nicht mehr so schnell ab, wenn Sie sie mit einem Klebeband umwickeln.

Wandbilder

Wandbilder an einer Schnur hängen immer gerade, wenn man sie, bereits hängend, 1-mal um sich selbst dreht.

Warmwasserspeicher

Warmwasserspeicher verbrauchen weniger Energie, wenn man sie nur auf die Temperatur einstellt, die man wirklich braucht, z. B. 55 °C = mittel, statt 85 °C = heiß.

Wasserhähne, tropfende

Wasserhähne, die tropfen, aber nicht gleich repariert werden, müssen in Zukunft nicht mehr an Ihren Nerven sägen. Befestigen Sie an dem Hahn einen langen Faden, an dem der Tropfen geräuschlos herabrinnen kann.

Tipps für alle Fälle

Wasserleitungen

Wasserleitungen frieren im Winter nicht mehr ein, wenn Sie sie etwas aufdrehen, sodass ab und zu ein Tropfen aus dem Hahn kommt.

Wasser sparen

Wasser sparen in der Wohnung kommt nicht nur der Umwelt zugute, sondern auch dem eigenen Geldbeutel. Nie unter fließendem Wasser Geschirr spülen oder Zähne putzen! Statt zu baden, lieber öfter mal duschen! Die WC-Spülung braucht man nicht immer voll durchlaufen lassen, meistens genügt es, wenn man sie nach ca. 2–3 l stoppt. Tropfende Wasserhähne müssen baldmöglichst repariert werden!

Weihnachtsbäume

WEIHNACHTSBÄUME FEUCHT HALTEN

Weihnachtsbäume bleiben lange frisch, wenn man sie in ein Gefäß mit feuchtem Sand stellt und diesen immer feucht hält.

Tipps für alle Fälle

WEIHNACHTSBÄUME, NADELNDE
Weihnachtsbäume in geheizten Zimmern nadeln sehr schnell. Abhilfe schafft dieser kleine Trick: Geben Sie in einen Eimer mit 1 l Wasser 4 EL Glyzerin und stellen Sie den Baum in dieses Gefäß.

Weinlagerung

Weinlagerung erfordert Sorgfalt. Wein ist kein Fertigprodukt, sondern reift in der Flasche weiter. Bei der Weinlagerung sollte für eine möglichst gleichbleibende Temperatur gesorgt werden. Das ist besonders bei Weinen, die auf Temperaturschwankungen sauer reagieren, wichtig. Am besten für die Aufbewahrung ist ein Mittelwert zwischen 6 °C und 12 °C. Die Flaschen müssen dunkel lagern, weil Licht die Farbe und das Aroma zerstört. Außerdem sollte Wein liegend aufbewahrt werden, sodass die Flüssigkeit die Korken feucht hält. Eine relativ hohe Luftfeuchtigkeit von 70–80 % ist günstig. In warmen Etagenwohnungen sind klimatisierte Weinkühlschränke oft die einzige Möglichkeit, wo Weinliebhaber ihre edlen Tropfen optimal lagern können. Der Wein atmet übrigens durch den Korken, deshalb sollte er nie neben stark riechenden Lebensmitteln lagern.

Ziegelsteine

Ziegelsteine ergeben dekorative, haltbare Buchstützen.

Zigarrenkiste, leere

Sehr gut geeignet zum Aufbewahren von Ersatzknöpfen oder Briefmarken!

Omas beste Heilmittel

Vorwort

212

Vorwort

Vielfach hört man, wie einfach und natürlich Großmutter einst Beschwerden und Krankheiten in den Griff bekommen hat. Schade eigentlich, dass viele einfache, aber so wirkungsvolle Rezepte in Vergessenheit geraten sind.
Die vorliegende Sammlung der bewährten Heilmittel soll dieses alte Wissen wach halten und Ihnen zeigen, wie Sie sich auf natürliche Weise selbst helfen können. Um möglichst viel aus diesem Erfahrungsschatz weiterzugeben, wurden ein knapper, lexikalischer Stil und eine alphabetische Anordnung gewählt. Ferner berücksichtigt diese Sammlung, dass uns viele der Pflanzen, aus denen sie gewonnen werden, fremd geworden sind. Deshalb wurde dieses Buch zusätzlich um ein kleines Heilpflanzenlexikon ergänzt, um Ihnen eine fundierte Informationsquelle zu bieten.
Trotz der Heilerfolge dieses alten Wissensschatzes muss darauf hingewiesen werden, dass der Besuch beim Arzt nicht überflüssig geworden ist. In jedem Fall gilt es, mit ihm Rücksprache zu halten – insbesondere dann, wenn Sie Medikamente reduzieren oder eine Krankheit selbst behandeln wollen. Ein verständiger Arzt oder Heilpraktiker ist Ihnen hierbei ein sicherer und guter Partner.
Heilpflanzen, Kräuter und andere natürliche Heilmittel sind sehr wertvoll und hilfreich. Allerdings sollten Sie die Heilmittel aus der Natur immer überlegt und bewusst anwenden. Manche Substanzen dürfen z.B. bei Kindern nicht angewendet werden. Andere Heilmittel würden Probleme in der Schwangerschaft oder Stillzeit hervorrufen. Ebenso könnten bestehende Erkrankungen im Einzelfall gegen eine Einnahme sprechen. Bitte informieren Sie sich in jedem Einzelfall hierüber, bevor Sie mit einer Eigenbehandlung beginnen. Außerdem sollten Sie Pflanzen in der Natur nicht blindlings sammeln. Die Gefahr einer Verwechslung mit evtl. giftig wirkenden Pflanzen kann oft gegeben sein. Zusätzlich sind einige Pflanzen geschützt und dürfen nicht gesammelt werden.

Maße & Gewichte

1 Esslöffel

Bei der Mengenangabe 1 Esslöffel ist immer ein leicht gehäufter Esslöffel gemeint. 1 Esslöffel getrockneter Kräuter entspricht ungefähr:

3,4 g getrockneten Kräutern
7,2 g frischen Kräutern
10 g gefrorenen Kräutern

1 Teelöffel

Bei der Mengenangabe 1 Teelöffel ist immer ein leicht gehäufter Teelöffel gemeint. 1 Teelöffel getrockneter Kräuter entspricht ungefähr:

1,7 g getrockneten Kräutern
3,6 g frischen Kräutern
5 g gefrorenen Kräutern

Abkürzungen

°C	= Grad Celsius
l	= Liter
m	= Meter
mm	= Millimeter
cm	= Zentimeter
EL	= Esslöffel
g	= Gramm
Msp.	= Messerspitze
TL	= Teelöffel

Alle Rezepte sind für 1 Person berechnet.

Grundlagen

Grundlagen

Abhärtung

Eine der Voraussetzungen für Wohlbefinden und Gesundheit ist eine geringere Anfälligkeit gegenüber Krankheiten. Zu Omas Zeiten wurde der Körper durch den beschwerlichen Alltag abgehärtet.
Wer heutzutage sein Leben in geschlossenen Räumen verbringen muss (im Büro, im Kaufhaus, in der Fabrik, im Auto) und abends freiwillig stundenlang vor dem Fernseher in überheizten Räumen sitzt, der sollte sich nicht wundern, wenn ihm heute schon der kleinste Durchzug eine Erkältung oder die geringste Anstrengung einen Hexenschuss – auch schon in jungen Jahren – beschert.
Dies gilt freilich nicht nur für die genannten Beschwerden, sondern für einen Großteil aller bekannten Krankheiten: Ein widerstandsfähiger Organismus erkrankt seltener und wird schneller gesund. Die gesunde Abhärtung heute nachzuvollziehen bedeutet, sich allen möglichen natürlichen Umwelteinflüssen möglichst oft auszusetzen. Wind und Wetter, Sonne und Regen, Wärme und auch Kälte haben einen belebenden und kräftigenden Einfluss. Hinzu kommen viel Bewegung, abwechslungsreiche Tätigkeiten, kräftige und gesunde Nahrung, auch mäßige sportliche Betätigung, Massagen, Abreibungen, Duschen, Frischluftbäder, gesundes Schlafen bei geöffnetem Fenster auf fester Unterlage und vieles andere mehr,

Grundlagen

was die Vitalität des Körpers anregt, ohne ihn zu überfordern. Ebenso sollte auf ein gesundes Verhältnis zwischen Anregung und Erholung geachtet werden.

Abkochung

Der etwas irreführende Begriff (s. auch: Auszug, Absud) meint in keinem Fall, dass Pflanzenteile gekocht werden sollen. Sie würden hierdurch einen großen Teil ihrer Wirksamkeit verlieren. Vielmehr bedeutet Abkochung das Überbrühen der Pflanzenteile – insbesondere kommen hierfür Wurzeln, Rinden und Samen infrage – mit kochend heißem Wasser. Dann sollte das hierzu benutzte Gefäß bedeckt werden und während etwa 15–20 Minuten bei schwacher Hitze auf einer Herdplatte bei Temperatur gehalten werden. Man sollte sich mehrmals vergewissern, dass das Wasser nicht anfängt zu kochen. Dieses Verfahren eignet sich nicht für die Zubereitung von Heilpflanzen mit ätherischen Ölen (s. auch: Wirkstoffe der Heilpflanzen).

Abreibungen

Das kräftige Frottieren des ganzen Körpers oder einzelner Teile mit einem trockenen Frottiertuch wird Abreibung genannt. Man führt dies am besten nach einem erfrischenden Bad durch. Es ist einfacher, wenn man dabei entspannt liegen kann, während ein anderer die Abreibung durchführt. Abreibungen sind wärmend, sie fördern stark die Haut- und Gewebedurchblutung und sind abhärtend sowie anregend. Abreibungen können auch mit Franzbranntwein oder mit alkoholischen Auszügen von ätherischen Ölen (besonders gut eignet sich

Grundlagen

Latschenkieferöl) durchgeführt werden. Man benutzt dann kein Tuch, sondern reibt mit den Händen. Bei langer Bettlägerigkeit haben sich Abreibungen bestens bewährt, sie verhindern Hautjucken und Wundliegen. In beiden Formen ist auch die Abreibung bei Kleinkindern ab dem 6. Monat zu empfehlen; hier sollte man aber unbedingt auf die Hautverträglichkeit von Alkohol und ätherischen Ölen achten. Niemals Abreibungen auf entzündeter und wunder Haut durchführen, das Übel wird dadurch verschlimmert. Wenden Sie bitte bei Kindern Alkohol oder ätherische Öle nicht oder nur sehr vorsichtig an. Durch die äußere Anwendung können dabei sogar Atembeschwerden bis hin zum Atemstillstand auftreten.

Ansteigendes Fußbad

Den Boden einer Fußbadewanne 2–3 cm hoch mit handwarmem Wasser auffüllen und eine Handvoll Salz darin auflösen. Mit beiden Füßen in die Wanne steigen und innerhalb von ¼ Stunde laufend heißes Wasser zulaufen lassen, bis die Grenze des Erträglichen erreicht ist (ca. 40 °C). Weitere 4 Minuten in der Wanne verweilen. Die Wassermenge sollte nicht über die Fußknöchel hinausgehen, notfalls immer etwas Wasser entleeren. Anschließend die Füße mit (warmem!) Wasser vom Salz reinigen, leicht abtrocknen und am besten für 20–30 Minuten das Bett aufsuchen. Diese Anwendung hilft wunderbar bei Kopfschmerzen, Migräne, Schnupfen und bei jedem Krankheitsbeginn, besonders wenn gleichzeitig über kalte Füße geklagt wird. Es werden nämlich über die Aktivierung der Fußreflexzonen sämtliche Organe des Körpers angeregt, deshalb muss das Wasser nur Knöchelhöhe erreichen. Es empfiehlt sich eine kurmäßige Anwendung 5-mal in der Woche für einen Zeitraum von 3–4 Wochen. 2 Tage Pause pro Woche sind nötig, um dem Körper Zeit zur Reaktion zu geben.

Grundlagen

Ansteigendes Unterarmbad

Die Arme in ein Waschbecken mit warmem Wasser (30 °C) tauchen und im Laufe von 10–15 Minuten durch Zulauf von heißem Wasser die Temperatur auf ca. 40 °C erhöhen. Arme weitere 5 Minuten eingetaucht lassen. Anschließend Arme leicht abtupfen und anziehen.
Dem Bad können Zusätze in Form von z. B. Tannennadelabsud (1–2 Handvoll in 1–2 l Wasser ca. 10 Minuten leicht köcheln, abseihen und dem Bad zugeben) oder auch nur eine Handvoll Speisesalz beigegeben werden. Diese Anwendung ist zu empfehlen bei chronischen Entzündungen im Kopfraum (Nase, Stirnhöhle, Rachen), ebenso bei chronisch kalten Händen, zum allgemeinen Gefäßtraining und bei Angina pectoris in der anfallsfreien Zeit.

Augenbad

Augenbäder mit Heilkräuterzusätzen haben eine entzündungshemmende und schmerzlindernde Wirkung bei brennenden und entzündeten Augen (Bindehautentzündung, Gerstenkorn). Allgemein bereitet man einen Aufguss zu, mit dem man mehrmals über den Tag verteilt die Augen mit einer Augenbadewanne wäscht. Augenkompressen mit Wattebäuschen oder Mullläppchen haben die gleiche Wirkung. Augendampfbäder werden unter einem über dem Kopf gehaltenen Tuch durchgeführt.

Grundlagen

Auszug

Man unterscheidet i. Allg. zwischen wässrigen, alkoholischen und öligen Auszügen. Die verschiedenen wirksamen Bestandteile der Heilpflanzen lösen sich je nach ihrer Art nur in Wasser oder in Alkohol oder in Öl bzw. in Mischungen dieser Flüssigkeiten. So ist beispielsweise ein Kräutertee der wässrige Auszug nur derjenigen Wirkstoffe einer Pflanze, die in Wasser löslich sind. Ein mit Kräutern angesetzter Branntwein ist ein Auszug der Pflanzenbestandteile, die in Alkohol und Wasser löslich sind (Branntwein enthält je nach Alkoholgrad einen mehr oder weniger hohen Wasseranteil). Einen öligen Auszug bereitet man wie folgt: Man übergießt die entsprechende Menge an Pflanzenteilen mit so viel Öl, dass die Pflanzenteile vollständig bedeckt sind. Diese Mischung lässt man in einer verschlossenen Flasche aus dunklem Glas einige Wochen lang ziehen und seiht sie dann ab. Alkoholische Auszüge, Tinkturen und Extrakte kann man beim Apotheker kaufen oder anfertigen lassen.

Barfußlaufen

Am besten zu jeder Jahreszeit bei vielen Gelegenheiten! Wer kennt nicht die wohltuend erfrischende Wirkung gelegentlichen Barfußlaufens? Versuchen Sie es öfter. Gewöhnen Sie schon Ihre Kinder daran, zu vielen Gelegenheiten ohne Schuhe und Strümpfe zu laufen. In Wiesen, im Wald, im Sand und auf Stein. Barfußlaufen ist abhärtend, ausgleichend, kreislaufanregend, gesund nicht nur für die Füße, sondern für den ganzen Körper. Bei Anfälligkeit für Erkältungskrankheiten ist es ein bewährtes Mittel, an das man sich früh und langsam in sich steigernden Schritten gewöhnen sollte. Achten sollte man

Grundlagen

allerdings darauf, dass Füße und Unterschenkel nicht kalt werden (Sie sollten z. B. nicht auf kalten Steinplatten laufen). Ebenso sollten Sie beim Barfußlaufen in der Natur anschließend die Haut auf Zeckenbisse überprüfen.

Blutungen der Nase

Dies ist eine alte Methode, um Nasenbluten zu stoppen: Ein dünnes Gummiband fest und straff um den Finger einer Hand wickeln. Spätestens nach 2–3 Minuten wieder abnehmen! In dieser Zeit hat die verstärkte Bildung von gerinnungsfördernden Substanzen im Blut eingesetzt, welche nun das Nasenbluten stoppen. Häufig wiederholtes Nasenbluten ist allerdings vom Heilpraktiker oder Arzt abzuklären.

Breiumschlag

Für die örtlich begrenzte äußerliche Anwendung von Heilkräutern haben sich Breiumschläge in vielen Fällen bestens bewährt. Sie sind empfehlenswert bei Furunkeln, Ekzemen, Blutergüssen, Quetschungen und unspezifischen Schmerzen. Die angegebenen Kräuter (oder auch geeignete Mischungen derselben) mit kochendem Wasser überbrühen. Dann ziehen lassen und abseihen. Nachdem sie hautwarm abgekühlt sind, in ein Tuch füllen und auf die erkrankte Körperstelle legen. Man sollte darauf achten, dass der Kräuterbrei möglichst viel Flüssigkeit enthält. Die Kräuterpackung wird mit einem dicken wollenen Tuch überdeckt und bis zum Erkalten auf der erkrankten Körperstelle gehalten. Bei akuten Entzündungen und frischen Wunden nur kalte Kräuterumschläge anwenden.

Grundlagen

Dampfbad

Die wohl wirksamste Form, heilsame Kräuterdämpfe einzuatmen, ist die des Dampfbads. Man übergießt die angegebene Menge getrockneter Kräuter in einer kleinen Schüssel mit kochend heißem Wasser. Man beugt dann den Kopf über die Schüssel und breitet ein ausreichend großes Tuch über den Kopf, sodass die Dämpfe nicht entweichen können. Dampfbäder eignen sich bei allen Erkrankungen der Luftwege, also bei Bronchitis, bei Husten und Schnupfen, ferner auch bei Mund-, Rachen-, Nasen- und Augenentzündungen sowie bei unreiner Haut. Sie können v. a. bei Erkältungskrankheiten sehr anstrengend sein. Es ist daher ratsam, danach unter einer warmen Decke bei frischer Luft zu ruhen.

Duschen

Dass kaltes Wasser den Körper fit macht und seine Anfälligkeit gegen Erkältungen vermindert, war schon zu Großmutters Zeiten allgemein bekannt. Heutzutage müssen wir es uns allerdings ganz gezielt vornehmen, wenn wir kalt duschen wollen. Einige Generationen zurück galt noch das Gegenteil. In den Wohnhäusern gab es auch noch Jahrzehnte nach der Jahrhundertwende oft nur Etagenbäder und -toiletten, und warmes Wasser war nicht selbstverständlich. Diese Art der Abhärtung war noch sehr unfreiwillig. Die bewährteste und dabei leicht anzuwendende Form der Abhärtung ist unstrittig das Duschen mit kühlem – besser ganz kaltem – Wasser. Man

Grundlagen

sollte sich hieran langsam gewöhnen und es dann regelmäßig (täglich) beibehalten. Kaltes Duschen regt die Durchblutung der Haut und den Kreislauf insgesamt stark an (bei Herz- und/oder Kreislaufkrankheiten nur mit Zustimmung des Arztes!), gleichzeitig wirkt es entspannend und beruhigend.
Der einzelne Duschgang sollte nicht mehr als 3–5 Minuten betragen, hierbei wird der Wasserstrahl zuerst auf Hände und Füße, dann auf Arme und Beine gelenkt, danach erst von unten her ansteigend auf Bauch, Brust und Kopf. Wichtig ist das sorgfältige Abtrocknen (Abreibung), am besten mit einem Frotteetuch, bis wohltuende Wärme den ganzen Körper durchströmt.

Eisbeutel

Bei all den Rezepten und Anwendungen, die im Laufe der Jahre zusammengetragen wurden, dürfen die einfachsten Mittel nicht vergessen werden. Zumal sie den Vorteil haben, schnell und unkompliziert zur Hand zu sein. Zum Eindämmen starker, örtlich begrenzter Entzündungen oder als schmerz- und blutstillende, kühlende Auflage bei Blutergüssen und Quetschungen eignen sich z. B. ganz einfach Eisbeutel. Auch wenn hiermit eine starke Schmerzlinderung erreicht werden kann, sollte man offene Wunden nicht mit Eisstückchen abreiben, weil sie mit Bakterien infiziert werden können.

Fasten

Fasten ist bei vielen akuten Erkrankungen die erste und wichtigste Medizin. Der Körper weist oft selbst mit Appetitlosig-

Grundlagen

keit oder regelrechter Abneigung gegen Essen darauf hin, dass Enthaltsamkeit geboten ist. Heilfasten hat entlastende Funktionen bei Magen- und Darm- sowie bei Erkältungskrankheiten, Fieber, Vergiftungserscheinungen durch zu starken Alkohol- und Nikotingenuss und vielen anderen Krankheiten. Fasten bedeutet nicht in erster Linie ein völliges Aussetzen jeglicher Nahrungsaufnahme während einiger Tage (Vollfasten), sondern zunächst bei leichten Erkrankungen eine Verminderung und Umstellung der gewohnten, meist stark fett- und eiweißhaltigen Kost auf eine reizlose und leichte Kost. Hierbei sollte man nach Möglichkeit sehr viel Flüssigkeit in Form von Wasser oder Kräutertee zu sich nehmen und man sollte für regelmäßigen Stuhlgang sorgen. Der Übergang zur normalen Kost sollte vorsichtig erfolgen. Hier eignen sich Getreideschleimsuppen (am ersten Tag ohne Milch), Rohkostgemüse und Salate sowie säurearmes Obst.

Hat schon das Teilfasten eine wohltuende, reinigende und entlastende Wirkung auf den gesamten Organismus, so trifft dies gerade beim Vollfasten – wenn es vernünftig angewendet wird – in noch stärkerem Maße zu. 1 oder 2 jährliche Fastenkuren (günstig z. B. beim Beginn einer Frühjahrskur) für je 2–5 Tage heben das allgemeine Wohlbefinden deutlich. Man sollte folgendermaßen vorgehen: Während einer 2-tägigen Vorphase wird fett- und eiweißarme, jedoch ballaststoffreiche Kost zu sich genommen. Dabei sollte man auf regelmäßigen Stuhlgang achten. Bei Beginn des 3. Tages nimmt man nur noch viel Flüssigkeit (warmes Wasser oder Kräutertee) zu sich, jedoch keine feste Nahrung. An diesem Tag werden Sie „hungern". Das Hungergefühl weicht ab dem 2. Tag einer wohltuenden Leere. Am 3. Tag fühlen Sie sich leicht und befreit, Sie spüren die reinigende Wirkung Ihrer Fastenkur. Es fällt nun nicht schwer, sofern Sie Zeit dazu haben, die Fastenkur noch 1–2 Tage zu verlängern. Beginnen Sie ab dem 4.–6. Tag wieder mit der Aufnahme fester Nahrung, zunächst in Form von leichten Suppen (Getreideschleimsuppen), dann

Grundlagen

langsam zunehmend mit Rohkost, leicht verdaulichem Gemüse, Salaten, Vollkornbrot, Obst usw. Sie können jetzt Ihre Ernährung ohne Schwierigkeiten auf eine gesündere Kost umstellen.

Vollfasten sollte bei voller Gesundheit, im Krankheitsfall nur mit Zustimmung und unter Aufsicht des Arztes durchgeführt werden. Sie können währenddessen nicht Ihrer normalen Tätigkeit nachgehen, nutzen Sie hierfür ein paar freie Tage. Leichte Arbeiten im Haus, im Garten und an der frischen Luft, Spaziergänge, mäßiges Sonnenbaden, Kräuterbäder, erholsamer Schlaf, Massagen, Abreibungen und v. a. viel Bewegung, jedoch kein Sport, fördern die wohltuende Wirkung Ihrer Fastenkur. Und noch eines ist wichtig: Sie werden viel Zeit haben, über sich und Ihre Lebensumstände nachzudenken. Horchen Sie in sich hinein, Sie werden dabei vielleicht Ihre besten Kräfte entdecken; Sie werden auch die Störungen entdecken, die diese immer wieder zunichte machen oder behindern.

Frühjahrskur

Wenn die ersten Sonnenstrahlen die Luft erwärmen, ist es Zeit, auch im Körper den Winter auszutreiben. Während so langer Monate mit wenig natürlichem Licht, in stickiger Heizungsluft und häufig dicker, undurchlässiger Kleidung hat Ihr Körper viele Schlacken und Schadstoffe angesammelt und dabei die reinigende Wirkung frischer Pflanzennahrung vermisst. Häufig äußert sich dies in Unlustgefühlen, Kopfschmerzen, Gereiztheit, mangelnder Konzentration und Müdigkeit. Gegen die „Frühjahrsmüdigkeit" sind viele Kräuter gewachsen, die Körper und Seele reinigen und neue Lebenskraft verleihen. Verzichten Sie während einiger Wochen auf allzu fett- und eiweißreiche Kost, auf kalorienreiche Mehlspeisen und Süßigkeiten. Gönnen Sie Ihrem Körper viel Bewegung an der

Grundlagen

frischen Luft (Spaziergänge, Wanderungen, Sonnenbäder, Gartenarbeit) und genießen Sie frische Salate und Gemüsesäfte. Folgende Heilpflanzen unterstützen maßgeblich Ihre Frühjahrskur: Birke, Brennnessel, Brunnenkresse, Huflattich, Kerbel, Löwenzahn, Schachtelhalm, Schafgarbe, Spitzwegerich und Wacholder. Vergessen Sie nicht die heilenden Wirkungen von Knoblauch und Zwiebel. Der beste Auftakt für eine Frühjahrskur ist das Fasten.

Fußbäder allgemein

Warme oder kalte sowie warm-kalt wechselnde Fußbäder haben eine wohltuende, entkrampfende, entspannende, anregende und belebende Wirkung auf den gesamten Organismus. Probieren Sie aus, was Ihnen in der jeweiligen Situation am meisten hilft, allgemeine Regeln können kaum gegeben werden. Für Fußbäder eignen sich alle Pflanzenzusätze, die auch für Kräuterbäder empfohlen werden, je nach der beabsichtigten Wirkung. Im Fachhandel sind verschiedene Fußbadzusätze erhältlich. Es ist sehr wichtig, darauf zu achten, dass die Füße, insbesondere die Zehenzwischenräume, nach dem Fußbad sorgfältig abgetrocknet werden. Kräftiges Frottieren, Massieren oder Bürsten der Füße steigert die wohltuende, entspannende Wirkung.

Grundlagen

Giftpflanzen

Diese leisten in der Hand des erfahrenen Arztes (hauptsächlich in homöopathischer Anwendung) wertvolle Dienste bei fast allen Krankheiten. Sie eignen sich in keinem Falle für den Hausgebrauch. Selbst geringste Mengen ihrer Wirkstoffe können starke Vergiftungen hervorrufen, die in vielen Fällen zu einem qualvollen Tod führen. Um den Laien vor ihren Wirkungen zu warnen, seien die wichtigsten Giftpflanzen hier aufgezählt: Adonisröschen, Alpenrose, Aronstab, Attich, Bilsenkraut, Bittersüß, Eibe, Einbeere, Eisenhut, Fingerhut, Germer, Gifthahnenfuß, Giftlattich, Goldregen, Hahnenfuß, Haselwurz, Herbstzeitlose, Hundspetersilie, Kornrade, Kuhschelle, Lebensbaum, Maiglöckchen, Mohn, Mutterkorn, Nachtschatten, Nieswurz, Oleander, Osterluzei, Pfaffenröschen, Pfingstrose, Rainfarn, Sadebaum, Schierling, Schwalbenwurz, Seidelbast, Stechapfel, Stechpalme, Sumach, Taumelloch, Tollkirsche, Wasserschierling, Wurmfarn, Zaunrübe, Zypressenwolfsmilch. Manche dieser Pflanzen sind nur in der freien Natur zu finden, einige wachsen jedoch auch in unseren Gärten und Parkanlagen. Vorsicht! Kinder sind oft der Versuchung ausgesetzt, von ihren leuchtenden Beeren (beispielsweise von Tollkirsche oder Seidelbast) zu naschen. Bei manchen dieser Pflanzen ruft schon allein eine intensive Berührung allergische Reaktionen hervor.

Honig

Man könnte über die Heilwirkungen von echtem Bienenhonig viele Bücher schreiben. Dies ist auch getan worden. Man kann sich aber auch kurz fassen: Honig hilft bei allen Erkrankungen, er wirkt heilungsfördernd, entgiftend, antibiotisch, all-

Grundlagen

gemein kräftigend und belebend. Anstelle einer in jedem Falle ungesunden häufigen Verwendung von Zucker in der üblichen Handelsform (Rübenzucker) sollte man den viel schmackhafteren kalt geschleuderten, naturbelassenen Bienenhonig verwenden. Er eignet sich zum Süßen von Getränken aller Art, für Süßspeisen und Backwaren jeder Zubereitungsform. Allerdings gehen beim Backen und Kochen seine wertvollsten Bestandteile verloren. Auch beim Süßen von Tees ist darauf zu achten, dass der Honig erst dann in die Tasse gegeben wird, wenn der Tee auf Trinkwärme (unter 40 °C) abgekühlt ist. Man sollte jedoch beim Einkaufen von Honig sehr kritisch sein, denn es gibt Fälle, in denen Honig mit Zuckersirup oder anderen Mitteln gestreckt wurde. Auch ist Honig im Handel, der durch übermäßiges Erwärmen einen großen Teil seiner Kräfte verloren hat. Bei größeren Anstrengungen, zur Frühjahrskur, während der Schwangerschaft, im Wochenbett, beim Stillen, bei Krankheit und Erschöpfungszuständen, zur Rekonvaleszenz, bei Abmagerung, insbesondere bei Leber- und Gallenkrankheiten, bei allen entzündlichen Prozessen, bei Herz- und Kreislaufkrankheiten, bei Erkältungen, Husten, Hals- und Mundkrankheiten, bei Magen- und Darmkrankheiten ist Honig ein geeignetes unterstützendes und heilendes Naturmittel. Allerdings sollten Kinder während des 1. Lebensjahres keinen Honig zu sich nehmen.

Kaltes Unterarmbad

Mehrmals pro Tag die Hände und Unterarme bis zum Ellenbogen einige Sekunden lang in kaltes Wasser zu tauchen und mit einem rauen Handtuch trocken zu reiben, hilft gut bei Zittern der Hände. Diese Maßnahme ist aber auch ganz allgemein wertvoll für die Durchblutung des Oberkörpers, der Herzkranzgefäße und des Kopfes.

Grundlagen

Kochsalz

Zähne lassen sich mühelos von Nikotin- oder Teebelägen befreien, wenn sie mit Kochsalz abgebürstet werden.

Kräutercremes

Als seit Jahrtausenden bewährte Heil- und Schönheitsmittel werden Heilpflanzen (z. B. Arnika, Calendula, Kamille, Rosmarin usw.) mit anderen Zutaten zu Cremes und Salben verrührt. Viele solcher Cremes sind im Fachhandel erhältlich, am besten wendet man sich an den erfahrenen Apotheker, den Drogeristen oder den Kosmetiker. Viele Kräutercremes lassen sich auch leicht selbst herstellen, Anleitungen hierzu findet man in Kosmetik- und Kräuterbüchern. Kräutercremes ohne Konservierungsstoffe sollte man im Kühlschrank aufbewahren. Sollten Sie evtl. unter Allergien leiden, verwenden Sie die genannten Heilpflanzen bitte vorsichtig.

Grundlagen

Kräuteressig

Wohlschmeckenden und preiswerten Kräuteressig erhält man, wenn man die Kräuter seiner Wahl (insbesondere eignen sich Estragon, Basilikum, Dill, Pfefferminze, Thymian, Salbei, also alle aromatischen Küchenkräuter) in guten Weinessig einlegt.

Kräuteröl

Reine Kräuteröle (z. B. Pfefferminz- oder Rosenöl) sind meist sehr teuer und oft im Hausgebrauch schwierig einzusetzen. Der Apotheker verwendet sie zur Salbenbereitung, in der kosmetischen Industrie spielen sie eine große Rolle als Zusätze in Cremes, Seifen, Lotionen usw. In unverdünnter Form sind diese Öle oft stark hautreizend. Im Handel sind v. a. Mischungen unterschiedlicher Heilöle, die unter verschiedensten Namen angeboten werden. Bevor Sie diese Öle direkt auf der Haut anwenden, machen Sie am besten einen Empfindlichkeitstest, indem Sie einen Tropfen davon auf der Innenseite des Unterarms verreiben. Es sollte bei Verwendung am Körper keine starke Hautreizung auftreten.
Häufig eignen sich die genannten Öle zum vorsichtigen Inhalieren bei Erkältungskrankheiten. Sie werden hierzu in heißes Wasser gegeben (nur wenige Tropfen!).
Hier ein guter Tipp für die Verwendung von Pfefferminzöl: Geben Sie einige wenige Tropfen auf ein angefeuchtetes Tuch. Wenn Sie dieses auf einen Heizkörper legen, wird der Raum bald von dem angenehm erfrischenden Pfefferminzduft erfüllt sein. Auch die im Handel angebotenen Heilöle können über ein mit Wasser angefeuchtetes Tuch an die Raumluft abgegeben werden. Diese Anwendungsform eignet sich besonders gut bei Erkältungskrankheiten der Atemwege. Für Säug-

Grundlagen

linge und Kleinkinder sind zu diesem Zweck spezielle Ölmischungen im Handel, die jedoch nur wenn dies in der Gebrauchsanleitung ausdrücklich vermerkt ist auf der Haut angewendet werden können.

Metall

Manchmal sind es gerade die alltäglichsten Gegenstände, die man auf ganz überraschende Weise benutzen kann. Neben den bewährten Hausrezepten waren es v. a. diese kleinen, praktischen Kniffe, die in Omas Haushalt eine große Rolle spielten. Aber auch heute hat nicht jeder z. B. ein kühlendes Spray in der Haus- oder Sportapotheke vorrätig. So hilft beispielsweise bei Wadenkrämpfen ein gerade griffbereites Stück Metall (z. B. Stahl oder Eisen), das schnell auf die krampfende Stelle gelegt wird. Die Kühle des Metalls entspannt oft den verkrampften Muskel.

Nasskaltes Tuch

Bei Nasenbluten ein mehrfach gefaltetes, in kaltes Wasser getauchtes, dann ausgewrungenes Tuch in den Nacken legen. Dies ist eine alte Methode, um Nasenbluten zu stoppen. Sinnvoller allerdings wäre es, dieses Signal des Körpers zu beachten (Nasenbluten als Ventil), und sich vor das Waschbecken zu setzen, den Kopf darüberzuhängen und in aller Ruhe das Ende des Blutens abzuwarten. Danach fühlt sich der Betroffene sehr erleichtert, der Kopf wird wieder frei. Häufiges Nasenbluten muss allerdings unbedingt vom Heilpraktiker oder Arzt abgeklärt werden.

Grundlagen

Obsttag

Beispielsweise während der Kirschen- oder Traubenzeit wirkt sich 1 Tag pro Woche, an dem man ausschließlich frische, möglichst unbehandelte (ohne Schädlings- und Düngemittel!) Kirschen bzw. Trauben isst, gut auf vorhandene Beschwerden aus, z. B. sind Kirschen gut bei Gicht. Auch Pflaumen und Äpfel eignen sich in diesem Fall. Natürlich kann man auch gemischt die jeweiligen Früchte der Saison essen und auf jegliche andere feste Nahrung verzichten. (Allerdings sollten insbesondere Gichtpatienten keine Fastenkuren durchführen.)

Ohrandampfung

Ähnlich wie man über warmen Kräuterabkochungen durch die Nase inhaliert, kann man bei entsprechender Kopfhaltung den Kräuterdampf auf das Ohr leiten. Diese Maßnahme wird bei chronischen Ohrenschmerzen empfohlen. Evtl. ein Tuch über den Kopf geben, damit der Dampf nicht entweichen

Grundlagen

kann. Als Zusätze eignen sich z. B. 1 Handvoll Majoran oder 1 Tasse Essig, jeweils mit Wasser kalt angesetzt und zum Kochen gebracht. Vorsicht: Nicht zu heiß anwenden!

Ölauszug

Hiermit ist das Ausziehen der Pflanzenwirkstoffe in Öl gemeint. Man geht folgendermaßen vor: Die angegebene Menge der gut zerkleinerten und getrockneten (in einigen Fällen auch frischen) Pflanzenteile wird mit gutem, reinem Olivenöl übergossen, bis die Pflanzenteile vollständig bedeckt sind. Generell gilt als grobes Richtmaß: 1 Teil Pflanzen auf 5 Teile Öl. Die Mischung lässt man einige Wochen lang in einer Flasche aus dunklem Glas ziehen und seiht sie dann ab. Danach wird der aus den Pflanzenteilen ausgequetschte Saft der Flüssigkeit wieder hinzugefügt. Ölauszüge werden auch vom Apotheker auf Vorrat gehalten oder nach Wunsch angefertigt.

Rohkost

Diese fördert die Verdauung durch den hohen Anteil an Ballaststoffen, die das nötige Stuhlvolumen erzeugen, sowie durch Anregung von Verdauungssäften und Darmbewegung. Man sollte sich angewöhnen, 1 Drittel der täglich zu sich genommenen Nahrung in Form von Rohkost einzunehmen.

Grundlagen

Sauna

Das „Schwitzbad" kennt man in Europa schon lange. Schon bei den Römern war das Prinzip der Sauna bekannt. Zu Großmutters Zeiten war die Lebensart der „Muselmanen" ganz en vogue. Kaffee als Getränk, für die Herren die Orientzigarette und für die, die es sich leisten konnten, ein Besuch im türkischen Dampfbad – das verstand man damals auch unter Lebensart. Die finnische Sauna, wie wir sie heute kennen, war damals noch nicht so verbreitet. Regelmäßige Saunagänge – gleich welcher Art – stärken die Abwehrkräfte, entgiften durch starkes Schwitzen den gesamten Organismus, reinigen die Haut, sind allgemein kräftigend, entspannend und anregend. Herz- und Kreislaufkranke sollten jedoch sehr vorsichtig sein und nur mit ausdrücklicher Genehmigung ihres Arztes in die Sauna gehen. In nahezu jeder Sauna hängen Anleitungen, die man unbedingt beachten sollte.

Tinktur

Tinkturen sind alkoholische Auszüge von Heilpflanzenwirkstoffen. Man kann Tinkturen selbst herstellen, indem man die entsprechende Menge der gut zerkleinerten und getrockneten oder auch der frischen Pflanzenteile in hochprozentigem Weingeist (70 % Alkoholgehalt) oder in gutem Branntwein ansetzt und in einer verschlossenen Flasche aus dunklem Glas während einiger Wochen ziehen lässt. Sie sollte täglich 1-mal geschüttelt werden. Nach dem Abseihen kann die in den Pflanzenteilen enthaltene Flüssigkeit leicht ausgepresst und hinzugefügt werden. Nach den richtigen Mengenverhältnissen erkundigt man sich am besten beim Apotheker. Dieser stellt auch Tinkturen her oder hat sie vorrätig. Zu beachten ist,

Grundlagen

dass Tinkturen zum innerlichen Gebrauch nur tropfenweise angewendet werden, äußerlich kommen sie v. a. in Umschlägen, zum Gurgeln, zum Einreiben und als Badezusatz in größerer Dosierung zur Anwendung. Dass alkoholische Auszüge bei Kindern nicht zur innerlichen Anwendung kommen sollten, versteht sich von selbst.

Wadenwickel

Diese Wickel sind immer ein gutes und wirksames Mittel bei starkem Fieber. Man wendet sie folgendermaßen an: 2 Tücher aus dickem Stoff (z. B. Handtücher, dünne Handtücher mehrmals falten) werden in kühles Wasser getaucht, dann ausgewrungen und jeweils um beide Waden gewickelt (von den Fußknöcheln bis zu den Knien). Sie werden dann noch mit je einem weiteren, trockenen Tuch umhüllt (dieses sollte nicht aus Synthetik bestehen). Sobald sie warm geworden sind – das ist i. d. R. nach 5–10 Minuten der Fall – sollten Sie sie erneuern. Dies geschieht so lange, bis die Körpertemperatur um etwa 1 °C gesunken ist. Der Patient soll sich dabei wohlfühlen, er soll nicht frieren. Nach 10- bis 20-minütiger Anwendung tritt eine spürbare Erleichterung ein. Nach der Prozedur sollten die Beine sorgsam trocken gerieben werden.

Dies ist das natürlichste Mittel zur Fiebersenkung, sollte aber keinesfalls bei kalten Füßen oder Frösteln angewendet werden. Außerdem ist Fieber eine Heilreaktion des Körpers und es sollte, will man den Körper nicht in seinem Heilungsbestreben hindern, nicht zu früh gesenkt werden. Natürlich sollte Fieber grundsätzlich schulmedizinisch abgeklärt werden.

Grundlagen

Wärmflaschen

Die gute alte Wärmflasche eignet sich auch heute noch vorzüglich zur örtlichen Anwendung von trockener und feuchter Wärme.

Fiebrige Erkältungskrankheiten sind oft auch mit Bauchschmerzen verbunden. Hier hilft in vielen Fällen eine mit feuchten Tüchern umwickelte Wärmflasche. Trockene Wärme hingegen entspannt die Magen- und Darmmuskulatur bei kolikartigen Schmerzen (wenn diese länger andauern, sollte unbedingt ein Arzt zurate gezogen werden!) und auch bei schmerzhaften Monatsblutungen. Aber auch allein schon nach einer schlecht verdaulichen Mahlzeit, die sprichwörtlich „schwer im Magen liegt", lindert eine Wärmflasche die Beschwerden. Wer will, kann auf einen Verdauungsschnaps verzichten. Vorsicht: Insbesondere bei Entzündungen (z. B. bei einer Blinddarmentzündung) steigert die Wärme den Infektionsprozess. Die Wärmmethode ist dann nicht anzuwenden. Außerdem können Wärmflaschen bei kleineren Kindern sogar schwere Verbrennungen hervorrufen.

Grundlagen

Wechselfußbäder

Diese sind ein bewährtes altes Verfahren zur Gefäßtonisierung (hierunter versteht man eine Erhöhung des Spannungszustandes der Blutgefäße), daher anwendbar z. B. bei Migräne, kalten Extremitäten, müden Beinen sowie allgemein zur Abhärtung. Wechselfußbäder sind allerdings nicht bei Krampfadern anzuwenden, da ist zumindest das warme Bad verboten! Durchführung: Je einen Eimer mit warmem und mit kaltem Wasser füllen; die Füße ca. 5 Minuten lang in die warme Wanne tauchen und sie dann 5–10 Sekunden lang im kalten Wasser abkühlen. Das Ganze 1–2-mal wiederholen, dann die Füße abtrocknen. Immer mit warmem Wasser beginnen und mit kaltem aufhören.

Wirkstoffe der Heilpflanzen

Die Mehrzahl der heute noch verwendeten Heilpflanzen und ihrer Anwendungsmöglichkeiten waren schon im Altertum bekannt. Das Wissen über ihre Wirkungen gehörte zur allgemeinen Tradition aller Volksgruppen und Kulturstufen. So entwickelte sich aus genauer Beobachtung von Versuch und Irrtum eine jahrtausendealte reiche Erfahrung hinsichtlich der heilenden und schädlichen Wirkungen der Pflanzen und ihrer Anwendungsgebiete in der Heilkunde, auf die wir heute noch zurückgreifen können.

Gleichzeitig jedoch rankten sich um die als geheimnisvoll empfundenen Wirkungen allerlei abergläubige Anschauungen, die wir heute nicht mehr teilen. Wenn die Naturheilkunde und die moderne Medizin in der heutigen Zeit auf die günstigen Wirkungen pflanzlicher Stoffe zurückgreifen, so berufen sie sich teilweise auf die einfache Erfahrung, aber auch

Grundlagen

auf die exakte Erforschung und Kenntnis der Wirkstoffe. Um dem Leser eine kurze Einführung in die Wirkungsweise von Heilpflanzen zu geben, seien hier die wichtigsten Wirkstoffgruppen aufgeführt. Bitte beachten Sie, dass hierunter auch giftige Substanzen aufgeführt sind.

Schleim

Die in vielen Pflanzen (z. B. in Lein- oder Quittensamen, Huflattich, Eibisch, Isländischem Moos) enthaltenen Schleimstoffe quellen in Verbindung mit Flüssigkeit stark auf. Sie bewirken hierdurch eine Verdickung und eine bessere Gleitfähigkeit des Darminhalts, wirken also anregend auf die Darmbewegungen (Peristaltik) und somit abführend. Gleichzeitig umhüllt und schützt der Schleim die inneren Schleimhäute, sie werden weniger gereizt und können bei Entzündungen besser abheilen.

Gerbstoff

Dieser hat die Fähigkeit, das in der Haut enthaltene Eiweiß teilweise auszufällen. Hierdurch zieht sich die Haut zusammen, sie wird verdichtet. Auf diesem Wirkungsmechanismus beruht die zusammenziehende, blutstillende, entzündungshemmende und reizlindernde Wirkung vieler Pflanzen (wie Eiche, Blutwurz oder Heidelbeere).

Bitterstoffe

Sie bewirken eine starke Reizung der Geschmacksnerven. Hierdurch wird die Produktion von Verdauungssäften – nicht nur des Speichels, sondern auch der Magen- und Darmdrüsen – angeregt. Eine Verbesserung der Verdauung wird erreicht. Gleichzeitig wirken Bitterstoffe appetitanregend (Beispiele: Tausendgüldenkraut, Wermut, Enzian).

Grundlagen

Ätherische Öle

Diese Öle sind würzige und stark riechende, leicht flüchtige und flüssige Stoffe, die in vielen Pflanzen (Pfefferminze, Kamille, Salbei, Kümmel, Anis, Baldrian u. a.) vorkommen. Sie haben allgemein entzündungshemmende und unterschiedliche Wirkungen, beispielsweise auf das Zentralnervensystem, auf die Drüsentätigkeit, auf Herz und Kreislauf, und wirken hautreizend, abschwellend oder antibiotisch.

Glykoside

Diese chemischen Verbindungen spalten sich unter bestimmten Bedingungen in Zuckermoleküle und andere Wirkstoffe (Aglykone). Letztere sind verschiedenster chemischer Herkunft und entfalten je nach ihrer chemischen Zusammensetzung unterschiedliche Wirkstoffe im Körper. Die im Maiglöckchen enthaltenen Glykoside wirken z. B. auf die Herztätigkeit, die Glykoside des Faulbaums dagegen auf den Darm.

Saponine

Diese meist bitter schmeckenden Verbindungen (ebenfalls Glykoside) schäumen in wässriger Lösung. Ihr Name leitet sich von lat. *sapo* = Seife ab. Saponine wirken reizend auf die Schleimhäute (daher die Verwendung von saponinreichen Pflanzen, z. B. der Schlüsselblume, als auswurffördernde Mittel), weiterhin regen sie die Tätigkeit innerer Drüsen an. Abschließend soll hervorgehoben werden, dass viele Pflanzen mehrere Wirkstoffgruppen enthalten. Bei der Heilwirkung addieren sich diese Wirkungen, bzw. sie widersprechen sich. Häufig können daher durch das Zusammenwirken verschiedener Heilkräuter (z. B. in Teemischungen, in Spezialzubereitungen) die besten Heilwirkungen erreicht werden.

Innere Anwendung

Innere Anwendung

Abführtee

Ein leicht abführender Tee gegen Darmträgheit ist empfehlenswert. Dazu je 20 g Leinsamen und Faulbaumrinde, je 10 g Löwenzahnwurzel, Kümmelfrüchte, Pfefferminzblätter, Fenchelfrüchte, Kalmuswurzel mischen. Pro Tasse 1 TL dieser Mischung mit kochendem Wasser übergießen, 10 Minuten ziehen lassen und 1–2 Tassen pro Tag trinken. Dieser Tee entspannt gleichzeitig den Darm, regt die Besaftung des Magens an (durch die „Brotgewürze" Kümmel und Fenchel, die die Drüsen entspannen) und lässt Blähungen abgehen. Abführtee sollte man nicht über einen längeren Zeitraum einnehmen, ohne den Heilpraktiker oder Arzt zu konsultieren.

Ackerschachtelhalmtee

Ein Tee aus Ackerschachtelhalm wird aus 4–8 EL des Krauts auf 1 l Wasser (nicht kochen, besser länger ziehen lassen) bereitet. 2–3 Tassen täglich einnehmen. Dieses Gewächs war auch schon früher gut bekannt. Ackerschachtelhalm ist v. a.

Innere Anwendung

ein Heilmittel gegen mangelnde Harnabsonderung. Zur Durchspülung der Nieren bei vorhandenem Nierengrieß (trüber, grießeliger Urin, meist Vorstufe von Nierensteinen) ist Ackerschachtelhalm besonders geeignet. Allerdings darf er nicht zur Ausschwemmung von Wasseransammlungen bei Nieren- oder Herzerkrankungen verwendet werden. 3–4 Tassen über den Tag verteilt getrunken spült Ackerschachtelhalmtee außerdem die Harnwege durch und ist hilfreich bei Blasenentzündungen, häufigem Harndrang und Brennen beim Wasserlassen. Die Beschwerden sollten aber vom Heilpraktiker oder Arzt abgeklärt werden. Eine Mischung aus Zinnkraut und Johanniskraut (hier aber nicht gekocht, sondern nur mit kochendem Wasser übergießen und 10 Minuten ziehen lassen) hilft bettnässenden Kindern, wenn sie 1–2 Tassen pro Tag trinken (nicht später als 1 Stunde vor dem Schlafengehen).

Alpenwegerichtee

Dieser Tee (1 EL des Krauts auf ½ l Wasser, kurz kochen und ziehen lassen) ist hilfreich gegen Husten. Als Abführmittel 1 EL des Samens auf 1 Glas Wasser kalt ansetzen und einige Stunden quellen lassen. Durch Mull abseihen.

Anistee

Anis kann sowohl als Tee wie als Öl (allerdings seltener) eingesetzt werden. Als Tee (1 EL frisch zerstoßenen Anissamen auf 1 l Wasser kalt ansetzen und bis kurz vor dem Kochen erhitzen) wirkt Anis wohltuend bei blähungsbedingten Bauch-

Innere Anwendung

schmerzen und bei zähem Husten. Wegen seiner leicht entkrampfenden Wirkung ist Anistee für Säuglinge und Kleinkinder sehr zu empfehlen. Als Alternative zur Teezubereitung kann man auch 3-mal pro Tag je 5 Tropfen Anisöl in etwas warmem Wasser nach dem Essen einnehmen. Dies löst ebenso die lästigen Blähungen. Evtl. im täglichen Wechsel mit Fenchelöl vorgehen.

Anregungstee

Zur allgemeinen Anregung und Stimulierung empfiehlt sich ein Tee aus gestoßenen Dill-, Fenchel, Koriander- und Liebstöckelsamen zu gleichen Teilen (z. B. je 20 g) gemischt. 1 TL davon mit 1 Tasse kochendem Wasser übergießen, zugedeckt 5–10 Minuten ziehen lassen und kurmäßig 1–2 Tassen jeweils nach den Mahlzeiten trinken. Durch die drüsenentspannende Wirkung dieser „Brotgewürze" und ihrer ätherischen Öle wird eine Anregung der Verdauungs- und anderer Drüsen erreicht.

Apfel

Manches aus Omas Wissensschatz drohte nur deshalb in Vergessenheit zu geraten, weil es so einfache, selbstverständliche Dinge sind, die nicht durch den Reiz des Exotischen auf sich aufmerksam machen. Bei Durchfall hilft ganz simpel als probates Mittel der Apfel! 1–1,5 kg Äpfel über den Tag verteilt jeweils frisch geschält und gerieben essen. Durch das Absorbieren der Gifte wird der Durchfall meist gestoppt. Tritt nach spätestens 3 Tagen keine Besserung ein, ist der Heilpraktiker oder Arzt aufzusuchen.

Innere Anwendung

Arnikatee

Als Tee entweder 1 TL Blüten auf 1 Tasse kochendes Wasser geben und kurz ziehen lassen oder 3–5 Tropfen Arnikatinktur in 1 Tasse Weißdorntee auflösen. Besser nimmt man jedoch standardisierte Zubereitungen aus der Apotheke. Als kreislaufanregendes und herzstärkendes Mittel lindert Arnikatee auch die Beschwerden bei Angina pectoris. Von diesem Tee täglich höchstens bis zu 2 Tassen trinken! Arnika wirkt bei sehr hoher Dosierung reizend auf Magen und Darm. Bei Vergiftungssymptomen Erbrechen herbeiführen und sofort den Arzt aufsuchen!

Baldrian

BALDRIANPULVER
Baldrian in pulverisierter Form (aus der Apotheke) mit etwas Honig zu einem Brei vermischen und 2–3-mal am Tag etwas von dieser Paste im Mund zergehen lassen. Hilfreich bei Nervosität, nervöser Schlaflosigkeit, aber auch bei Migräne.

BALDRIANTEE
1 TL Baldrianwurzel mit 1 Tasse heißem Wasser übergießen. 10 Minuten zugedeckt ziehen lassen, dann abseihen. Dieser nervenberuhigende Tee lindert, evtl. in Zusammenwirkung mit Johanniskrauttee, auch leichtere Depressionen. 1 Tasse abends vor dem Schlafengehen trinken. Dies ist eine zuverlässige Einschlafhilfe. Baldrian ist bei allen diesen Störungen eher anzuraten als die allseits bekannten „chemischen" Mittel; er hat im Gegensatz zu diesen, solange er mäßig angewandt wird, keine Nebenwirkungen, und sein Gebrauch führt nicht zur Gewöhnung.

Innere Anwendung

BALDRIAN-MELISSEN-TEE

Je 50 g Baldrianwurzen und Zitronenmelissenkraut mischen und davon 1–2 TL mit kochendem Wasser übergießen. 10 Minuten ziehen lassen, abseihen und warm trinken. Dieser Tee beruhigt die Nerven. Man kann auch tagsüber 2–3 Tassen mit etwas Honig gesüßt trinken.

Bärentraubenauszug

Als Tee (1 EL der zerkleinerten Blätter, besser noch grobes Pulver, über Nacht ziehen lassen in 1 Tasse kaltem Wasser) zusammen mit 1 Msp. Natriumbikarbonat (wegen der für die Heilwirkung notwendigen alkalischen Reaktion des Urins) bei Blasenentzündungen, Blasen- und Nierenschwäche, Grieß- und Steinleiden, kurz allen entzündlichen Vorgängen im Nieren- und Blasenbereich trinken. Das Kraut nict in abgekochter Form und nicht länger als ca. 1 Woche verwenden, da dann zu viel der in den Blättern enthaltenen Gerbsäure ausgeschieden wird (evtl. folgen Erbrechen oder Übelkeit). Bei einer Infektion der Blase und/oder der Nieren sollte der Arzt zurate gezogen werden. Bitte nicht anwenden bei Kindern unter 12 Jahren, während der Schwangerschaft und in der Stillzeit.

Innere Anwendung

Bibernellentee

Als Tee (2 TL in ¼ l Wasser kurz aufkochen und ziehen lassen) bei zähem Husten, bei Heiserkeit und Entzündungen des Rachenraums trinken.

Bienenwaben

Etwa 2 Monate vor dem aus Erfahrung der Vorjahre erwarteten Beginn eines Heuschnupfens können Sie täglich etwa 1–2 EL Bienenwaben langsam auskauen, und diese Kur während der ganzen Heuschnupfenzeit durchführen. Damit erzielt man bald eine merkliche Linderung, wenn nicht gar ein Ausbleiben der Beschwerden.

Bierhefe

Bierhefe ist reich an Spurenelementen wie Eisen, Kalium, Magnesium und Phosphor sowie an Vitaminen. Sie wird bei Blutarmut und als Aufbaumittel für geschwächte Kinder sowie nach längeren Krankheiten gegeben. 1 EL pro Tag, mehrere Tage lang eingenommen, kann auch bei Ausschlägen von Kinderkrankheiten helfen. Bierhefe ist im Reformhaus oder Naturkostladen erhältlich.

Innere Anwendung

Birkentee

Birkentee (1 Handvoll Blätter mit 1 l kochendem Wasser übergießen, 15 Minuten ziehen lassen) bei Entzündungen der Blase und der Harnwege zum wirkungsvollen Anregen der Harnabsonderung hilfreich. Ebenfalls zu empfehlen ist dieser Tee bei Rheumatismus und Gicht. Er kann selbst bei Nierenerkrankungen bedenkenlos verabreicht werden, da von ihm keine nierenreizende Wirkung ausgeht. Allerdings sollte Birke nicht zur Wasserausschwemmung verwendet werden, die auf eine Nieren- oder Herzkrankheit zurückgeht. Als Blutreinigungstee und für Frühjahrskuren ist die Birke ebenfalls bestens geeignet; hier kommt auch der Birkensaft zur Anwendung (in Apotheken erhältlich), den man bei innerlichem Gebrauch verdünnen sollte.

Blut

BLUTDRUCKTEE

Eine Teemischung, die zusätzlich zu anderen Arzneien bei hohem Blutdruck eingenommen werden kann. Weißdornblüten, Zinnkraut (Ackerschachtelhalm) und Mistelkraut zu gleichen Teilen mischen (z. B. je 30 g). 1 EL pro Tasse Wasser kalt ansetzen, zum Kochen bringen und 5 Minuten köcheln lassen. Morgens und abends je 1 Tasse davon trinken.

BLUTREINIGUNGSTEES

Zur Entschlackung (besonders zu empfehlen im Frühjahr, aber auch im Herbst) eignet sich die kurmäßige Anwendung folgender Tees: Löwenzahn (Kraut und Wurzel), Brennnessel, Ringelblume, Schafgarbe und Zinnkraut. Entweder nimmt man die einzelnen Kräuter im Wechsel, z. B. je 1 Woche Lö-

Innere Anwendung

wenzahn, Brennnessel usw., oder man mischt sie beliebig und gibt evtl. zur Geschmacksverbesserung einige Blätter Pfefferminze hinzu. Pro Tasse Wasser 1 TL der Mischung mit heißem Wasser übergießen und 5–10 Minuten zugedeckt ziehen lassen; täglich 3–4 Tassen davon trinken.

Über die Anregung der inneren Drüsen sowie von Leber, Galle, Darm, Nieren und Haut wird eine Entschlakung und Reinigung des Körpers erreicht.

Blutwurztee

Als Tee (2 EL der getrockneten und zerkleinerten Wurzel in ½ l Wasser 5 Minuten kochen, dann kurz ziehen lassen) angewendet wirkt Blutwurz bei allen Entzündungen des Magens und des Darms (z. B. bei Magenschleimhautentzündungen, auch bei Durchfällen). Wegen seines sehr bitteren Geschmacks sollte die Einnahme aber nur löffelweise über den ganzen Tag verteilt werden. Bitte wenden Sie Blutwurz dagegen auf keinen Fall bei Magen- oder Zwölffingerdarmgeschwüren an, da diese Erkrankungen durch die Blutwurzwirkung zusätzlich verschlimmert werden können.

Bohnen

BOHNENBLÜTENTEE

Bohnenblütentee gilt als uraltes Mittel gegen Nierensteine, Nierenkolik und Gicht. 1 TL Bohnenblüten (evtl. selbst sammeln) mit 1 Tasse kochendem Wasser überbrühen und den Abguss nach 10 Minuten zugedecktem Ziehen trinken (2–3 Tassen pro Tag).

Innere Anwendung

BOHNENSCHALEN

Ein Tee aus Bohnenschalen eignet sich vorzüglich als Zusatzbehandlung bei Zuckerkrankheit (Diabetes mellitus). Dafür 1–2 TL der Schalen der Garten-(Busch-)bohnen mit 1 Tasse kochendem Wasser übergießen. Anschließend 10 Minuten zugedeckt ziehen lassen. 3–4 Tassen pro Tag getrunken fördern auch die Urinausscheidung. Bohnenschalen gibt es auch in pulverisierter Form als Medikament in der Apotheke.

Brennnessel

BRENNNESSELKUR

Empfehlenswert ist eine blutreinigende Frühjahrskur mit Brennnessel-Presssaft, die die im Winter angesammelten Stoffwechselschlacken aus dem Körper ausschwemmt: Frisch gepflückte junge Brennnesseln in einer Saftpresse auspressen. Je 1 EL des frischen Saftes mit 5 EL Buttermilch verdünnen, und die Kur mit dieser Menge beginnen. Man steigert je nach Verträglichkeit, Alter und Konstitution bis zu 5 oder 10 EL Brennnesselsaft, jeweils verdünnt mit der 5-fachen Menge an Buttermilch. Soweit verträglich, die Kur 1–2 Wochen lang durchführen.

BRENNNESSELSUPPE

Diese Suppe ist eine der besten Anwendungen bei Gicht und Rheuma. Frisch gepflückte junge Brennnesselblätter zerkleinern und in etwas Brühe (auf pflanzlicher Basis) zum Kochen bringen. Diese Suppe kurmäßig gegessen fördert die Ausscheidung über die Nieren.

BRENNNESSELTEE

Brennnesselkraut mit kochendem Wasser (1 TL Kraut pro Tasse) übergießen und 5–10 Minuten zugedeckt ziehen lassen.

Innere Anwendung

1 l Tee über den Tag verteilt trinken. Dies hilft bei hohem Blutdruck. Die Brennnessel ist außerdem ein wassertreibendes, blutbildendes und die Organe anregendes Kraut, das bei allen Nieren- und Blasenerkrankungen eingesetzt werden kann. Ferner verschafft sie auch bei rheumatisch-gichtigen Beschwerden und bei einem Hexenschuss Linderung. Bei Magenbeschwerden genügen 1–2 Tassen pro Tag.

Brombeerblättertee

3 TL der Blätter mit ½ l kochendem Wasser übergießen oder kurz aufkochen und 10 Minuten zugedeckt ziehen lassen. Die Pflanze hat sich als Heilmittel gegen gelegentliche oder unspezifische Durchfallerkrankungen gut bewährt. Umstritten ist die Wirksamkeit des Tees aus den Brombeerblüten gegen zu lange anhaltende Monatsblutungen. Auf jeden Fall über den Tag verteilt mehrere Tassen davon trinken. Fermentierte und getrocknete Brombeerblätter bilden ferner einen guten Ersatz für schwarzen Tee. Man verfahre wie folgt: Die frisch gepflückten jungen Blätter werden über Nacht zusammengehäuft an einen warmen Ort gelegt. Hiernach werden sie so stark gequetscht, dass ein Teil ihres Saftes austritt, um die Gärung in Gang zu bringen. Die dann in Alufolie eingepackten Blätter

Innere Anwendung

werden wiederum an einem mäßig warmem Ort aufbewahrt (1–2 Tage liegen lassen) und anschließend getrocknet.

Bruchkrauttee

Als Tee (1 EL des Krauts mit ¼ l heißem Wasser überbrühen und 15 Minuten ziehen lassen) wirkt Bruchkraut schmerzlindernd und harntreibend bei Blasenentzündungen und Nierenleiden. Um eine Schädigung der Wirkstoffe zu verhindern, sollte man Bruchkraut auf keinen Fall kochen.

Brunnenkresse

Der Tee (1–2 TL des Krauts mit 1 Tasse kochendem Wasser übergießen, ziehen lassen und abseihen), der verdünnte Saft und der Salat (wie gewohnt zubereiten) sind hilfreich als Blutreinigungsmittel und als leicht abführendes und galletreibendes Mittel (bei Blasenerkrankungen) sowie bei Bronchitis und bei allen Erkältungskrankheiten wegen des Vitamin-C-Gehalts geeignet.

Dörrpflaumen

Backpflaumen sind ein gutes Mittel zur Regulierung der Verdauung. 4–5 Dörrpflaumen einige Stunden (z. B. über Nacht) in Wasser einlegen und morgens nüchtern essen. Auch das Einweichwasser trinken! Bei Verstopfung eine hervorragende Hilfe.

Innere Anwendung

Dosttee

Als Tee (1 EL des Krauts in ¼ l Wasser stark erhitzen und ziehen lassen) bei Magen- und Darmkrankheiten hilfreich. Der desinfizierenden Wirkung hier steht bei seiner Verwendung bei Bronchialkatarrh eine schleimlösende Wirkung gegenüber. Sinnvoll wirkt Dost darüber hinaus auch als stopfendes Mittel bei leichten Durchfällen.

Eberrautentee

1 TL Eberrautenkraut pro Tasse mit kochend heißem Wasser überbrühen, 10 Minuten kochen, ziehen lassen, dann abseihen. Dieser Tee hilft beispielsweise bei Appetitlosigkeit von Kindern, Durchfall und Blasenschwäche; ein Versuch lohnt sich auch bei Befall mit Madenwürmern. Bitte wenden Sie die Eberraute nicht in der Schwangerschaft an.

Efeutee

Sie sollten einen solchen Tee (1 EL auf ¼ l siedendes Wasser, 5–10 Minuten ziehen lassen) bei zähem Husten, bei Keuchhusten, bei Leber- und Gallenleiden zu sich nehmen. Er hat eine beruhigende Wirkung. Vorsicht! Efeubeeren sind giftig. Verwendet werden nur die jungen Blätter der Pflanze.

Innere Anwendung

Eisenkrauttee

1 TL Eisenkraut mit 1 Tasse kaltem Wasser ansetzen, 6–8 Stunden ziehen lassen und leicht erwärmt trinken. Die Pflanze beeinflusst den Körper positiv und trägt zu Wohlbefinden und guter Laune bei. 1 Tasse pro Tag wird bei zu schwacher Monatsblutung empfohlen. Der Tee wirkt magenstärkend, kräftigend und schleimlösend bei Husten. Der Tee kann auch schneller hergestellt werden, jedoch leidet dadurch die Wirkungskraft des Eisenkrauts (1 TL des Krauts mit 1 Tasse kochendem Wasser überbrühen, ziehen lassen und abseihen).

Engelwurztee

Wird als Tee (1 TL der Wurzel auf 1 Tasse Wasser geben, kurz kochen und ziehen lassen) oder als Kräuterlikör zur Appetitsteigerung, zur Beruhigung des Magens, bei Blähungen und Gallenstörungen verwendet. In sehr hoher Dosierung kann sich Engelwurz schädlich auswirken. Bitte nicht in der Schwangerschaft anwenden.

Enziantee

1 EL zerkleinerte Enzianwurzel in 1 großen Tasse (¼ l) Wasser kalt ansetzen; nach 8–12 Stunden das Ganze zum Kochen bringen und nach dem Kochen sofort abseihen. Auf Trinktemperatur abkühlen lassen und vor den beiden Hauptmahlzeiten je 1 Tasse täglich trinken. Die Bitterstoffe des Enzians wirken magensaftanregend, geben so Appetit und sorgen für eine

Innere Anwendung

gute Verdauung. Ferner beschleunigt Enzian den Stoffwechsel und trägt zur Blutreinigung bei, v. a. nach durchgestandenen Krankheiten. Deshalb ist er auch für eine Frühjahrskur zu empfehlen – besonders wenn man zu Blutarmut und Verstopfungen neigt – mit kurmäßiger Anwendung über 1–2 Wochen. Die gleiche, wenn auch wesentlich geringere Wirkung hat der Enzianschnaps. Enzian bitte nicht in der Schwangerschaft anwenden oder wenn Sie unter hohem Blutdruck leiden.

Erdbeerblätter

1–2 TL Erdbeerblätter und -wurzeln mit 1 Tasse kaltem Wasser ansetzen und kurz zum Kochen bringen. Nach 10 Minuten zugedecktem Ziehen abseihen. 2–4 Tassen pro Tag getrunken helfen durch Ausschwemmung von Harnsäure gegen Gichtschmerzen.

Estragontee

Vielen ist Estragon nur als Küchenkraut bekannt. Als Tee (1 EL des getrockneten Krauts mit 1 Tasse kochendem Wasser übergießen, ziehen lassen und abseihen) wirkt Estragon appetitanregend und magenstärkend und ist hilfreich bei Blähungen, Gelenkrheuma und Wassersucht. Bitte nicht in der Schwangerschaft anwenden.

Innere Anwendung

Eukalyptus

Jeder kennt den Geschmack von Eukalyptusbonbons, wenige aber wissen, dass sich dahinter ein majestätischer, ursprünglich australischer Baum verbirgt. Die Blätter dieses Baumes enthalten das ätherisches Öl Eukalyptol, das in der Heilkunde v. a. bei Husten, Bronchialasthma und als Zugabe zu Einreibemitteln verwendet wird. Sein Ruf war schon zu Großmutters Zeiten legendär, und auch schon damals war es beim Apotheker erhältlich. Wie bei allen ätherischen Ölen kann die Anwendung von Eukalyptusöl im Kopf- und Brustbereich bei Säuglingen und Kindern zu Atemstörungen führen!

Feigen

FEIGENOBST

Feigen wirken v. a. gut bei Darmträgheit und nehmen die Lust auf Süßes, besonders bei Heißhunger. Ihr natürlicher Zucker schadet weniger als die gebräuchliche Raffinade in Süßwaren. Schon früher wurden Feigen im guten „Kolonialwarenhandel" angeboten.

FEIGENWASSER

Man weicht einige Feigen über Nacht in Wasser ein und isst sie vor dem Frühstück, das hilft der Verdauung bestimmt „auf die Sprünge"! In Milch gekocht haben sie auch eine gute Wirkung bei zähem Husten.

Innere Anwendung

Fenchel

FENCHELÖL
3-mal täglich je 5 Tropfen Fenchelöl in einem Glas warmem Wasser nach dem Essen eingenommen, löst lästige Blähungen. Evtl. im täglichen Wechsel mit Anisöl anwenden.

FENCHELTEE
Als Tee (1 EL Fenchelsamen, frisch angestoßen mit einem Mörser, um die Ölkanäle freizulegen, auf ½ l kaltes Wasser oder Milch, bis zum Kochen erhitzen, ziehen lassen und abseihen) wirkt Fenchel schleimlösend und hustenreizstillend bei Bronchialkatarrh. In der Kinderheilkunde wird Fenchel seit Jahrhunderten zur Beruhigung oder bei Blähungen als leicht abführendes, harntreibendes und krampflösendes Mittel verwendet. Fenchelsamen als Beigabe zu abführenden Kräutertees (z. B. Faulbaum) verhindert schmerzhafte Blähungen.

Fieber

FIEBERDIÄT
Bei vielen fiebrigen Erkrankungen hat man keinen Appetit. Der Körper möchte geschont werden. Es ist, sofern es Ihr Arzt nicht ausdrücklich verboten hat, wichtig, reichlich Flüssigkeit

Innere Anwendung

zu sich zu nehmen. Hierfür eignen sich in besonderer Weise fiebersenkende Kräutertees (Kamille, Lindenblüten, Holunder, Fenchel). Leichte Kost, bestehend aus Obst, gut verdaulichen Suppen, Getreidebrei und Gemüsesäften entlastet den Körper auf angenehme Weise.

FIEBERTRUNK

Je ¼ l Milch und Wasser sowie ⅛ l Weißwein zusammen mit 125 g Zucker kurz aufkochen lassen. Anschließend 6 EL frischen Zitronensaft beigeben. Bei Fieber mehrmals am Tag 1 Tasse von dieser Mischung trinken.

Frauenmanteltee

Als Tee (3 EL der Pflanze auf ½ l Wasser kalt aufsetzen und kurz kochen lassen) bei starken Periodenblutungen und im Klimakterium hilfreich.

Galgant

Hilfreich bei Schwindel, Schwäche mit Schmerzen, die vom Herzen ausgehen, bei Verkrampfungen des Verdauungstrakts und der Gallenblase. Auch bei Viruserkrankungen erzielt man häufig gute Erfolge mit dieser Pflanze. Man kann Galgant in Tablettenform in Wasser gelöst einnehmen oder ihn äußerlich in Form von Umschlägen anwenden, die in seinem Abguss getränkt werden. Diesen Abguss kann man auch innerlich anwenden, also 2–3 Tassen täglich trinken (1 TL des zerkleinerten Wurzelstockes mit 1 Tasse kochendem Wasser übergießen und 10 Minuten zugedeckt ziehen lassen).

Innere Anwendung

Gerstenwasser

Das gesunde, erfrischende Getränk wird wie folgt hergestellt: 2 EL Gerste in der Pfanne schön gelb erhitzen (ständig umrühren), anschließend mit ½ l Wasser übergießen und 1 Stunde kochen lassen. Das abgeseihte Gerstenwasser nach dem Abkühlen auf Trinktemperatur je nach Geschmack mit natürlicher Süße (Honig, Birnendicksaft, Ursüße) versetzen und tassenweise trinken. Evtl. mit etwas frisch gepresstem Fruchtsaft mischen.

Gürtelrosentee

1 TL Bohnenkraut (evtl. Bohnenkraut und Thymian gemischt) mit 1 Tasse kochend heißem Wasser überbrühen und 10 Minuten zugedeckt ziehen lassen. 2–3 Tassen pro Tag sind eine gute Zusatzbehandlung bei Gürtelrose (Herpes zoster); der Heilpraktiker oder Arzt muss bei dieser Erkrankung auf jeden Fall aufgesucht werden.

Innere Anwendung

Hafer

HAFER-HONIG-BREI

Speisehafer fein mahlen und mit Wasser zu einem dünnen Brei vermischen, der danach quellen soll. Morgens heiße Milch darunterrühren und mit Honig süßen. Evtl. getrocknete oder frische Früchte beigeben. Dieser Brei gibt Kraft nach langen Krankheiten oder bei allgemeiner Schwäche. Empfehlenswert, allerdings ohne Milch und Honig, als warme Mittags- oder Abendmahlzeit, mit gekörnter Brühe, Sojasoße und Gemüse (z. B. Tomaten) angemacht.

HAFERSCHLEIMKUR

Eine kurmäßige Anwendung der Haferschleimsuppe ist zu empfehlen bei rheumatisch-gichtigen Beschwerden. Man ersetzt eine der täglichen Mahlzeiten mit einer Haferschleimzubereitung und führt dies nach eingetretenem Erfolg (Schmerzfreiheit) noch 1–2 Monate weiter. Vorbeugend sollte man diese Kur 1–2-mal pro Jahr je 1 Monat lang, am besten im Frühjahr oder Herbst, durchführen.

Harntherapie

Das Trinken von eigenem Harn in kleinen Mengen war früher als Therapie üblich, und viele Leiden wurden dadurch geheilt. Man kann ein Schnapsglas voll des eigenen Urins mit ebenso viel Magenbitter mischen und dies 1-mal pro Tag trinken.

Innere Anwendung

Heidelbeere

GETROCKNETE HEIDELBEEREN

Heidelbeeren wirken, in getrockneter Form zu einem Tee aufgegossen, stopfend und sollen daher bei gelegentlichem Durchfall eingenommen werden. Dazu 1 EL getrocknete Beeren auf 1 Tasse Wasser geben, kurz kochen, ziehen lassen und dann abseihen. Frische Heidelbeeren hingegen führen übrigens ab. Sie können jedoch auch mehrmals täglich 1 Handvoll getrockneter Beeren kauen, das hat dieselbe Wirkung. Wer es nicht so trocken mag, kann die Trockenbeeren vor der Einnahme einige Stunden lang in Wasser einweichen. Lang anhaltender Durchfall muss selbstverständlich vom Arzt oder Heilpraktiker abgeklärt werden.

HEIDELBEERTEE

Ein Tee aus Heidelbeerblättern (1 TL auf 1 Tasse Wasser kurz kochen, dann ziehen lassen) soll unterstützende Wirkung bei leichten Formen von Zuckerkrankheit haben (Immer erst den Arzt befragen! Auf keinen Fall verordnete Insulin-Verabreichungen weglassen oder reduzieren und sich dann nur auf den Tee verlassen!) Heidelbeertee und -wein haben ferner zusammenziehende Wirkung auf die Mundschleimhäute, sie sind ein wirksames Mittel zum Trinken oder Gurgeln bei Entzündungen des Mund- und Rachenraums. Anders als zu Omas Zeiten sollten Sie den Heidelbeerwein im Reformhaus kaufen und nicht versuchen, diesen selbst anzusetzen. Nur wer viel Erfahrung mit selbst angesetzten, gärenden Getränken hat, sollte sich daranwagen – das Risiko, dass wegen des Überdrucks Flaschen explodieren, ist sonst zu hoch!

Innere Anwendung

Heuschnupfentee

2 Monate vor dem erwarteten Ausbruch des Heuschnupfens folgende Teemischung trinken: Lindenblüten, Pfefferminze, Salbei und Thymian zu gleichen Teilen gemischt (z. B. je 25 g), 1 TL pro Tasse mit heißem Wasser übergießen und 10 Minuten ziehen lassen. 2–3 Tassen pro Tag trinken. Bitte während der Schwangerschaft und Stillzeit nicht anwenden.

Hirtentäscheltee

2–3 TL Hirtentäschelkraut mit 1 Tasse kochendem Wasser übergießen und nach 10 Minuten zugedecktem Ziehen abseihen. Man kann auch dieselbe Menge Kraut mit 1 Tasse kaltem Wasser ansetzen (Kaltauszug) und den Tee, nachdem er 6–8 Stunden gestanden ist, leicht angewärmt trinken. 2–3 Tassen pro Tag trinken.

Dieser Tee hilft bei zu starker Periode (1 Woche vor erwartetem Beginn mit der Teekur beginnen) und bei Nasenbluten. Generell kann man den Tee bei allen durch den Heilpraktiker oder Arzt abgeklärten Blutungen trinken. In Absprache darf der Tee auch bei Magen- und Darmblutungen begleitend eingesetzt werden. Sehr gut hilft er auch bei blutenden Hämorrhoiden. Dieser Tee wirkt auch leicht kreislaufregulierend. Bitte wenden Sie Hirtentäschel in der Schwangerschaft nicht an. Ebenso sollten Sie bei einer bestehenden Überfunktion der Schilddrüse unbedingt darauf verzichten.

Innere Anwendung

Holunder

HOLUNDERBEERSAFT

Den im Winter so wertvollen Saft entweder aus selbst gesammelten Holunderbeeren herstellen (Holunderpresssaft, s. u.) oder auf Fertigprodukte aus dem Reformhaus zurückgreifen. Bei den ersten Anzeichen von Erkältung den Saft möglichst heiß erwärmen und über den Tag verteilt immer wieder einige Schlucke trinken. Durch seine schweiß- und harntreibende Wirkung entgiftet Holunderbeersaft den Körper, sodass die Krankheit oft schon im Anflug besiegt wird. Ersatzweise hilft auch Holundertee. Holunderbeeren wurden früher zur Frühjahrskur empfohlen, doch sie sind, in großen Mengen genossen und im unreifen Zustand, leicht giftig. Man sollte also hierfür auf Holunderbeerensaft zurückgreifen.

HOLUNDERPRESSSAFT

Die schwarzen Beeren des Holunders pressen und mehrmals täglich von dem Saft 1 EL einnehmen. Neben seiner allgemein tonisierenden Wirkung hilft er speziell bei Nervenschmerzen (Trigeminusneuralgie, Ischialgie und Rheuma). Holunderbeeren enthalten viel Vitamin C. In unreifem Zustand sind sie leicht giftig!

HOLUNDERTEE

1 EL weiße Holunderblüten mit 1 Tasse kochendem Wasser übergießen und nach 5–10 Minuten Ziehen abseihen. 3–4 Tassen täglich von diesem Tee dienen zur Blutreinigung, wirken schweißtreibend und helfen besonders bei Bronchitis, aber auch bei anderen Erkrankungen wie bei Keuchhusten, Asthma, Grippe und Rheuma. Will man die Schweißproduktion des Körpers anregen, so trinkt man ihn am besten – mit Honig gesüßt – während oder nach einem heißen Bad und legt sich anschließend in das mit der Wärmflasche angewärmte Bett. Holundertee ist leicht harntreibend und daher

Innere Anwendung

auch bei Blasenerkrankungen angezeigt, vorzuziehen ist in diesem Fall aber Holundersaft.

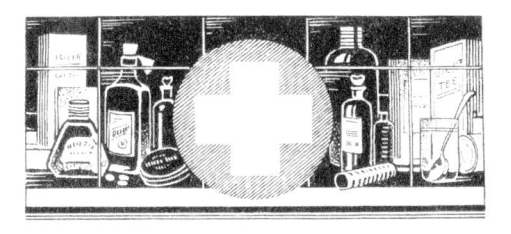

Honig

HONIGMILCH
In 1 Glas heiße Milch 1 EL Honig rühren. Vor dem Schlafengehen trinken. Dies fördert den Schlaf, wirkt aber auch bei Halsweh und beginnender Erkältung.

HONIGZWIEBEL
Eine geschälte und zerkleinerte Zwiebel, die zusammen mit etwas Honig gekocht wird, hilft nach Pfarrer Kneipp gegen Beschwerden beim Wasserlassen. Außerdem ist Honigzwiebelsirup innerlich angewandt wirksam gegen Husten.

Hopfenpräparate

Im Fachhandel erhältliche Hopfenpräparate (Hopfenpulver, Hopfentinktur usw.) werden bei leichten Schlafstörungen, Nervosität, Blasenkrankheiten und Krämpfen angewendet.

Innere Anwendung

Johanniskrauttee

1–2 TL Johanniskraut pro Tasse mit kochendem Wasser übergießen, nach 5–10 Minuten zugedecktem Ziehen abseihen und 1–3 Tassen über den Tag verteilt trinken. Dies wirkt wohltuend bei Verdauungsstörungen, es regt die Gallentätigkeit an, es ist wirkungsvoll bei unregelmäßiger Periode, auch bei schmerzhaften Monatsblutungen sowie bei Magen- und Darmkatarrhen und bei Nervenleiden (Melancholie, vegetative Verstimmung, leichte bis mittelschwere Depressionen), denn das Kraut beruhigt, entspannt und hellt damit die Psyche auf. Aber Vorsicht: Bei häufigem, intensivem Genuss dieses Tees kann die Haut unter Sonneneinstrahlung oder im Solarium schneller zum Sonnenbrand neigen.

Bitte beachten Sie auch, dass bei Johanniskrautpräparaten Wechselwirkungen zu anderen eingenommenen Arzneimitteln entstehen können. Dies kann z.B. sogar bei der Antibabypille der Fall sein. Informieren Sie sich hierzu am besten bei Ihrem Arzt oder in Ihrer Apotheke.

Kaffee

Kaffee ist nicht nur ein Genussmittel, sondern auch „Medizin". 1 Tasse heißer, starker schwarzer Bohnenkaffee (darf gerne gut gesüßt sein) gilt als altes Hausmittel bei Kopfschmerzen und Migräne, das man auf jeden Fall ausprobieren sollte, bevor man zu einer Schmerztablette greift. Noch besser ist die Wirkung, wenn 1–2 TL frisch gepresster Zitronensaft beigegeben werden. Möglichst schon bei den ersten Anzeichen zubereiten und trinken. Länger andauernde oder immer wiederkehrende Kopfschmerzen sollten unbedingt vom Arzt oder Heilpraktiker abgeklärt werden.

Innere Anwendung

Kalmustee

Als Tee (1–2 TL in 1 Tasse Wasser kurz aufkochen, ziehen lassen und abseihen) oder als Kalmustinktur bei Verdauungsstörungen, zum Anregen des Stoffwechsels, als gut wirkendes appetitanregendes Mittel, bei allen nervösen Magen- und Darmbeschwerden, bei saurem Magen und als nervenberuhigendes Mittel.

Kamille

KAMILLENBLÜTENÖL

200–250 g Kamillenblüten in ½ l gutem Speiseöl (z. B. Erdnussöl) langsam erhitzen (das Öl darf nicht zu qualmen beginnen). Den Vorgang nach jeweils 2-stündigem Abkühlen 2–3-mal wiederholen, anschließend das Öl abseihen und in eine braune Flasche füllen.
Es kann bei Magen- und Darmkrämpfen sowie bei Entzündungen des Magen-Darm-Trakts angewendet werden. Ebenfalls vorteilhaft wirkt das Kamillenblütenöl, regelmäßig eingenommen, bei Leber- und Gallenleiden. Mehrmals pro Tag ½ TL davon einnehmen.

KAMILLENTEE

Kamillentee gilt als universelle Hilfe bei den unterschiedlichsten Beschwerden. 1 TL der Blüten pro Tasse mit kochendem Wasser übergießen und nach 10 Minuten zugedecktem Ziehen abseihen. Kamille sollte wie alle Heilpflanzen, die ätherische Öle enthalten, niemals gekocht werden!
Der Tee löst Blähungen und Krämpfe des Magen-Darm-Traktes, oft sogar Koliken, und heilt außerdem Magen-Darm-Entzündungen.

Innere Anwendung

Kapuzinerkressesalat

Blüten und Blätter dieser Pflanze ergeben einen erfrischenden, Vitamin-C-haltigen Salat, geeignet auch als Beimischung zu anderen Salaten. Die Kapuzinerkresse hat außerdem eine antibiotische Wirkung und ist daher keimtötend und entzündungshemmend.

Karotte

KAROTTENDIÄT

Eine zuverlässige Hilfe bei Durchfall ist folgendes Rezept: 1 kg Karotten schälen, schneiden und 1 Stunde lang in 1 l Wasser kochen. Durch ein Sieb passieren. Auf 1–2 Tage verteilt, portionsweise mit leichter, erwärmter Bouillon verdünnt einnehmen.

KAROTTENSAFT

Selbst gepresster Karottensaft mit einigen Tropfen Öl oder 1 TL saurer Sahne verrührt (wegen der fettlöslichen Vitamine) fördert die Milchbildung bei stillenden Müttern.

Kartoffelwasser

Das Wasser, in dem man vorher gut gereinigte oder geschälte Kartoffeln gar gekocht hat, mit etwas Honig süßen und warm trinken. Dies lindert trockenen Husten. Will man das Kochwasser pur verwenden, sollte man beim Kartoffelkochen kein Salz beigeben.

Innere Anwendung

Kerbeltee

Neben dem Gartenkerbel, der als wohlschmeckendes Gewürz bekannt ist, gibt es auch den weniger bekannten Wilden Kerbel, der ein hervorragendes Heilmittel ist. Der Tee aus Wildem Kerbel (1 EL auf ¼ l Wasser, kochen, überbrühen und ziehen lassen) dient als harntreibendes und stoffwechselanregendes Mittel bei Hautleiden und Verdauungsstörungen sowie als Hustenlöser.

Kirschenstiele

50 g Kirschenstiele in 1 l Wasser kalt ansetzen, zum Kochen bringen und 15 Minuten ziehen lassen; anschließend abseihen. Diese Menge über den Tage verteilt trinken, um Harnverhaltung zu lösen. (Unter Harnverhalt versteht man in der Medizin eine gefüllte Harnblase, ohne dass allerdings der Urin abgesetzt werden kann. Dies kann z. B. auf eine Verlegung durch Harnsteine zurückzuführen sein. Ursache von Heilpraktiker oder Arzt abklären lassen.)

Knoblauch

KNOBLAUCHTINKTUR
10 geschälte und zerkleinerte Knoblauchzehen mit 100 ml Korn (40 % Alkoholgehalt) ansetzen und 1–2 Wochen lang verschlossen stehen lassen. Anschließend durch einen Kaffeefilter seihen. Die so gewonnene „Tinktur" hilft bei Bluthochdruck und Arteriosklerose, reinigt den Darm und wird auch

Innere Anwendung

gegen Würmer empfohlen. 3–4-mal pro Tag 20–25 Tropfen davon einnehmen. Falls Sie unter Migräne oder zu niedrigem Blutdruck leiden, sollten Sie die Tinktur vorsichtig anwenden.

KNOBLAUCHMILCH

Einige Knoblauchzehen halbieren und in einer Mischung aus Milch und Wasser (1:1) ca. 10 Minuten kochen lassen. Dieser Trunk hilft bei Kindern gegen Würmer, wobei sie 1–2 Wochen lang morgens nüchtern 1–2 Schlucke davon trinken sollten.

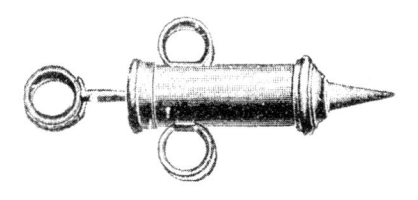

Kohlsaft

Bei Nierengrieß vor den Hauptmahlzeiten jeweils ein Glas frisch gepressten Saft aus Kohlblättern trinken; das verhindert die weitere Bildung von Grieß bzw. Steinen. Ebenso hilft der Saft – schluckweise getrunken und evtl. mit Honig gesüßt – bei Heiserkeit. Nach Rücksprache mit dem Heilpraktiker oder Arzt können Sie bei Magenschleimhautentzündung und Zuckerkrankheit einen Versuch damit wagen. Auch rheumatische und gichtige Beschwerden werden gelindert.

Innere Anwendung

Königskerze

KÖNIGSKERZENMILCH
20 g getrocknete Königskerzenblüten mit 1 Tasse kochender Milch übergießen, 10 Minuten lang zugedeckt stehen lassen, abseihen. 3 Tassen über den Tag verteilt getrunken fördern die Schleimabsonderung bei Husten und lindern die Beschwerden bei Bronchitis.

KÖNIGSKERZENTEE
Als Tee (1 TL des getrockneten und zerkleinerten Blütenstands mit 1 Tasse kochendem Wasser überbrühen, ziehen lassen und abseihen) bei Bronchialkatarrh hilfreich.

Krampfadertee

Eine Mischung aus Löwenzahn, Schafgarbe und Steinklee, jeweils zu gleichen Teilen, 1 TL pro Tasse mit kochend heißem Wasser übergießen und nach 10 Minuten bedecktem Ziehen abseihen. 3–4 Tassen pro Tag davon trinken. Dieser Tee erhält die nötige Spannung der Blutgefäße und verringert den venösen Rückstau in Pfortader und kleinem Becken.

Kräutertee

Für die Zubereitung von Kräutertee gibt es verschiedene Möglichkeiten: den Aufguss und den Kaltauszug. Für einen Aufguss übergießt man 2 TL der getrockneten Blätter, Blüten oder Samen mit ca. 250 ml kochend heißen Wassers. Dies

Innere Anwendung

sollte nicht in einem Metallgefäß, sondern in einem Gefäß aus Glas, Steingut oder Porzellan erfolgen. Man deckt das Gefäß sofort ab und lässt den Tee 10–15 Minuten ziehen, bevor man ihn durch ein Sieb (am besten aus grobem Leinen) schüttet.
Der Kaltauszug, auch Mazeration genannt, wird hauptsächlich bei schleimhaltigen Kräutern angewendet. Man übergießt 2 TL der zu verwendenden Pflanzenteile mit ca. 250 ml kaltem Wasser und lässt dieses dann etwa 3–5 Stunden ziehen. Dieses Verfahren kann bei allen Heilkräutern angewandt werden, es empfiehlt sich jedoch insbesondere bei Leinsamen, Isländischem Moos, Sennesblättern, Eibisch, Faulbaumrinde.

Kümmel

KÜMMELMILCH

1 TL Kümmel (evtl. zusätzlich 1 TL Anis) in ¼ l Milch kurz aufkochen, abseihen und in Trinkwärme schluckweise einnehmen. Eine wertvolle Hilfe bei Blähungen und Magen-Darm-Spasmen.

KÜMMELTEE ODER -PULVER

Kümmel ist als Tee (2 TL der im Mörser angestoßenen frischen Kümmelfrüchte auf 1 Tasse kochend heißes Wasser) oder als Pulver (messerspitzenweise) bei Darmkrämpfen, Blähungen, Durchfall und Appetitlosigkeit hilfreich.

Labkrauttee

Als Tee (1 EL des getrockneten und zerkleinerten Krauts in ½ l Wasser kalt ansetzen, bis zum Kochen erhitzen, 5 Minuten

Innere Anwendung

ziehen lassen; abseihen) bei Nieren- und Blasenerkrankungen, Wassersucht und Frauenkrankheiten wirksam.

Lauch

LAUCHBREI

2 Porreestangen in Wasser weich kochen und durchpassieren. 1 Tasse davon vor jeder Hauptmahlzeit kurmäßig 2–3 Wochen eingenommen hilft bei Beschwerden des Harntraktes, vom Blasenkatarrh bis zu Nierengrieß bzw. -steinen.

LAUCHSIRUP

Einige Porreestangen klein schneiden, weich kochen, durchpassieren und etwa ¼ – ⅓ der Menge an Zucker hinzugeben. Das Ganze etwas einkochen lassen. Bei Husten und Bronchitis mehrmals täglich 1 EL voll einnehmen.

Lavendeltee

1 TL Lavendelblüten mit 1 Tasse kochendem Wasser übergießen, 10 Minuten zugedeckt ziehen lassen und abseihen. Dieser Tee beruhigt die Nerven und baut gleichzeitig auf. Auch bei den ersten Anzeichen von Kopfschmerzen sofort 1–2 Tassen davon trinken. Lavendel kann auch Reizhusten stillen und bei Störungen der Verdauungsorgane beruhigen.

Innere Anwendung

Leber-Galle-Tee

Leber- und gallenflussanregend ist eine Teemischung aus 50 g Löwenzahn (Kraut mit Wurzel), 50 g Mariendistelsamen, 20 g Waldmeister und 30 g Thymian. 1 TL der Mischung pro Tasse in kochendes Wasser geben und 2 Minuten lang köcheln lassen. 2–3 Tassen pro Tag davon trinken. Nicht anwenden bei Gallenblasenverschluss, Gallenkolik oder Gallensteinen.

Leinsamenzubereitung

1–3 EL ungeschrotete Leinsamen abends in Wasser einweichen und morgens mit dem Wasser (mindestens 200 ml pro 1 EL Leinsamen!) zusammen einnehmen. Dies ist eine gute Vorbeugung oder auch Hilfe bei Darmträgheit und Verstopfung oder Magenschleimhautentzündung. Wer Leinsamen pur nicht mag, der kann sie auch als Beigabe zu Apfelmus, Müsli, zu Süßspeisen oder mit Honig vermischt zubereiten. Bitte Leinsamen zur inneren Anwendung niemals heiß oder kochend zubereiten, da dabei Giftstoffe entstehen können.

Innere Anwendung

Löwenzahn

LÖWENZAHNABKOCHUNG

6 gehäufte TL Löwenzahn (Kraut und Wurzel) mit 1 l kaltem Wasser ansetzen und 1 Stunde lang ziehen lassen. Anschließend zum Kochen bringen und nochmals 15 Minuten ziehen lassen, dann abseihen. Die Abkochung sollte über den Tag verteilt in kleinen Portionen getrunken werden. Dies hilft hervorragend bei Leber- und Gallenleiden (v. a. bei leberbedingter Bauchwassersucht) und bei Milzstau (diese Krankheiten unbedingt vom Heilpraktiker oder Arzt abklären lassen).

LÖWENZAHNSTÄNGEL

Als Kur bei Leberkrankheiten, aber auch bei Diabetes mellitus (Zuckerkrankheit) 3–4 Wochen lang jeden Tag 5–6 rohe Stängel des frisch erblühten Löwenzahns kauen (ohne jedoch die Blüten mitzuessen).

LÖWENZAHNTEE

Der Tee wirkt regulierend auf Leber und Galle und anregend auf die Nieren. Deshalb wird er oft als „Blutreinigungstee" verwendet. 1 TL Kraut (mit Wurzeln) mit 1 Tasse kochendem Wasser übergießen, 5–10 Minuten ziehen lassen; 2–3 Tassen täglich trinken. Auch bei Rheuma und Arthrose wird dieser Tee gern eingesetzt. Dieselbe Menge wie oben angegeben kalt ansetzen, zum Kochen bringen und anschließend 10 Minuten ziehen lassen. Stoppt das Weiterwachsen von Gallensteinen bzw. ermöglicht manchmal deren langsame Auflösung. Dabei muss man beachten, dass der Tee infolge seiner Einwirkung auf die inneren Organe auch die Blasentätigkeit anregt und harntreibend wirkt.

Innere Anwendung

Lungenkraut

Für einen Tee das getrocknete Kraut mit 1 Tasse Wasser kalt aufsetzen, nach kurzem Sieden ziehen lassen und abseihen. Hilfreich bei Bronchialkatarrh, Lungenentzündung oder Heiserkeit.

Magentee

Nach zu reichlichem oder zu fettem Essen ist folgende Teemischung hilfreich: Majorankraut, Kümmel- und Fenchelfrüchte zu gleichen Teilen (z. B. je 30 g) mischen. 1 TL pro Tasse mit kochendem Wasser übergießen und 10 Minuten zugedeckt ziehen lassen. Bei Bedarf nimmt man 1 Tasse nach dem Essen. Dieser Tee hilft auch gut bei Blähungen.

Mandeln

Ihr natürlicher Reichtum an Eisen empfiehlt Mandeln als Mittel bei Blutarmut. Außerdem enthalten sie Fette und Eiweiß und sind so eine wertvolle Hirnnahrung. 1–3 Mandeln pro Tag regelmäßig gegessen sollen angeblich vor Krebs schützen. Vorsicht bei Bittermandeln: 5–12 Stück sind bei Kindern, 50–60 Stück bei Erwachsenen lebensgefährlich.

Innere Anwendung

Mariendistel

Als Tee (Aufguss mit 1 TL der Früchte auf 1 Tasse kochendes Wasser, 3-mal täglich) oder als in Apotheken erhältliche Mariendistel-Zubereitung kurmäßig während einiger Wochen bei Lebererkrankungen anwenden.

Meerrettich

MEERRETTICHSIRUP
Meerrettichsirup wird folgendermaßen zubereitet: Man überstreut geriebenen Meerrettich oder dünn geschnittene Scheiben der Wurzel mit Zucker und verwendet den ablaufenden Saft (1–3 EL täglich) als hustenlösendes Mittel.

MEERRETTICHWURZEL
1–2 TL geriebene Wurzel täglich bei Verdauungsstörungen, als appetitanregendes Mittel, als leicht harntreibendes Mittel, bei Rheuma, Gicht und Wassersucht einnehmen. Bei Zahnfleischschwund die Wurzel gut kauen.

Meisterwurztee

½–1 TL der Wurzel pro Tasse Wasser kalt ansetzen und 6–8 Stunden ziehen lassen; anschließend abseihen, leicht erwärmen und trinken. Mehrmals am Tag eingenommen hilft dieser Tee bei chronischem Magen-Darm-Katarrh, aber auch bei schleimiger Bronchitis. In diesem Fall kann der Aufguss auch für ein Dampfbad verwendet werden. Er baut allgemein auf

Innere Anwendung

und ist deshalb bei Appetitlosigkeit und Schwäche, z.B. nach chronischen Krankheiten angezeigt. Früher sagte man ihm auch eine lindernde Wirkung bei Rheuma und Gicht nach.

Melissentee

1 TL Melissenkraut mit 1 Tasse kochendem Wasser übergießen und 10 Minuten zugedeckt ziehen lassen. Dieser Tee ist eine wirksame Hilfe bei Schluckauf, bei leichter Übelkeit und bei nervösen Magen- und Darmbeschwerden (blähungswidrige Wirkung). Er dient weiterhin als auswurfförderndes Mittel bei Bronchialkatarrh sowie allgemein bei Nervosität und Schlafstörungen, Melancholie und Depression. Im letzten Fall evtl. in Verbindung mit Baldrian einnehmen.
Auch bei nervös bedingten Herzbeschwerden wird Melissentee empfohlen, die Beschwerden müssen aber vom Arzt oder Heilpraktiker zusätzlich abgeklärt werden.

Milch

MILCH MIT HONIG
1 Glas heiße Milch mit Honig süßen und schluckweise trinken; lindert Halsschmerzen. Ansonsten regt heiße Milch den Blutkreislauf an und wirkt schweißtreibend.

MILCH-MOLKE
Das von der Milch nach dem Abscheiden von Fett und Kasein abgeschiedene Wasser hilft, kurmäßig angewandt (vor jeder Mahlzeit 1 TL voll in Wasser oder Kräutertee eingenommen), bei Magengeschwüren.

Innere Anwendung

MILCHZWIEBEL
Die Zwiebel wird in purer Milch 5–10 Minuten gekocht und abends zusammen mit der Milch gegessen. Das wirkt Schlaf fördernd und soll – regelmäßig eingenommen – einen reinigenden Teint ergeben.

Mistel

Zu Großmutters Zeiten verwendete man den Tee zur Linderung von Kreislaufbeschwerden und hohem Blutdruck, besonders im Klimakterium. 2 Tassen pro Tag sollte man trinken. Er wird zubereitet, indem man 1 TL Kraut mit 1 Tasse kaltem Wasser ansetzt und nach 6–8 Stunden abseiht. Misteltee sollte nicht mit heißem Wasser angesetzt werden, da die Mistel dadurch ihre leicht giftige Wirkung entfalten würde. Dies ist bei einem Kaltauszug nicht der Fall.
Inzwischen werden der Mistel auch allgemein blutdrucksenkende, die Herztätigkeit regulierende Eigenschaften und hemmende Wirkung auf Tumoren nachgesagt. Die diesbezüglichen Wirkstoffe dieses Baumschmarotzers sind noch nicht vollständig bekannt, die Wirkung in beiden Fällen ist umstritten. Sie wird inzwischen zur Nachbehandlung bei Krebs verwendet. Tatsächlich hat sie eine durchblutungsfördernde Wirkung. Alleine kann sie Krebs sicher nicht heilen, ist aber ein gutes zusätzliches Therapeutikum (unbedingt den Arzt konsultieren!).

Innere Anwendung

Passionsblume

Zur Milderung nervöser Unruhe, besonders im Klimakterium, eignet sich die Passionsblume als Tee: 1 TL Kraut pro Tasse mit kaltem Wasser ansetzen, nach 6–8 Stunden abseihen. 2–3 Tassen pro Tag, leicht angewärmt getrunken lindern die Beschwerden. Die Passionsblume lässt sich auch zu gleichen Teilen gut mit Baldrian, Melisse und Hopfen kombinieren, um Unruhezustände und Schlafstörungen zu lindern.

Petersilie

PETERSILIENMILCH
1 TL frisch gepressten Petersiliesaft in 1 Glas heiße Milch einrühren und schluckweise bei Heiserkeit trinken.

PETERSILIENTEE
Als Petersilientee (Aufguss mit 1 EL des getrockneten und zerkleinerten Blattes auf 1 Tasse kochendes Wasser) als harntreibendes Mittel bei Nieren- und Blasenerkrankungen und bei Wassersucht.

Pfefferminztee

Der Tee (Aufguss mit 1 TL der getrockneten oder 1 EL der frischen Blätter auf 1 Tasse kochendes Wasser; 5–10 Minuten ziehen lassen) ist bei Magen- und Darmstörungen, zur Beruhigung der Nerven, bei Schlaflosigkeit, zur Anregung der Gallensaftausscheidung, bei Blähungen, bei Schnupfen und Husten hilfreich.

Innere Anwendung

Preiselbeerblättertee

Preiselbeerkompott ist hauptsächlich durch seine Verwendung bei Wildgerichten bekannt. Die reifen Beeren des im Bergland heimischen kleinen, heidelbeerähnlichen Strauchs sind leicht harntreibend und stuhlanregend, sie wirken appetitanregend und allgemein belebend. Verwendet werden jedoch auch die Blätter, die in ihrer Heilwirkung denen der Bärentraube sehr nahe kommen.
Der Tee der Blätter (1 EL auf 1 Tasse kochendes Wasser, 10 Minuten ziehen lassen und abseihen) dient v. a. bei Nieren- und Blasenerkrankungen, als Preiselbeerkompott oder -saft der Beeren hingegen zur Appetitanregung und zur Kräftigung.

Quitte

Die in der reifen Frucht enthaltenen Samen sind stark schleimhaltig. Neben ihrer Verarbeitung zu wohlschmeckendem Gelee hat die Quitte Bedeutung als mildes und zuverlässiges Abführmittel. Die Samen (1–2 TL) werden in kaltem Wasser angesetzt und sollten, unter öfterem Umrühren, 2–3 Stunden ziehen. Löffelweise eingenommen bringt der in den Samen enthaltene Schleim die Verdauung wieder in Gang.

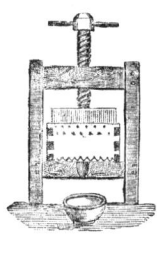

Innere Anwendung

Reisschleimsuppe

Reis mit Wasser verkochen, bis eine schleimige Suppe entsteht. Bei Bedarf mit etwas Salz oder Brühwürfel würzen. Eignet sich gut als erste Nahrung nach akuten Magen-Darm-Erkrankungen. Reisschleimsuppe wirkt beruhigend auf den Magen-Darm-Trakt und allgemein entwässernd. Jedoch sollte die Suppe aufgrund ihrer entwässernden Wirkung bei Durchfall nur maximal 1–2 Tage angewendet werden.

Rettich

RETTICHSAFT

1 geputzten schwarzen Rettich reiben und durch ein Tuch oder mit der Saftpresse auspressen. Den gewonnenen Rettichsaft im Verhältnis 1:3 mit Wasser vermischen und kurz zum Kochen bringen. 1–2 Schnapsgläschen pro Tag regen die Wasserausscheidung des Körpers stark an. Nicht zu lange anwenden (maximal 3–4 Tage).

RETTICHSIRUP

1 geputzten schwarzen Rettich in dünne Scheiben schneiden und mit reichlich (Kandis-)Zucker bestreuen. Nach 5–6 Stunden (zudecken!) bildet sich ein Sirup, von dem über den Tag verteilt 5–6 EL eingenommen werden, um Schleim zu lösen und Husten zu mildern. Die Beschwerden bei Bronchitis klingen ab. Diesen Sirup täglich frisch herstellen.

Innere Anwendung

Ringelblumentee

Den Tee mittels eines Aufgusses herstellen. 1 Tasse kochendes Wasser auf 1 TL Ringelblüten geben, bedeckt 10 Minuten ziehen lassen, dann abseihen. Ringelblumentee wirkt entzündungshemmend und kommt v. a. bei Gallenkrankheiten, gegen Brechreiz, bei Magengeschwüren sowie Menstruationsbeschwerden zum Einsatz. Abgekühlt auch zum Gurgeln geeignet.

Rosmarintee

Rosmarintee (Aufguss mit 1 TL der getrockneten Blätter auf 1 Tasse kochendes Wasser, 5–10 Minuten bedeckt ziehen lassen und abseihen) ist hilfreich bei Kreislaufbeschwerden, niedrigem Blutdruck, Erregungszuständen, Nervosität, bei Magen- und Darmkrankheiten, Störungen der Verdauung, bei Herzklopfen, bei allen Schwächezuständen, bei Kopfschmerzen, Migräne und darüber hinaus als galleförderndes und harntreibendes Mittel.

Salattee

1 Handvoll gesäuberter und zerkleinerter Kopfsalatblätter in ½ l Wasser kalt ansetzen, zum Kochen bringen und 15–20 Minuten lang köcheln lassen. Den Abguss tassenweise über den Tag verteilt trinken, um Darmträgheit zu beseitigen. Außerdem ist der Abguss – neben der ärztlichen Behandlung – hilfreich bei Keuchhusten.

Innere Anwendung

Sanddorn

Als Sanddornsaft (im Fachhandel erhältlich) oder als frische Beeren bei allen Vitamin-C-Mangelerscheinungen und allgemein als Vorbeugung gegen Erkältungskrankheiten und zur Stärkung der Widerstandskräfte. Ähnlich werden Hagebutten (Heckenrose) verwendet, auch sie enthalten einen hohen Anteil an Vitamin C, sind jedoch schwieriger zuzubereiten. Sanddornsaft eignet sich auch zur Frühjahrskur und als Zuckerersatz (z.B. als Zusatz zum Müsli).

Sauerkraut

Roh oder gekocht gegessen wirkt es verdauungsfördernd und ist deshalb bei Darmträgheit angezeigt. Einige Gabeln rohes Sauerkraut auf nüchternen Magen ohne Beilagen hilft Kindern bei Wurmbefall (allerdings mehrere Tage lang anwenden).

Schafgarbe

Pro Tasse 1 TL getrocknetes Schafgarbenkraut (Blüten oder Blätter) mit kochendem Wasser übergießen und nach 10 Minuten zugedecktem Ziehen abseihen. Dieser Tee hilft bei Krampfadern und löst den venösen Stau im Becken. Er ist deshalb angezeigt bei Beschwerden wie Hämorrhoiden oder schmerzhaften Menstruationsstörungen und allgemein bei krampfartigen Zuständen des Unterleibs (unbedingt ist hier der Besuch des Frauenarztes angeraten). Natürlich hilft die Schafgarbe deshalb auch generell bei unspezifischen Magenschmerzen. Außerdem wirkt der Tee blutreinigend und dient

Innere Anwendung

der Appetitsteigerung. 2–3 Tassen pro Tag trinken. Achtung: In großen Mengen genossen, wirkt Schafgarbe giftig, bis zu 3 Tassen Tee täglich können jedoch nicht schaden.

Schlaftee

Baldrianwurzeln, Johanniskraut und Hopfenzapfen zu gleichen Teilen mischen. Pro Tasse 1 TL davon mit heißem Wasser übergießen und 10 Minuten lang zugedeckt ziehen lassen. Bei nervösen Beschwerden tagsüber 1–2 Tassen, bei Schlafstörungen abends 1–2 Tassen, evtl. mit Honig gesüßt, einnehmen. Eine andere altbewährte Schlafmischung, die wie oben zubereitet wird, besteht aus 40 g Lavendelblüten und je 20 g Johanniskraut, Hopfenzapfen und Baldrianwurzel.

Schlehe

Ein Tee aus den Blüten (1–2 TL in 1 Tasse kaltem Wasser aufsetzen, bis zum Sieden erhitzen, bedeckt ziehen lassen und abseihen) wirkt als mildes Abführmittel (besonders bei Kindern geeignet), bei leichten Magenkrämpfen und wegen der harntreibenden Wirkung bei Nieren- und Blasenleiden.

Schlüsselblumentee

Für einen Tee die Wurzel oder die Blüten verwenden. 1 TL der Wurzel oder 2 TL der Blüten mit 1 Tasse Wasser 3 Minuten ko-

Innere Anwendung

chen lassen, nach 10 Minuten zugedecktem Ziehen abseihen. 2–3 Tassen täglich helfen bei beginnender Grippe und lösen den Schleim bei trockenem Husten, Bronchitis und Lungenentzündung. Dieser Tee regt auch die Nierentätigkeit an und hilft bei Migräne.

Schwarze Johannisbeeren

Bei Gicht täglich eine Portion frische schwarze Johannisbeeren als Nachtisch essen oder 1 Glas frisch gepressten Saft trinken. Ersatzweise pro Tasse 1–2 TL der Blätter des Strauches mit kochendem Wasser überbrühen und nach 10 Minuten zugedecktem Ziehen 4–5 Tassen täglich trinken.

Früchte
Tuch
Safttopf
Wasser

Sellerie

GERIEBENER SELLERIE
1 roher, geriebener Knollensellerie (so bleiben seine Vitamine und Spurenelemente erhalten) hilft gegen Nervosität und ner-

Innere Anwendung

vöse Herzleiden. 1–2-mal am Tag ein Stück reiben und evtl. mit Essig, Öl und etwas Salz anmachen.

SELLERIESAFT
Mehrmals am Tag mit frisch gepresstem Selleriesaft gurgeln, hilft zuverlässig bei Heiserkeit.

Spitzwegerich

SPITZWEGERICHSALAT
Als Beigabe zu Kopfsalat eignen sich neben Spitzwegerichblättern ebenso frische, junge Brennnesseln, Löwenzahn-, Schafgarben-, Birken- und einige Gierschblätter. Sie geben dem Salat eine herbe Note und regen die Tätigkeit von Leber, Galle, Niere, Magen und Darm an.

SPITZWEGERICHTEE
Als Tee (Aufguss mit 1–2 TL der getrockneten und zerkleinerten Blätter auf 1 Tasse kochendes Wasser, 10 Minuten ziehen lassen und abseihen) v. a. bei hartnäckigem Husten trinken. Ein Kaltauszug mit 2 EL der Samen (2 Stunden ziehen lassen) wirkt als mildes Abführmittel.

Stiefmütterchentee

Pro Tasse 1–2 TL des getrockneten, blühenden Krauts, seltener auch der Wurzeln, mit kochendem Wasser übergießen, nach 10 Minuten bedecktem Ziehen abseihen und 2–3 Tassen pro Tag trinken. Eine andere Möglichkeit ist der Kaltauszug: 1–2 TL pro Tasse mit kaltem Wasser ansetzen, 6–8 Stunden stehen

Innere Anwendung

lassen und leicht angewärmt trinken. Bei Milchschorf und Säuglingsekzem sollten stillende Mütter diesen Tee trinken. Er eignet sich auch zu Ganzkörperwaschungen bei Ekzemen sowie bei Masern (bitte in diesen Fällen immer den Arzt oder Heilpraktiker aufsuchen).

Süßholztee

Der Tee aus der Wurzel (Aufguss mit 1 TL der zerkleinerten oder pulverisierten Wurzel auf 1 Tasse kochendes Wasser) ist hilfreich bei Bronchialkatarrh, als leicht abführendes Mittel, bei Magengeschwüren (nach Rücksprache mit dem Arzt) sowie bei Heiserkeit und, wegen seiner leicht harntreibenden Wirkung, bei rheumatischen Erkrankungen.
Heutzutage ist die Besorgung von Süßholz viel bequemer als zu Großmutters Zeiten. Die Apotheken haben auch Süßholzsaft vorrätig oder stellen ihn her (Sie sollten ihn nach ärztlicher Gebrauchsanleitung verwenden). Süßholz sollten Sie nicht während der Schwangerschaft anwenden oder wenn Sie unter Bluthochdruck, Leberentzündungen, Nieren- oder Herzerkrankungen leiden.

Taubnesseltee

1–2 TL weiße Taubnesselblüten oder des getrockneten, blühenden Krauts pro Tasse in kaltem Wasser ansetzen, zum Kochen bringen und 10 Minuten ziehen lassen. Um Hämorrhoiden zu lindern, aber auch bei Durchfall und Verstopfung oder bei Bronchialkatarrh. 2–3 Tassen pro Tag zwischen den Mahlzeiten trinken.

Innere Anwendung

Tausendgüldenkrauttee

1 TL des bitteren Krauts mit 1 Tasse kochendem Wasser übergießen und nach 10 Minuten Ziehen schluckweise trinken. (Für Kinder kaum geeignet, da sie das Bittere viel stärker schmecken als Erwachsene.) Aus dem getrockneten und zerkleinerten Kraut lässt sich auch ein Kaltauszug herstellen. 1 TL Tausendgüldenkraut auf 1 Tasse Wasser, bei Kaltauszug die Mischung über Nacht stehen lassen und abseihen. Hilft bei Appetitlosigkeit, Verdauungsstörungen, zur Anregung der Magen-, Darm-, Bauchspeicheldrüsen- und Gallensaftsekretion, als Kräftigungsmittel in der Rekonvaleszenz, bei Abmagerung, fiebrigen Erkältungskrankheiten, Blutmangel, Leber- und Gallenleiden und bringt die Muskeln bei einer kurmäßigen Anwendung in einen ausgeglichenen Spannungszustand. Nach alter Auffassung wirkt Tausendgüldenkraut stimmungsaufhellend und eignet sich daher, evtl. im Wechsel mit Benediktenkraut (s. S. 358) oder mit Johanniskraut (s. S. 382) als Teekur bei leichter Melancholie.

Thymiantee

1 TL getrockneten Thymian mit 1 Tasse kochendem Wasser übergießen, anschließend 10 Minuten zugedeckt ziehen lassen und dann abseihen. Um eine Erkältung abzufangen, bei Husten als schleim- und krampflösendes Mittel und zur Beschleunigung der Ausheilung trinkt man 3–4 Tassen pro Tag. Bei diesen Krankheiten kann man mit dem Tee auch spülen und gurgeln, um Entzündungen des Mund- und Rachenbereichs auszuheilen.
Er ist ferner vorzüglich bei Verdauungskrankheiten, Durchfall und Blähungen, als harntreibendes Mittel und zur Kräftigung

Innere Anwendung

geeignet. Die empfohlene Tagesmenge liegt bei 2–4 Tassen. Achtung: Eine Überdosierung kann Vergiftungserscheinungen (Leibschmerzen, Übelkeit, evtl. Erbrechen oder Durchfall) hervorrufen. Bitte nicht bei bekannter Schilddrüsenüberfunktion sowie in der Schwangerschaft anwenden.

Veilchen

VEILCHENSIRUP

Dieser in der Apotheke hergestellte schöne blaue Sirup war um die Jahrhundertwende das bevorzugte Hustenmittel für Kinder und ist heute unverdientermaßen fast in Vergessenheit geraten. Frühzeitig eingesetzt, reichte dieser wohlschmeckende und kindgerechte Sirup oft aus, um einen Husten auch ohne den Einsatz anderer Medikamente in den Griff zu bekommen. Manche Apotheken können ihn auf Nachfrage auch heute noch besorgen.

VEILCHENTEE

1 TL Veilchenwurzel mit 1 Tasse kochendem Wasser übergießen und 10 Minuten zugedeckt ziehen lassen. Der Tee wirkt auswurffördernd, schweiß- und harntreibend und hilft bei Husten, Bronchitis (Bronchialkatarrh), Keuchhusten (Immer vom Arzt abklären lassen!) und starker Verschleimung. 2–3 Tassen pro Tag trinken.

Vogelbeere

Einige getrocknete Beeren des Vogelbeerbaumes (Eberesche) bei beginnender Erkältung, Halsweh und Heiserkeit gut

Innere Anwendung

kauen und schlucken. Vogelbeeren haben einen hohen Vitamin-C-Gehalt und helfen daher in der Erkältungszeit, bei Skorbut (Erkrankung mit einem massiven Vitamin-C-Mangel) und fördern die Genesung nach Erkrankungen.
Vogelbeeren gelten roh verzehrt als giftig. Getrocknete oder gekochte Früchte hingegen sind unbedenklich zu genießen. Allerdings sollten Sie sich dabei auf einige wenige Beeren beschränken.

Wacholderbeeren

In der Erkältungszeit schützt das Kauen von 3–5 Wacholderbeeren pro Tag vor Ansteckung. Bekannt ist auch die Beerenkur nach Pfarrer Kneipp (1821–1897): Mit 5 Beeren pro Tag beginnen, an den folgenden Tagen jeweils 2 Beeren mehr essen, bis eine Menge von 15 Beeren pro Tag erreicht ist. Anschließend ebenso wieder bis auf 5 Beeren zurückgehen. Diese Kur dient auch zur Entschlackung bei rheumatischen Erkrankungen. Dabei allerdings nie vergessen: Bei Nierenerkrankungen oder -entzündungen sollte man Wacholder meiden, ebenso in der Schwangerschaft.

Waldmeistertee

Als Tee (Aufguss mit 1 TL Waldmeister auf 1 Tasse kochendes Wasser) bei Hämorrhoiden, venösen Stauungen, Durchblutungsstörungen, Gelbsucht, Leberleiden, als Blutreinigungstee und bei „schwachen" Nerven trinken. Bitte nicht gleichzeitig mit blutverdünnenden Medikamenten anwenden. Außerdem können bei einer Überdosierung Kopfschmerzen entstehen.

Innere Anwendung

Walnussöl

Getrocknete, zerstoßene Walnüsse mit der gleichen Menge (z. B. je 100 g) gutem Speiseöl (z. B. Erdnussöl) in einer dunklen Flasche ansetzen und 4 Wochen ziehen lassen. 1 EL davon vor dem Mittag- oder Abendessen eingenommen kann kleine Nierensteine zur Austreibung bringen, was allerdings eine Kolik hervorrufen kann (bitte immer vom Arzt abklären lassen). Diese Kur sollte man maximal 2–3 Wochen lang durchführen.

Weißdorntinktur

Entweder in der Apotheke besorgen oder wie folgt selbst herstellen: 10–20 g Weißdornblüten mit 100 ml Korn (ca. 40 % Alkoholgehalt) übergießen, 1–2 Wochen lang verschlossen ziehen lassen, dann durch einen Kaffeefilter abseihen. Vor den beiden Hauptmahlzeiten 20–25 Tropfen einnehmen. Hilfreich bei Herzbeschwerden aller Art, Herzangst, Bluthochdruck (im letzteren Fall zusammen mit Knoblauchtinktur einnehmen) und auch bei zu niedrigem Blutdruck.

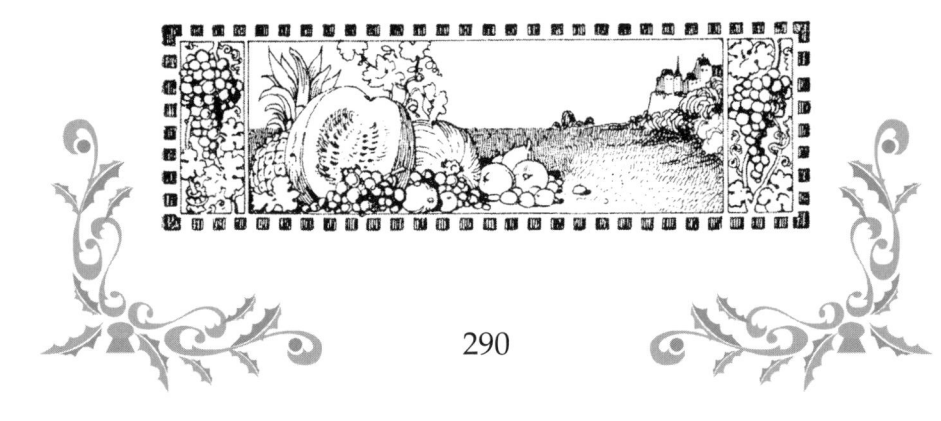

Innere Anwendung

Weizenkleie

Bei Verstopfung morgens 2 EL Weizenkleie zusammen mit viel Flüssigkeit (½ l) einnehmen oder eine Mischung aus Weizenkleie und Leinsamen im Verhältnis 1:1 verwenden und davon 1–2 EL mit viel Flüssigkeit einnehmen. Verstopfung, die längere Zeit andauert, sollte allerdings grundsätzlich von einem Arzt oder Heilpraktiker abgeklärt werden.

Wermuttee

Den Tee des blühenden Krauts (½–1 TL als Aufguss auf 1 Tasse kochendes Wasser) bei Appetitlosigkeit, träger Verdauungstätigkeit, bei zu schwacher Menstruation, bei Gallen- und Leberleiden zu sich nehmen. Er wirkt insgesamt stoffwechselanregend, sollte aber nicht während der Schwangerschaft und bei Magen- oder Darmgeschwüren angewendet werden. Auch für gesunde Erwachsene gilt als wirksame und unschädliche Tagesdosis: Maximal 2–3 Tassen Tee über den Tag verteilt trinken. Nicht dauerhaft anwenden.

Zitrone

1 Zitrone langsam aussaugen, wenn eine kleine Fischgräte im Hals stecken geblieben ist und Beschwerden verursacht. Die Zitronensäure weicht die Gräte auf, die dann zusammen mit Brot oder Kartoffel gelöst und hinuntergeschluckt werden kann. Falls Atemnot oder Schmerzen bestehen, suchen Sie bitte sofort einen Arzt oder eine Klinik auf.

Innere Anwendung

Zwiebel

ZWIEBELMILCH

Gebräuchlich waren damals verschiedene Zwiebelmixturen für unterschiedliche Beschwerden. So hieß es, dass man Zwiebeln in Scheiben schneiden und in einer Mischung aus Wasser und Milch im Verhältnis 1:1 (oder in purer Milch) 5–10 Minuten lang kochen und dann abseihen soll. Dieser Trunk half bei Kindern gegen Würmer: 1–2 Wochen lang wurde jeden Morgen nüchtern 1–2 Schluck davon getrunken.
Unstrittig bewährt hat sich die Zwiebelmilch auch gegen Magendrücken und gelegentliche Bauch- und Unterleibsschmerzen. Besonders folgender Erkältungstrank verdient als Hausmittel mehr Aufmerksamkeit: ½ Zwiebel klein schneiden, mit Milch kurz aufkochen lassen und dann mit Honig süßen. Am besten vor dem Schlafengehen trinken.

ZWIEBELSCHALEN

1 Handvoll Zwiebelschalen mit ½ l kaltem Wasser aufkochen. Nach 10-minütigem Ziehen abseihen und über den Tag verteilt in 2–3 Portionen trinken. Dieser Tee hilft bei unspezifischem Durchfall. Bei unangenehmen Sodbrennen und bei Aufstoßen kann man außerdem eine halbierte Zwiebel – die in etwas Butter gedämpft wurde – langsam essen und gut kauen.

ZWIEBELTRINKKUR

1 geschälte und zerkleinerte Zwiebel mit 1–2 Tassen kochendem Wasser überbrühen und dann 6–12 Stunden zugedeckt stehen lassen. Morgens nüchtern 1 Tasse davon trinken. Diese Trinkkur jeweils 1 Woche lang mit anschließenden Pausen von 2–3 Wochen durchführen. Dies hilft bei Arterienverkalkung (zur Zwiebel kann auch noch eine Knoblauchzehe gegeben werden, um zusätzlich eine blutverdünnende Wirkung zu erzielen). Dieselbe Anwendung zieht überflüssiges Wasser aus dem Gewebe.

Äußere Anwendung

Äußere Anwendung

Ackerschachtelhalmbad

Als Bad (ca. 100 g des Krauts in heißem Wasser lange ziehen lassen, den durchgeseihten Absud dem Badewasser zusetzen) wirkt Schachtelhalm (Zinnkraut) günstig bei Bindegewebsschwäche. Warme Schachtelhalmbäder und Schachtelhalmumschläge helfen auch gut bei Durchblutungsstörungen, schlecht heilenden Wunden, Ekzemen der Haut, Unterschenkelgeschwüren und Frostschäden. Als Gurgelmittel wirkt außerdem Schachtelhalm bei Halserkrankungen entzündungshemmend.

ACKERSCHACHTELHALM-FUSSBAD

1 Handvoll Zinnkraut in 2 l Wasser kalt ansetzen, zum Kochen bringen und 5–10 Minuten bei geringer Wärme köcheln lassen. Den abgeseihten Absud einem vorbereiteten warmen Fußbad beimischen. Bei übermäßigem Fußschweiß kurmäßig 2 Wochen lang täglich 10–15 Minuten lang durchführen.

Äußere Anwendung

ACKERSCHACHTELHALM-KOMPRESSEN

Bei Hautentzündungen ist ein in warmen Zinnkrautsud getauchtes und dann ausgewrungenes Tuch hilfreich, das auf die erkrankten Stellen aufgebracht wird (3 TL Zinnkraut mit ½ l kaltem Wasser übergießen, zum Kochen bringen und 10 Minuten lang köcheln). Erneuern, sobald das Tuch kalt geworden ist. In kalter Form eignen sich diese Kompressen auch gut als Auflage auf Krampfadern und Geschwüre.

Aloeblatt

Ein vorzügliches Wund- und Brandwundmittel ist das Aloeblatt. Etwas Saft daraus auf die Wunde träufeln oder mit einer Scheibe frisch geschnittenem Aloeblatt die Wunde einreiben. Dieselbe Anwendung lindert erstaunlich schnell Insektenstiche. Die Aloe, die ursprünglich aus dem südlichen Afrika und von der arabischen Halbinsel stammt, ist im letzten Jahrhundert in unseren Breitengraden als exotische Pflanze aus den Kolonialreichen eingeführt worden. Heute ist sie eine weitverbreitete Zierpflanze und erfreut sich größter Beliebtheit.

Arnikatinktur

Bei Prellungen, Blutergüssen, Quetschungen, Verstauchungen und schlecht heilenden Wunden, aber auch bei Ekzemen und Ausschlägen hilft Arnikatinktur. 15–30 Tropfen auf ¼ l destilliertes Wasser im feuchten Umschlag – am besten einen Leinenlappen – auf die erkrankte Stelle legen. Den Lappen immer wieder mit der Mischung befeuchten, wenn er trocken

Äußere Anwendung

geworden ist. Diese Anwendung mehrere Tage durchführen, jedoch nicht bei offener Haut, denn Arnika wirkt bei zu langer Anwendung hautreizend. Auch als Gurgelmittel bei Entzündungen der Mund- und Rachenhöhle hat sich die Arnikatinktur bestens bewährt (20 Tropfen auf ¼ l Wasser). Anstatt Arnikatinktur zu kaufen, kann man sich auch einen Arnikaabguss selbst herstellen und damit die Kompressen tränken. Dazu 2 EL Arnikablüten in 2 Tassen kaltem Wasser ansetzen, kurz zum Kochen bringen und nach 10 Minuten Ziehen abseihen.

Augen

AUGENBADKRÄUTER

Augentrost, Fenchel und Kamille – evtl. auch etwas Aloe – zu gleichen Teilen mischen und aus der Mischung einen schwachen Tee (½ TL der Mischung auf eine große Tasse kochendes Wasser geben) herstellen. 10 Minuten zugedeckt ziehen lassen und nach dem Abkühlen auf eine angenehme Temperatur eine Augenbadewanne (aus der Apotheke) damit füllen. Die Augenbadewanne an das Auge ansetzen, den Kopf in den Nacken legen und das Auge mehrere Minuten lang abwechselnd öffnen und schließen. Ermüdete und überanstrengte, aber auch entzündete Augen erholen sich auf diese Weise schnell wieder.

AUGENTROSTBAD

Bei Gerstenkorn, Bindehautentzündung, Lidrandentzündungen und Brennen der Augen infolge der Einwirkung von Staub oder starkem Licht hilft ein Augentrostbad. Dafür 1 TL des Krauts auf ¼ l Wasser bis zum Kochen erhitzen, kurz ziehen lassen und abseihen. Die Augen können in dem erkalteten Tee gebadet werden, man kann aber auch einen Wattebausch

Äußere Anwendung

oder Umschläge tränken und auf die Augen legen. Bei Anwendung der Augenbadewanne (in der Apotheke oder dem medizinischen Fachhandel erhältlich) ist diese mit dem Tee zu füllen und dann an das Auge anzusetzen. Dann den Kopf in den Nacken legen und das Auge mehrmals öffnen und schließen. Verwendet man Kompressen, sollte man diese mit dem Tee tränken und mehrmals am Tag für 5–10 Minuten auf die geschlossenen Augen legen. Bei allen länger andauernden Augenentzündungen sowie bei Sehstörungen ist der Augenarzt hinzuzuziehen.

Bärlappkissen

Ein kleines Kissen (evtl. auch einen Waschhandschuh) mit Bärlapp füllen und nachts unter das von Rheuma befallene Gelenk legen oder darunterbinden. Dies lindert die rheumatischen Schmerzen. Heute ist Bärlapp auch als Puder in Apotheken erhältlich und kann bei Wundliegen und Hautreizungen bei kleinen Kindern angewendet werden.

Beinwell

BEINWELLSCHMALZ
2 EL frisch geschabte Beinwellwurzel (Wallwurz) mit 1 EL Schweineschmalz mischen, etwas erwärmen und bei Muskelschmerz, Muskelkater, Zerrungen, Kreuzschmerzen und Ischias, aber auch bei schlecht heilenden Knochenbrüchen auf die betroffene Stelle auftragen. Mit einem Tuch abdecken und längere Zeit einwirken lassen. Auch bei Blutergüssen und Krampfadern hilft diese Salbe. Allerdings sollten Sie Beinwell

Äußere Anwendung

nicht bei offener oder verletzter Haut anwenden. Bei Knochenhautentzündungen, schweren Sportverletzungen und allen starken Beschwerden sollte darüber hinaus selbstverständlich ärztliche Hilfe gesucht werden. Besonders zu erwähnen ist die schmerzlindernde Wirkung von Beinwellumschlägen, auch Comfreypflaster genannt, bei rheumatischen Beschwerden.

BEINWELLSALBE
Je 500 g Wallwurz (die ganze Pflanze verwenden) und Olivenöl 15–20 Minuten leicht köcheln und dann abfiltern. Dem so gereinigten Wallwurzöl langsam 60–70 g geschmolzenes Bienenwachs beimischen und erkalten lassen. Diese Salbe eignet sich für folgende Beschwerden: Arthritis, Arthrose, schlecht heilende Brüche, Bluterguss, Quetschungen sowie bei Bandscheibenschäden.

Bibernellenlösung

Mit einer Lösung aus 3 TL des Krautes (in ¼ l Wasser kurz aufkochen, etwas länger ziehen lassen, dann abseihen) regelmäßig bei Heiserkeit und Husten gurgeln.

Bierspülung

Eignet sich gut als kräftigende Spülung für die Haare. 1 Flasche Bier über Kopf und Haare gießen, einmassieren und nach kurzer Einwirkungszeit mit lauwarmem Wasser wieder ausspülen. Nicht mit Shampoo nachspülen, sonst lässt die Wirkung der Spülung nach. Der Biergeruch verfliegt sofort. Vor-

Äußere Anwendung

sicht bei langen Haaren, es kann durch Verkleben Probleme beim Auskämmen geben, wenn die Spülung nicht richtig ausgewaschen wird!

Birke

BIRKENBLÄTTERSACK
Einen Sack mit frischen Birkenblättern füllen und das von Rheuma befallene Körperteil täglich 30–60 Minuten lang hineinstecken. Auf diese Weise werden rheumatische Beschwerden gelindert.

BIRKENRINDE-EINLAGEN
Die äußere weiße Rinde der Birke in die Schuhe einlegen. Das ruft unterdrückten Fußschweiß wieder hervor. Dies ist wünschenswert, da der Fußschweiß eine wichtige Ausscheidungsfunktion hat.

BIRKENSAFT
Als Haarwasser einmassiert soll Birkensaft gegen Haarausfall wirken und das Haar kräftigen.

Blutwurz

Die zerkleinerte Wurzel in Wasser (30 g auf 1 l Wasser) stark einkochen und zum Baden schlecht heilender Wunden, bei Ekzemen und Verbrennungen verwenden. Als Gurgelmittel, für Pinselungen und für Mundspülungen bei Entzündungen des Mund- und Rachenraumes kann Tee oder Blutwurztinktur verwendet werden.

Äußere Anwendung

Bockshornkleeauflage

1 TL gemahlene Bockshornkleesamen mit etwas kochendem Wasser gründlich zu einem dicken Brei verrühren. Diesen Brei (noch möglichst warm) fingerdick auf Entzündungen, wie z. B. Fingernagelbettentzündungen, Abszesse, Furunkel, andere entzündete und eiternde Wunden sowie auf Blutergüsse streichen, abdecken und längere Zeit einwirken lassen. Das Ganze mehrmals jeweils etwa 1-mal täglich wiederholen. Vereiterungen öffnen und Entzündungen beruhigen sich und heilen ab. Diese Auflagen helfen auch bei entzündeten oder verhärteten Brüsten (unbedingt vom Heilpraktiker oder Arzt abklären lassen). Vor den Auflagen kann man evtl. jeweils ein Kamillenbad anwenden.

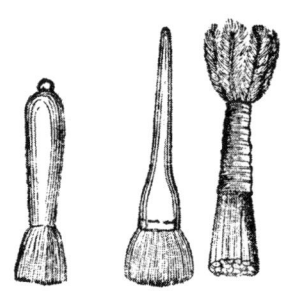

Branntwein

Dieses auf den heiligen Franz von Assisi zurückgehende Heilmittel – es besteht im Wesentlichen aus 40%igem, mit einigen Kräuterzusätzen versetztem Alkohol – hat einen breiten Anwendungsbereich: Zur Kräftigung des Gewebes der Beine die-

Äußere Anwendung

selben mit verdünntem Branntwein abwaschen. Besonders zu empfehlen bei stehenden Berufen oder nach langen Belastungen, wie beispielsweise Wanderungen.

Brennnessel

BRENNNESSELESSIG
In 1 l Obstessig 3–4 Handvoll getrocknete und zerkleinerte Brennnesseln geben und 5 Minuten lang kochen lassen. Nach dem Erkalten abseihen und mehrere Spritzer in die Kopfhaut einreiben. Kräftigt das Haar und vermindert Haarausfall wegen der durchblutungsfördernden Wirkung.

BRENNNESSELSCHLAGEN
An alte Gebräuche mag auch das Peitschen mit Brennnesselpflanzen erinnern. Es wirkt wohltuend schmerzlindernd bei Rheumatismus, Hexenschuss und Gicht. Die rheumatisch oder gichtig schmerzenden Glieder mit großen gepflückten Brennnesseln (Handschuhe verwenden) 1-mal täglich und mehrere Tage hintereinander „peitschen", bis ein roter Ausschlag entsteht. Das starke Jucken und Brennen der so behandelten Stellen klingt bald ab; bei regelmäßiger Anwendung werden die Schmerzen gelindert.

BRENNNESSELWURZEL
1–2 TL zerkleinerte Brennnesselwurzel in 2 Tassen Wasser 10 Minuten köcheln lassen. Abgekühlt bei Schuppen und Haarausfall verwenden.

Äußere Anwendung

Efeu

EFEU IN ESSIG
Efeublätter in gutem Essig einlegen. Bei Kopfschmerzen Schläfen, Stirn und Nacken mit dem Essig einreiben oder darin eingeweichte und ausgewrungene Tücher für Nackenumschläge verwenden.

EFEUAUFLAGE
Frische Efeublätter waschen und mit einem Nudelholz walken. Die zerquetschten Blätter bei Hühneraugen oder bei Cellulite auf die betroffenen Stellen auflegen und mit einem Pflaster festbinden. 1 Tag einwirken lassen. Bei Ischiasschmerzen die Blätter in 4–5 Lagen auf die schmerzende Stelle legen. Diese Anwendung 1–2-mal pro Tag längere Zeit einwirken lassen. Die Efeublätter können als Badezusatz bei Krätze und auch bei Hautflechten angewendet werden; in Wasser eingekocht eignen sie sich zum Auflegen auf Geschwüre, Schwellungen und auf schlecht heilende Wunden.

Ehrenpreisansatz

Der Tee wird auch als Gurgelwasser (1 EL mit 1 Tasse kochendem Wasser überbrühen, ca. 10 Minuten ziehen lassen und abseihen), bei Rachenverschleimungen und Entzündungen im Halsbereich eingesetzt. Zum Baden schlecht heilender Wunden und bei Ekzemen hat sich Ehrenpreis bestens bewährt.

Äußere Anwendung

Eigelb

EIDOTTER-TURBAN

Bei Schuppen oder einfach zur Stärkung der Haare diese mit 2–3 Eidottern einreiben, ein Tuch um den Kopf binden und 1 Stunde einwirken lassen. Danach den Kopf mit klarem Wasser oder Bier waschen. Oder 2 Eidotter mit 1 Schnapsglas voll Rum vermischen und damit den Kopf einreiben.

EIGELB-QUARK-MASKE

2 EL Quark mit 1 Eigelb verrühren und auf das Gesicht auftragen. Augen dabei frei lassen. Diese Maske für ca ½ Stunde auf der Haut belassen. Dies nährt die Haut. Anschließend mit warmem Wasser abwaschen, trocken tupfen und die Haut dann eincremen oder mit Rosenwasser tonisieren.

Eisenkrautspülung

Als Tee (2 TL mit 1 Tasse kochendem Wasser aufgießen, 5 Minuten ziehen lassen und abseihen) in höherer Dosierung zum Gurgeln geeignet, v. a. bei schlechtem Atem. Zum Baden von schlecht heilenden Wunden und Geschwüren verwendbar. Zusätzlich muss in diesem Fall der Arzt konsultiert werden.

Eiweiß

EIWEISSKOMPRESSE

Eiweiß mit der entsprechenden Menge eines guten Speiseöls (Erdnuss-, Oliven-, Sonnenblumenöl) vermischen und eine

Äußere Anwendung

darin eingetauchte Kompresse auf die Brust auflegen. Dies hilft bei Brustentzündungen.

Eiweisspflaster
Kleine Wunden und leichtere Verbrennungen (nicht im akuten Zustand) des Öfteren mit Eiweiß bestreichen. Dies gibt natürlichen Schutz vor Verunreinigungen und schließt die Wunden.

Eiweisstupfer
Bei Schuppenflechte die befallenen Stellen gleich morgens nach dem Aufstehen mit frischem Eiweiß betupfen, ½ Stunde einwirken lassen und dann abwaschen.

Erdbeere

Erdbeer-Brombeerblätter-Spülung
1 TL der Mischung dieser beiden Blätter (1:1 gemischt) in kaltem Wasser ansetzen und kurz aufkochen lassen. Nach 10 Minuten Ziehen abkühlen lassen und bei leichter Mandelentzündung mehrmals am Tag damit gurgeln.

Erdbeermaske
2 große Erdbeeren zerquetschen und mit 1 EL Quark verrühren. Die Masse auf das Gesicht streichen (Augen auslassen!). Die Maske ½ Stunde einwirken lassen, dann mit warmem Wasser abspülen. Anschließend evtl. mit etwas Rosenwasser einreiben und einwirken lassen. Dies reinigt die Haut und kann sogar Hautflecken entfernen.

Äußere Anwendung

Essigwasser

Bei Juckreiz lohnt es sich, den ganzen Körper mit Essigwasser abzuwaschen, um den Juckreiz zu lindern (2 EL guter Obstessig auf 2 l Wasser). Auch bei Masern diese Waschung 2-mal am Tag anwenden, um den Ausschlag abklingen zu lassen (immer vom Arzt abklären lassen). Weniger verdünnt (Essig mit Wasser im Verhältnis 1:1; d. h. 1 EL Essig auf 1 EL Wasser) die Fußsohlen mit dieser Mischung einreiben und anschließend eintrocknen lassen, um übermäßigem Fußschweiß zu begegnen.

Farn

FARNKRAUT
Außer als Farnkissen kann man frischen Farn bei Fußschweiß als Einlage in Schuhen verwenden oder z. B. bei Wadenkrämpfen direkt auf die Haut aufbringen.

FARNPOLSTER
Einen Kissenüberzug (ersatzweise ein entsprechend zusammengeheftetes Handtuch) mit getrocknetem Farnkraut (Wurmfarn) füllen. Dieses Polster bei Blasenschwäche und Bettnässen mehrere Wochen lang unter den Unterleib legen. Auch rheumatische Beschwerden werden gelindert, wenn

Äußere Anwendung

man die befallenen Gliedmaßen bzw. Gelenke auf das Farnpolster legt. Man kann dazu auch frischen Farn verwenden und diesen alle 1–2 Wochen erneuern.

Feigenpflaster

2 getrocknete Feigen in etwas Milch oder Wasser weich kochen, die Feigen in 2 Hälften schneiden und direkt auf die zu behandelnden Stellen legen, abdecken und befestigen. Abszesse oder Furunkel heilen ab.

Fenchel

FENCHELAUGENBAD
Stark verdünnten Fencheltee (1 EL Fencheltee auf 5–10 EL Wasser) in eine Augenbadewanne geben und bei Bindehautentzündung, Gerstenkorn oder Lidrandentzündung das Auge darin baden. Die gefüllte Augenbadewanne am Auge ansetzen, den Kopf in den Nacken legen und das Auge einige Minuten lang öffnen und schließen. .

FENCHELBAD
Als Dampfbad (2 EL zerstoßene Fenchelsamen in 1 l kochendes Wasser geben) bei Augenentzündungen und, in Verbindung mit Kamille, bei Husten und Schnupfen hilfreich.

Äußere Anwendung

Gelenköl

Bei Gelenkschmerzen, Rheumabeschwerden, Muskelkater, Verrenkungen, Zerrungen, Verstauchungen usw. eignet sich folgende Ölmischung: 100 ml Johanniskrautöl (Rotöl) mit je 10 ml von 2 oder 3 der folgenden Öle mischen: Lavendelöl, Rosmarinöl, Wacholderöl, Latschenkieferöl, Pfefferminzöl, Eukalyptusöl. Vor Gebrauch gut schütteln und die betroffenen Stellen mehrmals täglich einreiben. Bitte bei Säuglingen und Kindern nicht im Bereich der Brust oder des Kopfes anwenden. Während der Schwangerschaft darauf verzichten.

Grünkohlauflage

Zerquetschte Grünkohlblätter (mit einem Nudelroller, ersatzweise mit einer runden Flasche gewalkt) auf das Gesicht auflegen und ½ Stunde darauf belassen. So wird Akne erfolgreich bekämpft.

Gundelrebe

Gundelrebespülung

Dieses Kraut, das auf fast jeder Wiese zu finden ist (auch als Gundermann bezeichnet), ergibt ein gutes Gurgelmittel bei Halsschmerzen. 1–2 TL Kraut pro Tasse Wasser kalt ansetzen und zum Kochen bringen. Anschließend ¼ Stunde ziehen lassen und nach dem Abkühlen mehrmals täglich damit gurgeln. Bei sehr starken Halsentzündungen den Mund nur damit ausspülen, weil Gurgeln die entzündete Schleimhaut noch mehr reizt.

Äußere Anwendung

GUNDELREBENÖL
1 Handvoll Gundelrebe (Gundermann) mit ¼ l gutem Speiseöl, z. B. Erdnussöl, ansetzen. Über Nacht ziehen lassen und am nächsten Morgen erwärmen. Dabei darf das Öl nicht zum Qualmen kommen. Anschließend erkalten lassen und abseihen. Gute Einreibung für Krampfadern und als Abheilen von Wunden.

Gurke

GURKENLOTION
Gegen müde Beine und Füße eignet sich dieses Rezept: 50 g selbst gepressten Gurkensaft abseihen (Kaffeefilter), mit 50 g 90%igem Alkohol vermischen und in eine Flasche abfüllen. Morgens und abends die Beine einreiben oder einmassieren.

GURKENSAFT
Sommersprossen mehrmals täglich mit einer frisch geschnittenen Gurkenscheibe einreiben, um sie zu bleichen.

Haarmittel

Viele Heilkräuter enthalten Substanzen, die sich kräftigend, pflegend und nährend auf das Haar auswirken. Zu diesen Kräutern zählen insbesondere Brennnessel, Klette, Birke, Huflattich, Kamille, Schachtelhalm. Man erhält ölige oder alkoholische Auszüge dieser Pflanzen im Fachhandel. In guten Kräutershampoos oder Haarwässern sind immer Bestandteile der genannten Pflanze enthalten. Man kann aber auch aus einzelnen dieser Pflanzen oder aus Mischungen verschiedener

Äußere Anwendung

Pflanzen eine Abkochung selbst herstellen, mit der man das Haar wäscht oder spült.

Hafer

HAFERKÖRNER

Ein Säckchen (evtl. auch einen alten Waschhandschuh) flach mit Haferkörnern füllen und auf der Heizung erwärmen (man kann die Körner auch vor dem Abfüllen in einer Pfanne erwärmen). Das warme (nicht zu heiße!) Säckchen wird bettnässenden Kindern abends auf die Blasengegend gelegt. Da Bettnässen oft nur in Rückenlage passiert, kann man das Säckchen auch in der Kreuzgegend auflegen bzw. umbinden und so die Wirkung der Haferkörner mit der Verhinderung der Rückenlage kombinieren.

HAFERPFLASTER

2–3 EL Hafer frisch mahlen und mit etwas Wasser zu einem dicken Brei verrühren. Angewärmt wird dieser Brei z. B. bei Hexenschuss oder Rheuma auf die schmerzenden Stellen aufgetragen und mit einem Tuch abgedeckt. Den Brei entfernen, wenn er abgekühlt ist. Dann mehrmals erneuern.

Halswickel

Diese eignen sich besonders bei Erkältungskrankheiten im Hals-, Nasen- und Rachenbereich. Man umwickelt den Hals mit einem in warmes Wasser getauchten Tuch und legt darüber weitere trockene Tücher, die die Wärme halten sollen. Der Halswickel sollte mehrmals täglich 15–30 Minuten angewen-

Äußere Anwendung

det werden. Selbstverständlich wird seine Wirkung erhöht, wenn man anstelle von warmem Wasser einen geeigneten Kräuteraufguss, beispielsweise mit Salbei, Thymian oder Kamille, verwendet.

Handbad

Wie das Fußbad haben auch Handbäder, je nach Anwendungsziel warm, kalt oder wechselnd ausgeführt, eine entspannende, anregende und wärmende Wirkung. Sie können mit hautheilenden Kräutern und Ölen oder mit für kosmetische Zwecke zubereiteten Kräuterauszügen zur Hautpflege angewendet werden.

Bei spröden und rissigen Händen empfehlen sich ölige Kräuterzusätze, bei Entzündungen (wie z. B. Nagelbettentzündungen), bei Hautreizungen und Hautkrankheiten Abkochungen aus Kamille, Eichenrinde, Schachtelhalm und vielen anderen Kräutern mehr.

Hefe

Hefebad

100 g Bäckerhefe (4–5 Würfel) in 2 l Wasser auflösen und in das vorbereitete Badewasser geben. Dieses Bad 1-mal pro Woche anwenden. Erfrischt und belebt die Haut und erhält ihre Elastizität und Spannkraft.

Hefemaske

Als Hefemaske (im Fachhandel erhältlich) bei unreiner Haut zur Normalisierung des Hautstoffwechsels, zur Entfernung

Äußere Anwendung

von Talg und toten Hautzellen sowie zur Anregung der Zellerneuerung verwenden.

Heidelbeere

Umschläge mit eingekochten Heidelbeeren helfen bei schlecht heilenden Wunden, bei Ausschlägen und Hautflechten.

Heilerde

HEILERDEBÄDER
Heilerdebäder eignen sich sehr gut als unterstützende Maßnahme bei der Behandlung von Rheuma, Ischias, Stoffwechselstörungen und Hautkrankheiten.

HEILERDE
Schlammpackungen, Moorbäder oder Fango werden vom Fachhandel in verschiedenen Zubereitungen angeboten. Bei der Anwendung sollte die Gebrauchsanweisung des Herstellers befolgt werden. Die Behandlung kann kalt oder warm erfolgen und soll ca. ½ Stunde andauern. Ihre entgiftende Wirkung kommt Ihnen auch bei Frühjahrskuren zugute.

HEILERDEWICKEL
2 Handvoll Heilerde mit kaltem Wasser anrühren, auf ein dünnes Tuch auftragen und dieses einschlagen. Diese Packung auf den Unterbauch legen, mit einem Tuch abdecken und 1 Stunde einwirken lassen. Dünndarmentzündungen, soweit sie akut durch Ernährungsfehler oder leichte Infektion entstanden sind, werden so gelindert. Lang andauernder

Äußere Anwendung

Durchfall ist auf jeden Fall vom Arzt oder Heilpraktiker abzuklären. Der Heilerdewickel wirkt auch heilend und entzündungshemmend, beispielsweise bei Hals- oder Mandelentzündung, und verschafft darüber hinaus Linderung bei Insektenstichen.

Heublumenbad

Das „Opium" der Naturheilkunde, wie Heublumen wegen ihrer entspannenden und schmerzlindernden Wirkung genannt werden, eignet sich als Badezusatz bei den verschiedensten Beschwerden. Es gibt 2 erfolgreiche Methoden, um ein wirksames Heublumenbad herzustellen. Bei der 1. Variante – meist gegen allgemeine Anspannung oder Grippe angewendet – gibt man 500 g Heublumen in 3 l kochendes Wasser und lässt alles ca. 10 Minuten leicht weiterköcheln. Der Absud wird nach dem Abseihen in das Badewasser geschüttet. Die 2., kräftigere Variante hilft auch gegen Hautkrankheiten oder Nervenleiden, bei Rheuma, Gicht, Hexenschuss und Ischias. Bei diesem Kräuterbad werden 2 kg Heublumen mit einigen Litern kochendem Wasser überbrüht, sie müssen mindestens 15 Minuten ziehen und werden dann abgeseiht und dem Badewasser zugegeben.

Das Heublumenbad kann auch als Fußbad bei Fußschweiß und als Dampfbad bei Erkältungen angewendet werden. Die Anwendung von Heublumen, insbesondere das Heublumenbad, ruft eine starke Erwärmung des Körpers hervor. Im Zweifelsfall wird empfohlen, den Arzt zurate zu ziehen, denn es gibt Erkrankungen, deren Verlauf durch intensive Wärme ungünstig beeinflusst wird. Jedenfalls sollte man sich nach einem Heublumenbad bei wohliger Bettwärme und evtl. leiser Musik entspannen. Achtung: Bei evtl. vorhandenen Allergien nicht anwenden.

Äußere Anwendung

Hirtentäschelkraut

Zerquetschtes und aufgelegtes Hirtentäschelkraut stillt blutende Wunden.
Suchen Sie bei größeren Wunden jedoch trotzdem einen Arzt oder Heilpraktiker auf!

Honig

Honig mit Zitrone

Den Saft von 1 Zitrone mit 1 TL Honig vermengen. Bei Mundfäule (vom Arzt oder Heilpraktiker jedoch grundsätzlich abklären lassen) 3–4-mal am Tag mit 1 TL davon den Mund ausspülen.

Äußere Anwendung

HONIGEINREIBUNG

Honig unterstützt als Salbe den Heilungsprozess von Wunden aller Art, von Eiterungen, Entzündungen, Geschwüren und Hautleiden (Pilzen, Ekzemen, Flechten usw.). Bitte nicht auf akute, offene Wunden auftragen!

HONIGMASKE

1 EL Honig mit 1 EL Quark oder Sahne verrühren. Diese Mischung auf das gereinigte Gesicht auftragen und ½ Stunde einwirken lassen. Anschließend warm abwaschen und zum Schluss die Haut durch kaltes Wasser anregen und beleben. Vor Anwendung der Maske das Gesicht am besten mithilfe einem Dampfbad reinigen, dem evtl. ein Kräuterzusatz (z. B. aus Kamille, s. S. 317) beigegeben wurde.

Huflattich

HUFLATTICHBLÄTTER

Gequetschte frische Blätter auf offene (keine akuten) Wunden, Geschwüre, entzündete und geschwollene Drüsen legen. Als Badezusatz bei Hautkrankheiten, bei geschwollenen Füßen und bei Fußschweiß hat sich Huflattich bewährt.

HUFLATTICHSPÜLUNG

2 EL Huflattichblätter mit 1 Tasse kochendem Wasser übergießen und nach 10 Minuten Ziehenlassen abseihen. Mit diesem starken Aufguss bei allen Katarrhen des Mund- und Rachenraums und bei Halsschmerzen gurgeln.

Äußere Anwendung

HUFLATTICHWICKEL
Zur äußeren Anwendung, z. B. bei Krampfadern, frische Huflattichblätter, die vorher mit einem Nudelholz oder einer runden Flasche ausgewalkt wurden, in mehreren Lagen auf die befallene Stelle legen, abdecken und mehrere Stunden einwirken lassen.

Johanniskrautöl

Zur Selbstherstellung werden zweierlei Methoden empfohlen: Entweder 250–300 g Johanniskrautblüten mit ½ l gutem Speiseöl (Erdnussöl, Sonnenblumenöl, Olivenöl) in einem hellen Glas ansetzen und es verschlossen 3–4 Wochen an die Sonne stellen, bis sich das Öl leuchtend rot färbt. Dabei das Glas mehrere Male schütteln.
Oder, als alternative Methode, 250 g Johanniskrautblüten in ½ l gutem Speiseöl langsam und nicht zu stark erhitzen (das Öl darf nicht rauchen). Diesen Vorgang nach jeweils 2 Stunden Abkühlenlassen 1–2-mal wiederholen. Anschließend das Öl abfiltern. Äußerlich als Einreibung angewandt ist Johanniskraut ein gutes Brand- und Wundheilmittel, es hilft weiterhin bei Nervenschmerzen, Rheuma, Gicht, Hexenschuss und Muskelkater. Wichtig ist, dass starker Sonneneinfluss auf den Kranken während der Behandlung mit Johanniskraut unterbleiben soll (oder auch Solariumbesuche), da die in ihm enthaltenen Stoffe, insbesondere das Hypericin, Hautreizungen auslösen können. Bei äußerlicher Anwendung kann die Wirkung durch Beimischung anderer (ätherischer) Öle noch verstärkt werden, wie z. B. bei der Rezeptur zum Gelenköl angegeben. Bei bettnässenden Kindern vor dem Schlafengehen die Oberschenkelinnenseiten mit Johanniskrautöl (ohne Zusätze) leicht einreiben; zusätzlich eine Tasse Johanniskrauttee langsam und schluckweise trinken lassen, jedoch nicht unmittel-

Äußere Anwendung

bar vor dem Schlafengehen. Innerlich angewendet wirkt das Öl wie der Tee. Es hat aber den Vorteil, dass es – ist es erst einmal zubereitet – jederzeit sofort zur Verfügung steht. Mehrmals pro Tag 1 TL Rotöl – das Öl kann auch auf Zucker (10 Tropfen) gegeben werden – zur Nervenstärkung und psychischen Aufhellung, aber auch zur Entspannung von Magen- und Gallenblase einnehmen.

Kalmusspülung

Der Tee oder die Tinktur werden v. a. bei entzündlichen Vorgängen im Mund- und Rachenraum eingesetzt. Kalmusbäder wirken allgemein beruhigend, blutdruckstärkend und wirken sich auch positiv auf schlecht heilende Wunden aus. In kleine Säckchen eingenähte Kalmuswurzelstücke gibt man Kleinkindern bei Zahnungsbeschwerden zum Kauen.

Kalte Umschläge

Ein Tuch mehrmals zusammenfalten, in kaltes Wasser tauchen und gut ausgewrungen auflegen. Dem Wasser kann ein Schuss Essig beigegeben werden. Das Tuch sollte gut anliegen. Ein 2., trockenes Tuch darüberlegen bzw. -wickeln. Anwendung z. B. als Wadenwickel, um das Fieber zu senken. Zu beachten ist, dass die Füße dabei jedoch nicht kalt werden dürfen; auch ein zu frühes Anwenden der Wadenwickel stört evtl. das Fieber, das als Heilreaktion des Körpers ja bis zu einem gewissen Grad erwünscht ist. Den Wickel erneuern, sobald er warm geworden ist. Grundsätzlich nur so lange anwenden, wie dies dem Patienten angenehm ist!

Äußere Anwendung

Kamille

KAMILLENBLÜTENÖL

20 g Kamillenblüten in ¼ l heißes, gutes Speiseöl geben und 24 Stunden darin ziehen lassen. Anschließend die Blüten abseihen. Bei Ohrenschmerzen einen Wattebausch in Kamillenöl tränken, in das Ohr einbringen und mehrmals erneuern. Länger anhaltende Ohrenschmerzen vom Arzt oder Heilpraktiker abklären lassen.
Kamillenblütenöl kann auch als Einreibeöl angewendet werden. Es ist z. B. bei Hexenschuss ein wirksames Mittel und eignet sich zur entspannenden Massage.

KAMILLENAUFGUSS

Bei Hals-, Rachen- und Mandelentzündungen nimmt man einen Kamillentee, der länger gezogen hat, zum Gurgeln (oft ist einfaches Spülen besser, da Gurgeln die entzündete Gegend noch mehr reizt). Zum Inhalieren bei Erkältungskrankheiten nimmt man einige Handvoll Kamillenblüten und brüht sie mit kochendem Wasser in einem Topf auf. Vorsicht bei Asthmatikern! Bei Augenentzündungen sollte man besser Augentrost (s. S. 353) verwenden.
Das heutzutage im Handel erhältliche homöopathische Präparat Chamomilla D 2 eignet sich gut bei Zahnungsbeschwerden von Kleinkindern (3–5 Tropfen mehrmals täglich geben). Die sogenannte Römische Kamille hat ähnliche Wirkungen und Anwendungsgebiete.

KAMILLENFINGERBAD

1–2 TL Kamillenblüten mit 1 Tasse kochendem Wasser übergießen und 10 Minuten zugedeckt ziehen lassen. Nach dem Abkühlen die Finger bei Hautentzündungen oder Nagelbettentzündungen mehrere Minuten lang in dem Abguss baden. Mit jeweils frischem Abguss diese Anwendung mehrmals pro Tag wiederholen. Evtl. anschließend Auflagen aus Bockshornklee (s. S. 361) oder Heilerde (s. S. 311) machen.

Äußere Anwendung

KAMILLENKOMPRESSEN
In Kamillentee getränkte Kompressen eignen sich gut zum Auflegen auf entzündete Hautpartien. Handelt es sich bereits um schlecht heilende Wunden, eignen sich Kamillenblüten in Mullsäckchen als Kompressen aufgelegt besser.

Kampfer

KAMPFERPFROPF
Ein passendes Stückchen Kampfer dünn mit Watte umhüllen und bei Ohrenschmerzen vorsichtig für einige Zeit in den äußeren Gehörgang einlegen.

KAMPFERSALBE
Bei Nagelbettentzündungen wird Kampfersalbe auf etwas Verbandmull gegeben und auf die betroffene Stelle gelegt. Kampfersalbe eignet sich auch zur Massage von verspannter Muskulatur oder schmerzenden Gelenken.

Kapuzinerkresseabkochung

1–2 TL Kapuzinerkresse pro Tasse in kaltem Wasser ansetzen und aufkochen, anschließend ¼ Stunde köcheln lassen und abseihen. Bei Haarausfall den Kopf 1–2-mal am Tag damit einreiben und eintrocknen lassen.

Äußere Anwendung

Kartoffel

KARTOFFELAUFLAGE
Einige rohe Kartoffeln reiben und mit etwas gutem Öl vermischen. Frostbeulen fingerdick damit abdecken, Verbandmull darüberlegen und für ca. ½ Stunde einwirken lassen. Anschließend erneuern. Bei kleineren frischen Verbrennungen einfach die frisch geriebene Kartoffel (ohne Öl) auflegen, abdecken und längere Zeit einwirken lassen.

KARTOFFELSTRUMPF
In einen dünnen Wollstrumpf 2–3 ungeschälte, weich gekochte, heiße Kartoffeln geben, den Strumpf zubinden und die Kartoffeln im Strumpf zerquetschen. Bei Halsweh den Kartoffelstrumpf noch möglichst warm um den Hals legen, bei Husten und Bronchitis auf die Brust, mit einem Tuch abdecken und den Strumpf bis zum Abkühlen dort belassen. Anschließend die behandelte Stelle weiter warm halten.

KARTOFFELWASSERBAD
Das Wasser, in dem man Kartoffeln kocht, ist zum Wegschütten viel zu schade. Es eignet sich hervorragend zum Baden entzündeter Körperteile, z. B. der Zehen oder Finger. Man bleibt etwa 10 Minuten darin und verstärkt die heilende Wirkung der Kartoffel durch anschließendes Auftragen von Kampfersalbe (s. S. 318).

Kastanienblüteneinreibung

Eine 2-l-Flasche zur Hälfte mit frischen, geschnittenen Kastanienblüten füllen und die Flasche mit 45%igem Alkohol auffüllen. Die Flasche 2–3 Wochen lang an der Sonne stehen las-

Äußere Anwendung

sen und öfter schütteln. Anschließend abseihen. Als Einreibung für rheumatische Gelenke geeignet.

Kleiebad

Weizenkleie als Badezusatz (½–1 kg auf ein Vollbad) wirkt günstig bei Hautleiden aller Art. Als warme Auflage mit Honig vermischt, weicht sie Mitesser auf, die man dann leicht ausdrücken kann. Kleie als Badezusatz gibt es in konzentrierter und leicht lösbarer Form im Fachhandel.

Klettensalbe

Die Behandlung mit Klettensalbe (im Fachhandel erhältlich) ist besonders bei Verbrennungen empfehlenswert (nicht im akuten Zustand).
Der Absud von Klettenwurzel soll hilfreich sein bei Haarkrankheiten. Klettenwurzelöl hilft beispielsweise besonders bei trockenen Schuppen und sprödem Haar.

Knoblauch

KNOBLAUCHAUFLAGE
Als Auflage bei Entzündungen und Geschwüren eignet sich eine aus Knoblauchzehen mit der Knoblauchpresse hergestellte Paste. Der Knoblauch fördert das Öffnen und Abheilen. Bei schlecht heilenden Wunden oder Geschwüren sollte allerdings immer der Arzt zurate gezogen werden.

Äußere Anwendung

Knoblaucheinreibung

Schnelle Linderung bei Insektenstichen bringt die Einreibung mit einer frisch gepressten Knoblauchzehe. Auch Warzen können damit behandelt werden, indem man sie täglich mit frischem Knoblauch einreibt oder mit Knoblauchsaft beträufelt und diesen eintrocknen lässt.

Knoblauch-Ohrauflage

Bei Ohrenschmerzen Folgendes probieren: Zur Schmerzlinderung eine kleine frische Knoblauchzehe dünn mit Watte umwickeln und diesen Pfropf vorsichtig in den äußeren Gehörgang einbringen. Wenn Wärme gut vertragen wird, legt man sich als zusätzliche Maßnahme mit dem Ohr noch auf ein Wolltuch oder auf eine Wärmflasche.

Kohlblätterauflagen

Von einigen großen, dunklen Kohlblättern (Weiß-, Rot- oder Grünkohl) nach dem Waschen den Strunk und die harten Rippen entfernen, und die Blätter mit einem Nudelholz oder einer runden Flasche mürbe walken. Die weich gewalkten Blätter in mehreren Lagen auf den Unterleib legen und dort abgedeckt 1–2 Stunden liegen lassen; sie beeinflussen Blasenentzündungen und Harnverhalten (dennoch vom Arzt oder Heilpraktiker abklären lassen). Ebenso wirksam ist diese Anwendung bei Ohrenschmerzen, Nervenschmerzen und Rheuma sowie bei schlecht heilenden Brandwunden und Prostatabeschwerden (die Blätter auf den Unterleib auflegen). Bei Bauch- und Brustbeschwerden sind sie eine gute zusätzliche Anwendung, ebenso bei entzündeten Gelenken, wo man die Blätter um diese herumwickelt. Bei Mandelentzündung die Anwendung am Hals vornehmen, bei Krampfadern diese mit mehreren Lagen Kohlblätter bedecken.

Äußere Anwendung

Kosmetische Heilerdemaske

Sie ist ein beliebtes und wirkungsvolles Mittel in der kosmetischen Anwendung bei unreiner Haut, Akne, Pickeln, Ekzemen oder Flechten. Hilfreich ist sie auch bei Krampfadern. Dazu ist die Heilerde mit Wasser oder Stiefmütterchentee (s. S. 285 f.) zu einem dicken Brei zu verrühren und auf das Gesicht aufzutragen. Die Augen dabei frei lassen. Nach dem Eintrocknen abreiben, das Gesicht (evtl. mit dem restlichen Stiefmütterchentee) abwaschen und nach Belieben mit Rosenwasser einreiben.

Kräuter

KRÄUTERAUFLAGE

Getrocknete Beinwellblätter, Kamillenblüten, Schafgarben und Pfefferminzblätter in ein Säckchen (z. B. einen Waschhandschuh) geben und dieses verschlossen 2–3 Minuten in kochendes Wasser tauchen. Anschließend das Säckchen ausdrücken und so warm wie möglich und wie es vertragen wird auf die schmerzenden Glieder oder Gelenke (z. B. bei Rheuma

Äußere Anwendung

und Gicht) auflegen und dies nach Abkühlen des Säckchens mehrfach wiederholen.

Kräuterkissen

Eine originelle und wirksame Art, den Duft und die Heilkraft von Heilpflanzen zu genießen, ermöglicht das Kräuterkissen. Man füllt einfach in einen kleinen Beutel aus grobem Leinen oder auch in einen kleinen, luftdurchlässigen Kissenbezug – ersatzweise auch einen Waschlappen – die Kräuter seiner Wahl. Dies sollten am besten stark duftende, frische Kräuter wie Lavendel, Thymian, Quendel (wilder Thymian), Johanniskraut, Melisse, Rosenblüten, Rosmarin, Majoran, Dost oder Pfefferminze sein, geeignet sind auch Kalmus, Anis, Nelken, duftende Rosenblätter usw. (jeweils zu gleichen Teilen). Überlassen Sie die Duftzusammenstellung ganz Ihrer Fantasie oder verwenden Sie speziell die Kräuter, auf deren Wirkung (z. B. bei Husten, Schnupfen, Nervosität, Schlaflosigkeit) es Ihnen ankommt. Wenn man Kräuterkissen in den Schrank hängt, zwischen die Wäsche oder abends unter das Kopfkissen legt, überträgt sich der Duft auf die Kleidung. Anstelle von übel riechendem und giftigem Mottenpulver kann man auch in Kräuterkissen eine oder mehrere der folgenden Pflanzen verwenden: Rainfarn (ist nicht als Kräutertee geeignet, da giftig!), Waldmeister, Rosmarin, Kampferlorbeer oder Raute.

Kräuterölbad

Am besten reine (ätherische) Kräuteröle dem Badewasser zugeben (jeweils 20–50 Tropfen). Dazu eignen sich die Öle von Melisse, Wacholder, Eukalyptus, Pfefferminze, Kamille, Tiroler Latschenkiefer, Rosmarin, Lavendel usw. – je nachdem, ob das Bad zur Entspannung (Lavendel, Melisse), zur Belebung (z. B. Rosmarin) oder gegen Gelenkschmerzen und Gichtbeschwerden (z. B. Fichtennadel) gedacht ist. Die Ölbäder sind ausführlicher bei den einzelnen Kräuterbädern aufgeführt, oder es wird dort auf die entsprechenden Einträge zu den jeweiligen Kräutern verwiesen. Beachten Sie bitte, dass manche

Äußere Anwendung

Kräuteröle reizend auf die Augen wirken können. Außerdem sollten Allergiker mit Ölbädern vorsichtig sein. Keine Anwendung eines Kräuterölbades bei Säuglingen oder kleinen Kindern!

Lavendelbad

2 Handvoll Lavendelblüten mit 2 l kochendem Wasser übergießen. Nach 10 Minuten Ziehenlassen abseihen und den Abguss in ein vorbereitetes Vollbad geben. Dieses Bad beruhigt hervorragend die Nerven und erfrischt gleichzeitig (dem Badewasser können ersatzweise auch einige Tropfen ätherisches Lavendelöl zugegeben werden).
Bei vegetativer Dystonie, Überreiztheit oder „schwachen Nerven" kann das Bad auch noch mit Rosmarin und Melisse ergänzt werden. Die Mischung wirkt beruhigend und entspannend. Darüber hinaus eignet sich Lavendel vorzüglich als Badezusatz bei schlecht heilenden Wunden.

Lehm-Essig-Wickel

Pulverisierten Lehm (in der Apotheke oder im Fachhandel erhältlich) unter Zugabe von Weinessig zu einer dicken Paste verrühren; ein dünnes Tuch fingerdick damit bestreichen und als Wickel um den Hals legen. Das Ganze mit einem 2. Tuch umwickeln und so lange einwirken lassen, bis der Brei vollständig eingetrocknet ist. Diese Anwendung lohnt sich v. a. bei beginnender Erkältung und Halsentzündung, die sich dann oftmals ganz zurückbildet. Statt Lehm kann man auch Heilerde nehmen.

Äußere Anwendung

Leinsamen

LEINSAMENAUFLAGEN
Gemahlenen Leinsamen mit Wasser zu einem dicken Brei einkochen, auf einen dünnen Stoff geben und zu einem Päckchen zusammenlegen. Dieses Päckchen noch warm auf die zu behandelnde Stelle legen, sei es ein Furunkel, ein Abszess, eine hartnäckige Wunde oder Entzündung, die abheilen soll. Bei Rheuma kann Leinsamen lindernd wirken. Mit einem 2. Tuch abdecken und nach Abkühlung die Auflage erneuern. Leinsamenauflagen helfen auch bei Entzündungen oder Verhärtungen der weiblichen Brust (diese sollten Sie vom Frauenarzt abklären lassen).

Lindenblütenbad

Etwa 150 g Lindenblüten mit etwa 2 l kochendem Wasser übergießen, ½ Stunde ziehen lassen und den Abguss dem Badewasser beigeben. Dieses Bad wirkt entspannend und ist deshalb speziell vor dem Schlafengehen zu empfehlen. Die Badezeit beträgt 10–15 Minuten. Der Lindenblütenaufguss kann auch als Brei für Umschläge verwendet werden.

Malvenaufguss

Die Abkochung von 6–10 EL des Krauts auf 1 l Wasser wird nach dem Abkühlen auf eine erträgliche Temperatur zum Baden oder Betupfen von eitrigen, schlecht heilenden Wunden, Geschwüren und bei Hautunreinheiten verwendet.

Äußere Anwendung

Auch die Auflage frisch gequetschter Blätter und Stängel der Malve kommt in Betracht, speziell bei Ekzemen, Hautirritationen, Furunkeln und Geschwüren.

Meerrettich

MEERRETTICHAUFLAGE

Frisch geriebenen Meerrettich auf einen Leinenlappen auftragen und als dünnen und kalten Breiumschlag verwenden. Er verschafft Linderung bei Kopf-, Zahn- oder Nervenschmerzen (Neuralgien, Ischias) oder Magenkrämpfen.
Auch bei rheumatischen Gelenken auf die betroffenen Stellen auflegen. Aber immer nur so lange wirken lassen, bis das Brennen der Haut zu spüren ist und diese sich leicht rötet. Dann den Umschlag sofort entfernen.

MEERRETTICHESSIG

Frisch geriebenen Meerrettich in eine Flasche geben und mit gutem Essig auffüllen. Unter mehrmaligem Schütteln 14 Tage lang ziehen lassen. Danach abseihen und mit dem Essig bei Kopf-, Zahn-, Nervenschmerzen und rheumatischen Beschwerden die betroffenen Stellen täglich mehrmals einreiben.

Äußere Anwendung

Melisse

MELISSENBLÄTTERTEE
Die Großmütter schätzten an der Melisse v. a. deren wohltuende Wirkung auf die Haut. Ein selbst angesetzter Tee kann daher selbstverständlich auch als kosmetisches Mittel zu Gesichtswaschungen verwendet werden. Man kann heutzutage einfacherweise zu diesem Zweck auch Melissengeist, Melissenwasser oder auch Karmelitergeist in Apotheken kaufen.

MELISSENBLÄTTERUMSCHLÄGE
Die frisch zerquetschten Blätter der Zitronenmelisse als Auflage bei Blutergüssen, Geschwüren, schlecht heilenden Wunden, Insektenstichen und Milchknoten der Brust in mehreren Lagen aufbringen, abdecken und einige Zeit einwirken lassen. Zwischendurch mehrmals erneuern. Hervorzuheben ist v. a. die schmerzlindernde und kühlende Wirkung der Melisse.

MELISSENVOLLBAD
3–4 Handvoll Zitronenmelisse in 1–2 l kaltem Wasser ansetzen, zum Kochen bringen und 5–10 Minuten leicht köcheln lassen. Abseihen und den Absud in ein vorbereitetes Vollbad geben. Nach 10–15 Minuten Badezeit sollte man sofort das Bett aufsuchen, denn so ist der Schlaf fast sicher.

Minzefußbad

20–30 g getrocknete Minzeblätter mit 1 l kochendem Wasser überbrühen und 10 Minuten zugedeckt ziehen lassen. Dann abseihen und in das vorbereitete Fußbad geben, in dem man 10–15 Minuten verweilt. Zu empfehlen bei müden, aufgeschwollenen Füßen am Abend.

Äußere Anwendung

Nelkenöl

Zur Vermeidung von Insektenstichen die unbedeckten Körperteile mit ätherischem Nelkenöl (10%ig) oder auch Zitronenöl einreiben. Die Öle sind in der Apotheke erhältlich. Vorsicht vor einer Überdosierung: Nelkenöl ist stark hautreizend. Stechmücken werden ferngehalten, wenn man wenige Tropfen auf ein Tuch gibt und dieses im Raum am offenen Fenster oder im Zelt aufhängt. Bei Zahnschmerzen können auch 1–2 Tropfen Nelkenöl (nicht mehr!) in das Zahnfleisch des betroffenen Zahnes eingerieben werden. Nicht anwenden während der Schwangerschaft, in der Stillzeit und bei Kindern unter 12 Jahren!

Nussbaumsud

Die Abkochung der getrockneten und zerkleinerten Blätter (30–60 g auf 1 l Wasser) wird für Umschläge und Bäder bei Hautausschlägen, schlecht heilenden Wunden und zum Färben von Haut und Haaren (insbesondere die grüne Schale von Walnüssen) verwendet. Nussbaum hilft auch bei Fußschweiß.

Ölanwendungen

ÖLHANDBAD
Strapazierte Hausfrauenhände sind dankbar für ein wöchentliches, pflegendes Ölbad. Für ¼ Stunde die Hände in eine Schüssel mit Speiseöl legen und 10 Minuten lang einwirken lassen (um weniger Öl zu verbrauchen, können die Hände auch mit dem Öl eingerieben werden).

Äußere Anwendung

ÖLUMSCHLAG
Ein möglichst heißer, um den Hals gelegter Ölumschlag hat eine gute ausleitende Wirkung bei Halsentzündungen. Dazu eine entsprechende Menge Speiseöl langsam erhitzen, ohne dass es zum Qualmen kommt; anschließend ein mehrfach zusammengelegtes Tuch in das Öl tauchen und gut auswinden. Das ölgetränkte Tuch noch möglichst warm um den Hals legen, mit einem 2. Tuch abdecken und einige Zeit einwirken lassen. Nicht anwenden bei Verbrennungen oder offenen Wunden! Besonders bei Kindern sollte die Wärmeverträglichkeit des Wickels erst am eigenen Unterarm geprüft werden.

Petersilie

PETERSILIENAUFLAGE
Blätter und Früchte der Pflanze zerdrückt auf verhärtete Drüsen auflegen. Führt zur raschen Heilung. Zerquetschte Blätter auflegen, mit Mull abdecken und umwickeln. Vorsicht: Evtl. vom Heilpraktiker oder Arzt abklären lassen.
Den Petersiliensaft frisch gepresst bei Insektenstichen als Umschlag anwenden.

PETERSILIENOHRPFLASTER
Bei Ohrenschmerzen eine Handvoll frische Petersilie mit dem Wiegemesser fein zerhacken und in ein Mullläppchen einwickeln. Auf das Ohr auflegen.

Äußere Anwendung

Petroleumverband

Zur Entfernung von Splittern und sonstigen kleinen Fremdkörpern aus der Haut eine in Petroleum getränkte Kompresse auf die betroffene Stelle legen, die man vorher mit einem gängigen Desinfektionsmittel gut desinfiziert hat. Mit einem Verband umwickeln. Evtl. mehrmals wiederholen, bis der Fremdkörper erscheint.

Pfefferminzöl

Pfefferminzöl dient zur Einreibung bei Nervenschmerzen, Ischias, Migräne und rheumatischen Beschwerden. Evtl. als Bestandteil des Gelenköls (s. S. 307). Die Pfefferminze kann aber auch einem Dampfbad bei Bronchialkatarrh, Schnupfen oder Kopfschmerzen zugesetzt werden. Nicht anwenden bei Säuglingen und kleinen Kindern!

Quark

QUARKAUFLAGE

100 g Magerquark mit etwas essigsaurer Tonerde zu einer streichfähigen Paste vermengen und auf eine Kompresse oder direkt auf die zu behandelnde Stelle fingerdick auftragen; das Ganze mit einem feuchten Tuch abdecken und mit einem 2. Tuch befestigen. Dies hilft bei Entzündungen aller Art, aber auch bei Unterschenkelbeschwerden. Allgemein wirkt die Quarkauflage schmerzlindernd. Nach Eintrocknen des Quarks das Ganze erneuern.

Äußere Anwendung

Quarkumschlag
Ein Breiumschlag mit angewärmtem Quark hilft bei Bronchitis, Krampf- und Reizhusten. Der Umschlag sollte auf Brust und Rücken angewendet werden; er wird erst abgenommen, wenn der Quark eingetrocknet ist.

Rheumabad

Birkenblätter, Farnkraut, Arnika, Thymian, Wacholderspitzen, Heublumen und Brennnesseln zu gleichen Teilen mischen und 250 g dieser Mischung in 2 l Wasser ½ Stunde kochen lassen. Anschließend abseihen und den Absud dem vorbereiteten Badewasser beimischen. Ein solches Bad 2-mal pro Woche nehmen und die Badedauer in 5-Minuten-Schritten langsam von 15 auf 30 Minuten steigern. Anschließend die rheumatischen Stellen einreiben, z. B. mit Beinwellschmalz, Kastanienblüteneinreibung oder Wallwurzsalbe.

Ringelblume

Gedämpfte Ringelblume
Um den Heilungsprozess von schlecht heilenden Wunden zu beschleunigen, in etwas Speiseöl (Erdnuss- oder Olivenöl) gedämpfte Ringelblumen noch warm auflegen, entsprechend abdecken (z. B. mit einem Baumwolltuch) und verbinden.

Äußere Anwendung

Ringelblumenkompressen
1 TL Ringelblumenblüten pro Tasse in kaltem Wasser ansetzen, zum Kochen bringen und ca. ½ Stunde abgedeckt leicht köcheln lassen. Nach dem Abseihen die Kompressen in dem Absud tränken, die auf Entzündungen, Frostbeulen, offene Beine und wund gelegene Hautstellen (Dekubitus) aufgelegt werden. Mehrmals erneuern. Mit diesem Aufguss reinigte man früher Verletzungen.

Ringelblumensalbe
Diese universell verwendbare, alterprobte Heilsalbe wirkt bei Verletzungen, schlecht heilenden Wunden und offenen Beinen bzw. Geschwüren, aber auch bei Prellungen, Quetschungen oder Blutergüssen. Auch bei Hautkrankheiten und Warzen sowie bei trockenen, rissigen, geröteten Händen kommt sie zur Anwendung.
Es gibt sie als Fertigprodukt in der Apotheke oder im Reformhaus (i. d. R. unter der Bezeichnung Calendula-Salbe) oder man stellt sie selbst her: 200 g (im Wasserbad) geschmolzenem Erdnussfett 1 Handvoll fein geschnittene Ringelblumen (Blüten und Kraut) untermengen und ca. ½ Stunde lang bei kleiner Flamme köcheln lassen, ohne dass das Fett zum Qualmen kommt. Anschließend durch feine Gaze oder ein feines Sieb abseihen, abfüllen und erkalten lassen. Für die genannten Zwecke verwendet man die Ringelblume auch als Tinktur und Ölauszug.

Rizinusöl

Das Wachstum der Wimpern kann gefördert werden, wenn man diese vor dem Einschlafen leicht mit Rizinusöl einreibt. Darüber hinaus wird Rizinusöl zur äußerlichen Behandlung von Altersflecken, Narben und Schuppen angewendet.

Äußere Anwendung

Rosenblätteraufguss

Frisch gepflückte, ungespritzte Blütenblätter der Rose (etwa 1 EL pro Tasse) mit kochendem Wasser übergießen und 5–10 Minuten lang zugedeckt ziehen lassen. Nach dem Abseihen die Kompressen darin tränken, die dann für einige Zeit auf die Augen gelegt werden. Dies ist in Fällen leichter Augenentzündung, aber auch zur Belebung der Augen und der sie umgebenden Haut zu empfehlen.

Salatmaske

4–5 große Kopfsalatblätter gut waschen, in ¼ l Magermilch kurz aufkochen lassen. Bei Akne die Gesichtshaut mit den etwas abgekühlten Blättern abdecken. Die Salatblätter 15–30 Minuten einwirken lassen, anschließend das Gesicht gut abwaschen.

Salbei

SALBEIABKOCHUNG
Als Gurgelwasser ist Salbei hilfreich bei Problemen im Mund- und Rachenbereich. Dazu 1 TL frische Salbeiblätter pro Tasse mit kaltem Wasser ansetzen und 3–5 Minuten kochen lassen. Anschließend 10 Minuten zugedeckt ziehen lassen.

SALBEIBLÄTTER
Gekaute Salbeiblätter wirken gegen Mundgeruch und Zahnfleischentzündungen; durch regelmäßiges Abreiben der

Äußere Anwendung

Zähne mit Salbeiblättern kann man Nikotin- und Teeflecken schonend und wirksam entfernen. Nicht anwenden während der Schwangerschaft, in der Stillzeit sowie bei Säuglingen und Kleinkindern!
Frisch geriebene Salbeiblätter auf Insektenstiche und auf schlecht heilende Wunden auflegen. Das lindert wohltuend den Schmerz und den Juckreiz.

Salz

SALZFUSSBAD
In ein heißes Fußbad 1 Handvoll Speisesalz geben; in dieser Lösung zur allgemeinen Entspannung für 5–10 Minuten Wasser treten, um die Füße nach einem langen Tag zu erfrischen. Vorsicht: Kein heißes Fußbad bei Krampfadern oder sonstigen Venenleiden machen! Anschließend das Salzwasser gut abspülen.

SALZHEMD
125 g Kochsalz in 5 l Wasser auflösen. In diese Lösung ein Unterhemd tauchen, dieses gut ausgewrungen anziehen, sich in

Äußere Anwendung

eine Wolldecke wickeln und ins warme Bett legen. Diese Anwendung eignet sich zur Behandlung von allen Krankheiten mit Ausschlag. So wird das „Herauskommen" des Ausschlages (was unbedingt erreicht werden sollte) gefördert. Außerdem ist sie eine gute Umstimmungstherapie bei kränkelnden Kindern. Das Salzhemd wird kalt oder warm angewendet und soll 1 bis maximal 2 Stunden einwirken. Es kann auch in getrockneter Form angewendet werden, indem das Hemd in eine fast gesättigte Salzlösung getaucht, auf der Heizung getrocknet und anschließend angezogen wird.

SALZWASSERKOMPRESSEN

1 Handvoll Salz in 2 l Wasser auflösen. Ein Tuch darin tränken und auf die zu behandelnde Stelle auflegen, nachdem das Tuch gut ausgewrungen wurde. Diese Kompresse eignet sich bei leichteren Verbrennungen (nicht im akuten Zustand anwenden) oder (angewärmt) als Bauchauflage bei Verstopfung.

SALZWICKEL

Ein mehrmals gefaltetes Tuch von geeigneter Größe in Salzwasser tränken (1 Handvoll Salz auf 1–2 l Wasser), gut auswringen, um den Hals oder auf die Brust legen und mit einem zweiten Tuch bedecken bzw. umwickeln. Dies ist hilfreich bei Halsschmerzen bzw. Bronchialkatarrh, aber auch, auf das entsprechende Gelenk aufgelegt, bei Gelenkergüssen („Wasser im Gelenk").

Sauerrahmkompresse

Bei müden oder entzündeten Augen 2 Tupfer oder Wattebäusche dick mit saurer Sahne bestreichen, auf die geschlossenen Augen aufbringen und 5–10 Minuten einwirken lassen. Anschließend vor dem Augenöffnen gut abwaschen; müde oder überanstrengte Augen werden angenehm erfrischt.

Äußere Anwendung

Schafgarbenauflage

1–2 Handvoll Schafgarbenkraut mit 1 l kochendem Wasser übergießen. Nach 10 Minuten zugedecktem Ziehen abseihen; ein zusammengefaltetes Tuch eintauchen, auswringen und bei Gallenkolik (vom Arzt oder Heilpraktiker abklären lassen) noch möglichst warm auf den vorderen rechten Rippenbogen legen. Das Ganze mehrmals erneuern.

Schlämmkreide

Sind die Zähne vom Rauchen oder von schwarzem Tee braun geworden (das betrifft meist die Zahnrückseiten), werden sie mit der Zahnbürste und mit Schlämmkreide (in der Apotheke erhältlich) täglich gebürstet, um sie wieder aufzuhellen. Doch Achtung: Zu intensives Putzen mit Schlämmkreide kann zu starkem Abrieb am Zahnschmelz führen.

Schnaps

Ist bei Zahnschmerzen kein Zahnarzt erreichbar, können Sie zur Überbrückung einen kleinen Wattebausch mit Schnaps tränken und in das Zahnloch legen bzw. an den schmerzenden Zahn aufbringen. Mehrmals erneuern.

Äußere Anwendung

Schöllkraut

Schöllkraut ist mit dem giftigen Schlafmohn verwandt, sein Gebrauch sollte daher bei hoher Dosierung nur in Absprache mit dem Arzt erfolgen. Beim Pflücken dieser weitverbreiteten Pflanze tropft ein weißer Saft aus dem Stängel, den man sofort auf eine noch geschlossene Warze (nicht auf die umliegende Haut) gibt und ihn dort eintrocknen lässt. Großmutter ging noch davon aus, dass bei täglicher Anwendung die Warze in 1–2 Wochen verschwindet. Nicht vergessen: Schöllkraut ist giftig, daher nicht in offene Wunden (Warzen oder Geschwüre) geben und den weißen Saft nicht einnehmen.

Schwarzer Tee

Teebeutel eignen sich nach Abkühlung zur Augenauflage bei geschwollenen Lidern. Häufig geschwollene Lider sollten vom Arzt oder Heilpraktiker abgeklärt werden.

Äußere Anwendung

Schweineschmalz

Um blutende Warzen (bei diesen jedoch unbedingt den Arzt konsultieren!) zum Abfallen zu bringen, Schweineschmalz daraufschmieren und das Ganze mit einem Tuch abdecken. Auch Nagelgeschwüre an Fingern oder Zehen damit bestreichen und anschließend mit einem Tuch, das vorher in verdünntem Alkohol getränkt wurde, verbinden.

Schwitzpackung

Eine Schwitzpackung kann zur Behandlung von Erkältungskrankheiten angewendet werden. Sie ist stark kreislaufbelastend und daher nicht für Herz- und Kreislaufkranke geeignet. Wichtig ist, dass während der Behandlung keine starken Unwohlseinsgefühle auftreten.
Der Patient wird zunächst mit angelegten Armen in ein in heißes Wasser getauchtes und ausgewrungenes Biberbetttuch (auch ein normal dickes Betttuch genügt) gewickelt. Lediglich Hals und Kopf bleiben frei. Anschließend wickelt man noch 1 oder 2 Wolldecken fest um den Patienten, der schließlich noch mit weiteren Decken oder einem Federbett zugedeckt wird. Der Patient soll mindestens ½ Stunde, höchstens aber 1 Stunde stark schwitzen, hiernach gewaschen und sorgfältig abgetrocknet werden.Schwitzpackungen sind auch für Kinder, jedoch nicht für Kleinkinder unter 2 Jahren geeignet. Durch das Trinken von Lindenblüten-, Flieder- oder Holundertee wird das Schwitzen verstärkt.

Äußere Anwendung

Seife

SCHMIERSEIFENAUFLAGE
Ein mehrfach zusammengefaltetes Tuch in starker Schmierseifenlösung tränken und auswringen. Auf geschwollene Drüsen gelegt, kann es diese zum Abklingen bringen.

SCHMIERSEIFENEINREIBUNG
Bei Rheuma die befallenen Gliedmaßen mit reiner Schmierseife einreiben und die betroffenen Stellen mit einem Tuch umwickeln. Nach 1 Stunde abwaschen oder gleich warm baden. Diese Anwendungen sollten nicht häufiger als 1–2-mal pro Woche und nur an 1–2 Gliedmaßen gleichzeitig vorgenommen werden, um überschießende Reaktionen zu verhindern. Die Schmierseifeneinreibung wirkt auch gut bei beginnender Erkältung. Bei Kindern nur Teileinreibungen anwenden: am 1. Tag das linke Bein, am 2. Tag das rechte. Es folgen an jeweils einem Tag der linke Arm, der rechte Arm, Rücken und Brust. Am 7. Tag wird ein Vollbad genommen.

SEIFENWASSER
In 1 l Wasser Seife oder Seifenflocken auflösen. In dieser Lösung die Finger oder Zehen (z. B. bei Entzündungen) ca. 10 Minuten lang baden, abtrocknen und die Stellen mit einer Zugsalbe (nicht an der Schleimhaut anwenden) einreiben.

Senf

LEICHTER SENFMEHLUMSCHLAG
Ein lauwarm angefeuchtetes Tuch einseitig mit Senfmehl bestreuen und es mit dieser Seite auf Brust oder Rücken legen, wo es bis zu leichter Hautrötung verbleibt. Anschließend gut

Äußere Anwendung

abwaschen. Vorsicht: Das Senfmehl sollte nicht in die Augen kommen! Abwechselnd auf Brust oder Rücken nur 1-mal pro Tag anwenden. Dies ist besonders hilfreich bei beginnendem Husten, leichter Bronchitis und Fieber. Die Senfwickel oder Senfpflaster wirken aber nicht nur bei Entzündungen des Brustraums als krampflösendes und schmerzstillendes Mittel. Auch bei entzündungsbedingten Beschwerden der Gelenke, bei Ischias, Hexenschuss, Nervenschmerzen, rheumatischen Schmerzen und Gicht kamen und kommen sie zum Einsatz.

SENFSPIRITUS

Bei (rheumatischen) Muskelbeschwerden, Verstauchungen, Verrenkungen, Zerrungen, müden Beinen, aber auch bei Kopfweh und Nervenschmerzen hilft die Einreibung mit Senfspiritus (diesen kann man in der Apotheke bestellen).

SENFVOLLBAD

Auf den gesamten Organismus wirken Senfbäder. Hierzu benötigt man je nach Wassermenge (abhängig von der Größe der Badewanne) 150–300 g Senfmehl, das man zunächst in warmem Wasser aufrührt und ziehen lässt. Die Lösung sollte nicht zu dickflüssig sein. Nach 10 Minuten wird abgeseiht und die Flüssigkeit dem Badewasser beigefügt.
Für Teilbäder benötigt man entsprechend weniger Senfmehl. Senfbäder als Vollbad und auch als Sitzbad haben sehr gute Wirkung bei Blutandrang im Kopf, bei Kopfschmerzen sowie bei kalten Füßen und Beinen.
Herzkranke dürfen Senfbäder nicht anwenden!

SCHWERER SENFWICKEL

150–200 g frisch gemahlenes Senfmehl mit warmem Wasser zu einem dicken Brei verrühren und auf die Haut aufbringen. Mit einem feuchten Tuch abdecken und umwickeln. Vorsicht: Nicht auf Schleimhäute und empfindliche Hautpartien (z. B. Brustwarzen) auftragen! Den Wickel nicht länger als 5–10 Minuten einwirken lassen.

Äußere Anwendung

Nach einem anfänglichen schwachen Reizgefühl spürt man bald ein starkes Brennen auf der Haut, und es setzt eine leichte Hautrötung ein. Nun ist es Zeit, die Behandlung abzubrechen und die Hautpartie sorgfältig mit warmem Wasser abzuwaschen. Wirksame Hilfe leistet der Senfwickel z. B. als Brustwickel bei Lungenleiden (Entzündungen und Stauungen), hartnäckigem Husten, Erkältungen und Bronchialkatarrhen. Der Senfwickel ist für die Haut eine Belastung; ist die Krankheit noch nicht verschleppt, so ist dem leichteren Senfumschlag der Vorzug zu geben.

Sesamöl

Bei Stichen, Verletzungen, Prellungen usw. wirkt eine Einreibung der betroffenen Stellen mit Sesamöl schmerzlindernd.

Spitzwegerich

Spitzwegerich-Rosenwasser
1 Handvoll frisch gesammelter Spitzwegerichblätter in ¼ l Wasser kalt ansetzen und kurz zum Kochen bringen. Nach 10–15 Minuten Ziehenlassen abseihen. 2 Teile des erhaltenen Aufgusses mit 1 Teil Rosenwasser (aus der Apotheke) mischen. Diese Mischung ist als Gesichtswasser oder zum Tränken von Gesichtskompressen bei Akne oder unreiner und fettiger Haut gut geeignet.

Spitzwegerich, Breitwegerich
Die Blätter dieser beiden Pflanzen eignen sich hervorragend zur Behandlung von Insektenstichen und kleinen Verletzun-

Äußere Anwendung

gen. Dazu gewaschene und zerquetschte Blätter oder den frisch gepressten Saft der Blätter auf die Wunde bzw. den Stich legen oder diese mit den Blättern leicht einreiben, bzw. den Saft einziehen lassen. Zur Eröffnung und beschleunigten Abheilung von Abszessen und Furunkeln wie oben beschrieben verfahren oder einige Blätter in 1 Tasse Wasser kurz aufkochen, 10 Minuten ziehen lassen und Kompressen, die in dieser Abkochung getränkt werden, auf die betroffenen Stellen auflegen.

Splitter ziehen

Splitter in der Haut lassen sich leichter mit der Pinzette ziehen, wenn 2–3 Stunden lang Zwiebelscheiben aufgelegt werden (Verband darüber, mehrmals erneuern).

Stiefmütterchen (kosmetisch)

Etwa 50 g Stiefmütterchenkraut in 1 l Wasser kalt ansetzen und kurz zum Kochen bringen. Anschließend 5–10 Minuten ziehen lassen. Mit dem Absud können auch Kompressen getränkt und aufgelegt werden. Dies ist beispielsweise hilfreich bei Akne, Krampfadern, Geschwüren und Venenentzündungen sowie bei verschiedenen Hautkrankheiten wie Ekzemen, Milchschorf und Schuppenflechte.

Äußere Anwendung

Talkum

TALKUMPULVER

Talkum ist die pulverisierte Form des Talks, einem Mineral, das auf der Erdoberfläche natürlich vorkommt. Empfindliche Füße bzw. einzelne empfindliche Stellen (Ferse, Zehen) mit Talkumpuder bzw. -stift einpudern oder einreiben. Dies ist besonders vor langen Wanderungen und Märschen zu empfehlen, um Blasen zu verhindern.

TALKUM MIT ALAUN

Schwitzen an Oberkörper, Achseln und Füßen usw. lässt sich durch Einpudern mit Talkum stoppen, dem man pro 100 g eine Menge von 5 g Alaun (dies ist eine Substanz, die aus den Salzen von Kalium und Aluminium besteht) beigibt. Diese Mischung nach dem Waschen dünn aufpudern. Allerdings ist Schweißabsonderung ein wichtiges Ventil für den Körper und sollte nicht langfristig unterdrückt werden. Übermäßiger Schweiß sollte durch innere Behandlung angegangen werden.

Taubnesselbad

Der Taubnesseltee kann auch zum Baden von schlecht heilenden Wunden, insbesondere Brandwunden verwendet wer-

Äußere Anwendung

den. Diese Anwendung wurde zu Großmutters Zeiten v. a. als Hilfe bei Menstruationsbeschwerden junger Mädchen eingesetzt. Gebräuchlich war damals auch eine Anwendungsform, bei der mit dem Tee getränkte Umschläge als Spülmittel gegen Weißfluss angewendet wurden. Nur nach Rücksprache mit dem Frauenarzt anwenden.

Thymian

THYMIANBAD

Ein Thymianbad ist eines der besten Mittel gegen Erkältungskrankheiten, hier kommt die schleimlösende und Hustenreiz stillende Wirkung des Thymians zur Geltung. Man bereitet ein Vollbad wie folgt: 100 g der getrockneten Thymianblättchen werden mit etwa 2 l kochendem Wasser überbrüht und nach 10-minütigem Ziehenlassen leicht ausgequetscht und abgeseiht. Diese Flüssigkeit fügt man dem heißen Badewasser zu. Auch der Tee kann äußerlich angewendet werden, denn er eignet sich, um darin schlecht heilende Wunden, Geschwüre, etc. zu baden. Nicht anwenden während der Schwangerschaft.

THYMIANÖL

2-mal täglich 2–3 Tropfen des ätherischen Öles (aus der Apotheke) auf einem Stückchen Zucker eingenommen, galt als gutes Mittel gegen Hakenwürmer oder Peitschenwürmer.

THYMIANÖL ZUR EINREIBUNG

1 Handvoll frischen Thymian in ¼ l gutem Speiseöl (z. B. Erdnussöl) langsam erhitzen; das Öl darf nicht rauchen! Nach jeweils 2 Stunden Abkühlen den Vorgang 2–3-mal wiederholen, dann abseihen und das Öl in eine dunkle Flasche füllen. Mit diesem Öl bei Ischialgie, Rheuma und Muskelschmerz mehr-

Äußere Anwendung

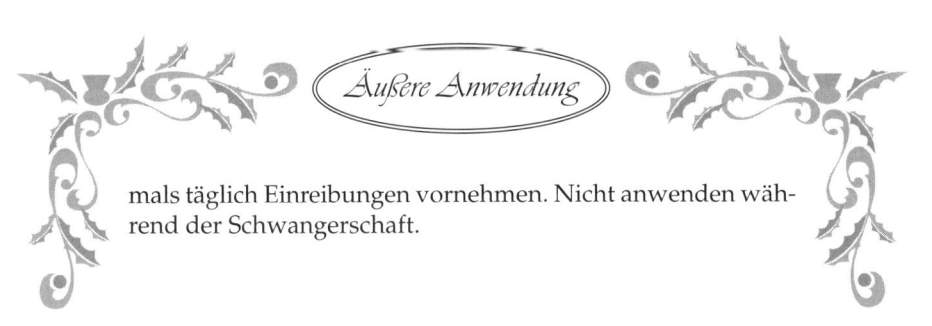

mals täglich Einreibungen vornehmen. Nicht anwenden während der Schwangerschaft.

Tomatenblätter

Frische Tomatenblätter auf Mücken- oder Wespenstichen verrieben, lindern Juckreiz und Schwellung. Tomatenpflanzen halten gleichzeitig Insekten fern und wurden deshalb gern in Hausnähe oder z.B. auch am Küchenfenster angepflanzt.

Traubenmaske

Trauben zerdrücken oder zerstampfen und die Masse für 15–30 Minuten auf Gesicht, Hals und Dekolleté auftragen. Mit Wasser abspülen. Erfrischt und strafft die Haut.

Trockenhefemaske

Eine Portion Trockenhefe mit 1 Ei verrühren und unter Freilassung der Augen auf das Gesicht auftragen. Nach 10 Minuten Einwirken mit lauwarmem Wasser abspülen und abtrocknen. Belebt das Gesicht und erfrischt den Teint.

Äußere Anwendung

Warzen

Nicht zu flache Warzen können evtl. durch Abbinden entfernt werden: Einen Bindfaden mehrmals um die Warze legen, festziehen und verknoten direkt in Höhe des umgebenden Hautniveaus. Die Warze fällt bei erfolgreicher Behandlung nach einigen Tagen ab.

Wassertreten

Bettnässenden Kindern kann oft durch 2–3 Minuten langes „Gehen" in einer bis Wadenhöhe mit kaltem Wasser gefüllten Wanne geholfen werden. Selbstverständlich müssen die seelischen Ursachen des Bettnässens angegangen werden (Bettnässen = Weinen durch die Blase), wie seelischer Stress, Überforderung, Druck und Zwang durch Eltern, Schule usw.

Äußere Anwendung

Weinsteinsäure

Bei Fußschweiß Strümpfe oder Socken in eine Lösung aus 50 g Weinsteinsäure und ½ l Wasser tauchen, gut auswringen, auf der Heizung trocknen lassen.
Beim Anziehen der Strümpfe wird Fußschweiß von der unschädlichen Säure neutralisiert und der unangenehme Geruch unterbleibt.

Zitrone

ZITRONENABREIBUNG
Für fettige (Gesichts-)Haut ist das gelegentliche Abreiben mit einer frischen Zitronenscheibe eine Wohltat. Vorsicht im Augenbereich!

ZITRONENÖL
Zur Vermeidung von Insektenstichen die unbedeckten Körperteile (Arme, Beine usw.) mit Zitronenöl oder Nelkenöl einreiben, um die aufdringlichen Tiere abzuhalten. Nicht in der Schwangerschaft und Stillzeit anwenden.

ZITRONENSAFT
Eignet sich gut zum Einreiben der Hände, wenn diese öfter feucht sind. Mehrmals am Tag durchführen. Gleichzeitig sollte aber die Ursache (meist vegetativer Art) geklärt werden. Mit einem frischen Zitronengetränk können auch Insektenstiche betupft und gelindert werden. Vorsicht: Manche Menschen reagieren mit allergischen Hautausschlägen auf Zitrone. Der Saft von ½ Zitrone eignet sich, in 1 Glas warmes Wasser gegeben, außerdem zur Mundspülung oder zu vorsichtigem Gurgeln bei leichter Mandelentzündung.

Äußere Anwendung

Zwiebel

ZWIEBEL MIT SALZ

Eine zerdrückte und mit Salz vermengte Zwiebelscheibe auf ein Hühnerauge geben und mit einem Pflaster oder Verband abdecken. Mehrmals erneuern. Nach einigen Tagen kann das Hühnerauge leicht gelöst werden.

ZWIEBELEINREIBUNG

Nach Reinigen einer Brandwunde von Verband und Salbe kann sie, um die Heilung zu fördern, mit einer frisch angeschnittenen Zwiebel eingerieben werden. Auch bei Insektenstichen hilft das Einreiben mit Zwiebel oder das Betupfen mit Zwiebelsaft.

ZWIEBELPFLASTER

Eine geschälte, zerkleinerte und kurz weich gedünstete Zwiebel in ein Stück Tuch einschlagen und noch möglichst warm auf die zu behandelnde Stelle legen. Dies fördert das Eröffnen und das Abheilen eines Abszesses. Bei Ohrenschmerzen die Zwiebel in heißem Öl sieden und einige Stücke (abgekühlt) mit Gaze umwickelt vorsichtig in den Gehörgang stecken oder auf die Ohrmuschel legen.

ZWIEBELSOCKEN

Baumwollsocken mit geschälten, zerkleinerten Zwiebelstücken füllen und über die Füße streifen. Über Nacht getragen, wirken die Socken fiebersenkend.

Pflanzen-
lexikon

Die ursprüngliche Nummerierung der historischen Abbildungstafeln wurde in diesem kleinen Pflanzenlexikon beibehalten. Da nicht alle Tafeln übernommen wurden, ist die Nummerierung nicht durchgängig.

Ackerschachtelhalm

Equisetum avense L.
Schachtelhalmgewächse, *Equisetaceae*, auch: Zinnkraut, Tab. 20, Nr. 28
Der Ackerschachtelhalm ist in Europa ebenso wie in Asien verbreitet. Er wächst besonders auf kalkarmen, steinigen oder schweren Böden. Diese ausdauernde, krautige, im Frühjahr unverzweigte gelbbraune Pflanze entwickelt fruchtbare, etwa 20 cm hohe Sprossen. Spätestens im Mai sind die Sporen reif. Nachdem die Triebe abgestorben sind, erscheinen büschelweise die etwa federkieldicken, grünen, unfruchtbaren Sprossen, die 30–50 cm hoch werden. Sie sind verzweigt, und ihre astlosen Spitzen überragen die Äste weit. Blütezeit ist von Juli bis September.
Schachtelhalmkraut enthält Saponin und Kieselsäure. Früher

schrieb man dem Kraut alle möglichen Wirkungen zu, u. a. als Mittel gegen Husten, Asthma, Tuberkulose usw.
Das Kraut wurde wegen seines Kieselsäuregehalts auch zum Reinigen von Zinngeschirr (daher „Zinnkraut") benutzt. Heutzutage ist seine Wirkung auf die Durchblutung anerkannt. Gesammelt werden die unfruchtbaren Sommertriebe im Juli, spätestens im August.

Alpenwegerich

Plantago alpina L.
Wegerichgewächse, *Plantaginaceae*
Der Alpenwegerich wächst in den Alpen zwischen 1.000 und 3.000 m Höhe. Er braucht feuchten und nährstoffreichen, sauren Boden mit Rohhumusbeimischung und wird 10–40 cm hoch. Der Blütenstandstängel ist meist aufrecht. Die Blütenähren sind 1,5–3 cm lang und walzlich; vor dem Aufblühen eher etwas knickend. Die unscheinbaren Einzelblüten haben eine bräunlich weiße Farbe. Die flachen Blätter sind in einer grundständigen Rosette angeordnet und 6–20-mal so lang wie breit. Blütezeit ist von Juli bis Oktober.
Wegen seines hohen Gehalts an Schleimstoffen hat der Samen des Alpenwegerichs eine günstig regulierende Wirkung bei quälender Darmträgheit.

Anis

Pimpinella anisum L.
Doldengewächse, *Apiaceae*, auch: Arnis, Tab. 36, Nr. 59
Die Heimat des Anis liegt vermutlich im Mittelmeergebiet. Kultiviert wird der Anis v. a. in Südeuropa, Indien, China, Japan und Südamerika. Anis ist eine 1-jährige, bis 50 cm hohe Pflanze mit einem aufrechten, fein gerillten und auffallend dünnen Stängel, der oben verästelt. Die unteren Blätter sind

lang gestielt, rundlich bis nierenförmig und tief gesägt. Die mittleren Blätter sind gefiedert, die oberen 3-teilig. Die weißen Blüten sitzen an flachen Dolden. Die breit-ovalen Früchte spalten meist nicht. Sie sind eiförmig, etwa 3 mm lang und erhalten durch feine Härchen eine graugrüne Farbe. Blütezeit ist von Juli bis August.

Die auf der ganzen Welt als Gewürz verwendeten Samenkörner des Anis enthalten einen hohen Anteil des ätherischen Öls Anethol, dem die besondere blähungstreibende und schleimlösende Wirkung des Anis zugeschrieben wird.

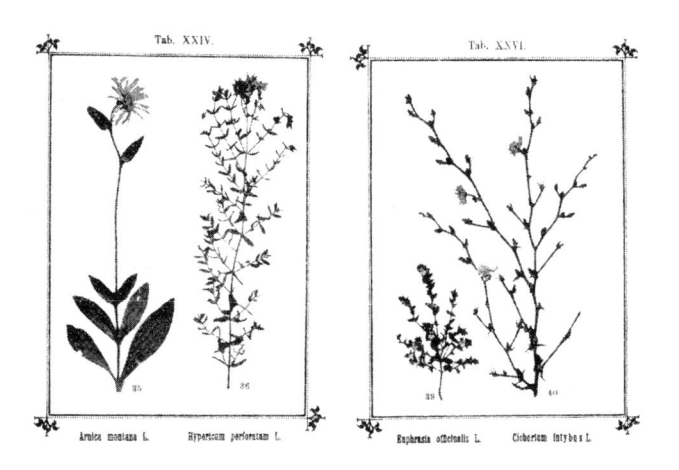

Arnika

Arnica montana L.
Korbblütengewächse, *Asteraceae*, auch: Johannisblume, Tab. 24, Nr. 35
Arnika kommt hauptsächlich auf mageren, leicht versauerten Hängen, ungedüngten Waldwiesen in den Alpen und im Alpenvorland bis 2800 m Höhe vor. Arnika ist eine mehrjährige

Pflanzenlexikon

Pflanze. Aus einer flach ausgebreiteten Rosette von ovalen, ganzrandigen Blättern entspringt ein meist unverzweigter, drüsenhaariger Stängel mit 2–3 gegenständigen Blattpaaren. Die Blütenköpfe sind von leuchtend gelber bis orangegelber Farbe und haben einen Durchmesser von 5–8 cm. Der Duft der ganzen Pflanze, hauptsächlich aber der Blüte, ist aromatisch würzig. Der Geschmack ist bitter und scharf. Die Blütezeit ist von Juni bis August. Achtung: Arnika ist teilweise geschützt! Wegen seiner herzwirksamen und blutdruckerhöhenden Inhaltsstoffe sollte Arnika innerlich mit äußerster Vorsicht und nur auf Anweisung des Arztes angewandt werden.

Augentrost

Euphrasia rostkoviane L.
Rachenblütler, *Scrophulariaceae*, auch: Wiesengrind, Tab. 26, Nr. 39
Von der Ebene bis in die Alpenregion kommt Augentrost in ganz Mitteleuropa auf Wiesen, Weiden, Heiden und in Moorgebieten vor. Augentrost ist 1-jährig, wird 2–30 cm hoch mit flaumig behaartem Stängel. Die an der Spitze gezähnten Blätter sind eiförmig. Der Kelch ist drüsenhaarig, die Blüten sind kurzborstig behaart und werden 9–11 mm lang. Sie blühen weiß bis blasslila mit einem gelben sogenannten Schlundfleck. Blütezeit ist von April bis September. Die Pflanze wird gemeinhin als Halbschmarotzer bezeichnet, da sie Nährstoffe aus den Wurzeln benachbarter Pflanzen ansaugt.
Bei allen leichten Entzündungszuständen der Augen hat Augentrost schmerzlindernde, angenehm kühlende und entzündungshemmende Wirkung.

Pflanzenlexikon

Augenwurz

s. Baldrian

Baldrian

Valeriana officinalis L.
Baldriangewächse, *Valerianaceae*, auch: Augenwurz, Tab. 13, Nr. 15
Es gibt feuchte und trockene Standorte in ganz Mitteleuropa. Die aromatischeren Pflanzen finden sich auf trockenen Standorten. Baldrian ist an Ufergebüschen, auf feuchten Wiesen und in Schluchten, ebenso wie in Wäldern und an sonnigen, felsigen Abhängen zu finden. Die Pflanze wird 20–100 cm hoch. Der aufrechte Stängel ist gefurcht und kurzhaarig mit mehreren Blattpaaren und dem schirmförmigen Blütenstand. Die Blätter sind fiederteilig in 5–11 lanzettlich spitzen Teilblättern. Die kleinen Einzelblüten werden 4–5 mm lang, blühen hellrot-lila bis weiß und duften stark.
Blütezeit ist von April bis September.
Die schon den Germanen bekannte, aus den Wurzeln des Baldrians gewonnene Droge hat beruhigende stresslösende und entkrampfende Wirkung. Baldrian sollte nicht über längere Zeit angewendet werden, da sonst entgegengesetzte Wirkungen auftreten können. Es ist sinnvoll, Baldrian im Wechsel – etwa mit Hopfen oder Melisse – anzuwenden

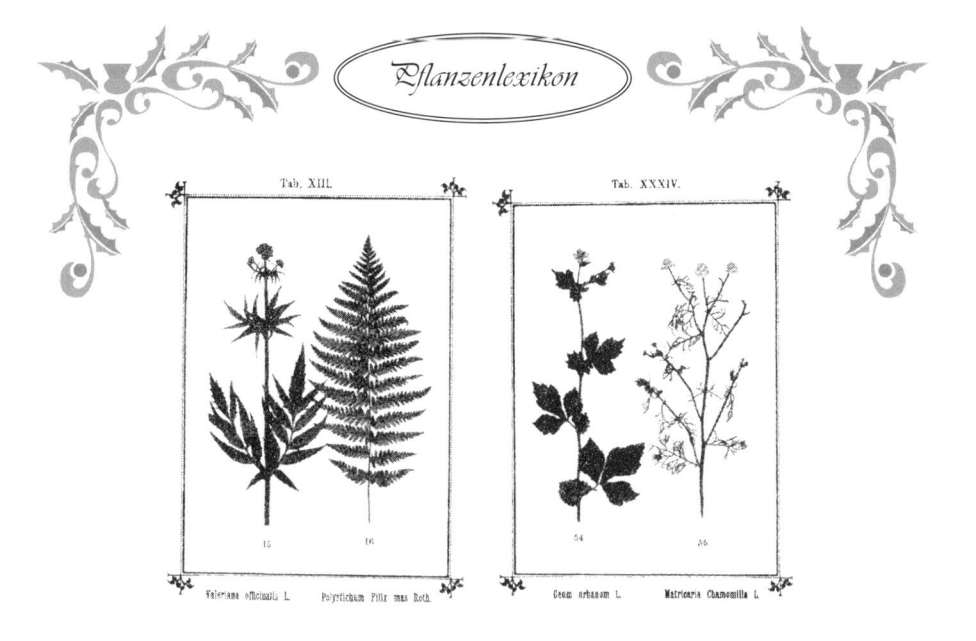

Bärentraube, Echte

Arctostaphylos uva-ursi L.
Heidekrautgewächse, *Ericaceae*, auch: Sandbeere
Die Bärentraube ist in den Alpen besiedelt, in Gebieten mit geringer Luftfeuchte in 1500–2500 m Höhe. Sie gedeiht daher in den lichten, zentralalpinen Kiefernwäldern und in den höher gelegenen Zwergstrauchheiden. Sie kommt zerstreut vor und fehlt gebietsweise ganz. Die Bärentraube wächst als immergrüner Strauch mit knorrigen Stämmchen und bodenkriechenden Zweigen. Die Blätter sind klein und kurz gestielt, eiförmig und lederartig glänzend. Sie ähneln denen der Preiselbeere und unterscheiden sich nur an der Oberseite durch die tiefen Netznerven. Die Unterseite ist durchgehend grün. Die Blüten sind schwach rötlich, endständig und in überhängenden Trauben angeordnet. Die Früchte sind rote, mehlige Beeren. Blütezeit ist je nach Höhenlage von März bis Juni. Verwendet werden die Blätter, die von Juni bis August gesammelt werden. Sie enthalten reichlich Arbutin. Der Name „Bären-

traube", lateinisch *Arctostaphylos uva-ursi*, geht auf die Vorliebe der Bären für diese Früchte zurück.
Die in den Blättern der Bärentraube enthaltenen Stoffe werden im Körper in stark desinfizierende, antibakterielle Substanzen gespalten (v. a. Hydrochinon), die besonders im Nieren- und Blasenbereich wirksam sind. Aufgrund dieser Eigenschaft ist Bärentraube bestens geeignet zur Behandlung von Nieren- und Blaseninfektionen.

Bärlapp

Lycopodium clavatum L.
Bärlappgewächse, *Lycopodiaceae*, auch: Wolfsklaue
In Nadelwäldern, Heiden und auf sandreichen Magerrasen trifft man noch auf diese Bärlappart. Das moosartige, kriechende und verzweigte Kraut hat bis zu 20 cm lange aufrechte Stängel, die sich im oberen Drittel gabeln. Die kleinen Blätter sind dunkelgrün und stehen sehr dicht beieinander. Im 4. oder 5. Jahr bilden sich auf den klein gegabelten Ästen Fruchtähren mit Sporen, auch Blitzpulver genannt. Die Bärlappähren müssen kurz vor der Reife geschnitten werden. Zu Großmutters Zeiten wurden diese Sporen auf Theaterbühnen zur Erzeugung von Blitzen benutzt.
Die im Stadium der Reife gesammelten Sporen des Bärlapps enthalten zu einem großen Teil fettige Öle, deren Wirkungsweise auf den Organismus noch nicht vollständig erforscht ist. In der Heilkunde wird Bärlapptinktur bei Erkrankungen der Blase, der Geschlechtsorgane, bei Leberleiden, Gicht, Rheumatismus und Verstopfung angewendet. Im Hausgebrauch findet Bärlapp in der Kinderheilkunde Anwendung. Gesammelt werden die Sporen im Juli und August.

Pflanzenlexikon

Beifuß, Gemeiner

Artemisia vulgaris L.
Korbblütengewächse, *Asteraceae*, auch: Besenkraut
In den gemäßigten Zonen zumindest der Nordhalbkugel trifft man den Beifuß siedlungsnah auf verunkrauteten Stellen an Wegrändern, Stapelplätzen, Dämmen, aber auch an Gebüsch- und Waldrändern an. Er bevorzugt nährstoffreiche Sand- und Lehmböden. Die Staude wird bis zu 150 cm hoch. Der Stängel ist aufrecht, ausladend ästig und oft von dunkelbrauner bis roter Farbe. Die lanzettlichen Blätter sind auf der Unterseite weiß und filzig, auf der Oberseite kahl. Die Blütenkronen sind gelb bis rotbraun. Blütezeit ist von August bis September. Gesammelt werden die Zweigspitzen während der Blüte und die Wurzeln im November. Achtung: Die Pflanze ist leicht giftig. Früher verwendete man Beifuß hauptsächlich gegen Epilepsie und nervöse Störungen; eine Anwendung des ätherischen Öls allein in extrem hoher Dosierung über längere Zeit schädigt jedoch das Nervensystem. Die Droge und ihre gebräuchlichen Zubereitungen sind ungiftig.

Beinwell

Symphytum officinale L.
Raublattgewächse, *Boraginaceae*, auch: Wallwurz
Im ganzen mitteleuropäischen Flachland ist Beinwell häufig in Wiesengräben, an feuchten Wegrändern und Auen verbreitet. Diese sehr feuchtigkeitsliebende Pflanze wird bis zu 1 m hoch und ist mit einer 30 cm langen und 1–2 cm dicken fleischigen Pfahlwurzel senkrecht im Boden verankert. Der aufrechte, steife Stängel ist durch die am Stängel herablaufenden Laubblätter geflügelt und nach oben verzweigt. Die ganze Pflanze ist mit weißen, rauen Borsten überzogen. Die Blüten sind nickend, glockig und stehen in der Achsel der oberen Laubblätter in einem reichblütigen Doppelwickel. Die Farbe

ist unterschiedlich; es gibt Blüten mit Farben von Dunkelviolett über alle Rosétöne bis zu Reinweiß (selten). Blütezeit ist von April bis August.

Die Ausläufer des unterirdischen schwarzen Wurzelstocks des Beinwells enthalten neben Schleim- und Gerbstoffen auch Allantolin, Cholin, und Glykoside. Die Wurzel wird im Frühjahr vor ihrer Blüte oder im Spätherbst gesammelt.

Benediktenkraut

Centaurea benedict L.
Korbblütengewächse, *Asteraceae*, auch: Bitterdistel, Tab. 34, Nr. 54

Die Pflanze stammt aus dem Mittelmeergebiet. Sie wächst auf mageren Böden an sonnigen und trockenen Hängen. Man findet sie aber auch an Wegrändern und vielfach in Gärten. Dieses 1-jährige, distelähnliche Kraut wird bis zu 80 cm hoch. Die Stängel sind eckig, verästelt und die Blätter zottig behaart und klebrig. Die unteren Blätter sind gestielt, die oberen sitzen direkt am Stängel. Sie sind länglich geformt, am Rand grob gezähnt und mit Stacheln besetzt. Die gelben Blütenköpfe an den Zweigen sind von Laubblättern umhüllt. Blütezeit ist von Juni bis August.

Alle oberirdischen Teile enthalten verschiedene Bitterstoffe, Gerbsäuren und Schleimstoffe. Aufgrund dieser Zusammensetzung ist Benediktenkraut als Heilmittel bei allen Beschwerden des Verdauungstraktes besonders geeignet. In zu hoher Dosierung ruft es aber Brechreiz und Durchfall hervor. Benediktenkraut muss ganz langsam und vorsichtig im Schatten getrocknet werden, da die Heilpflanze sonst zu brüchig wird.

Pflanzenlexikon

Bibernelle, Kleine

Pimpinella saxifraga L.
Doldengewächse, *Apiaceae*, auch: Pimpernell
Wild ist die Kleine Bibernelle in Europa und Westasien zu finden. Dabei ist sie besonders auf trockenen Wiesen, sonnigen Abhängen und lichten Waldrändern verbreitet. Die Hauptwurzel ist spindelförmig und von gelbbrauner Farbe. Die Bibernelle wird etwa 50 cm hoch, hat einen runden Stängel und bildet eine grundständige Rosette aus gefiederten Blättern. Die weißen Blüten stehen in endständigen Dolden, die Früchte sind braun. Gesammelt wird der Wurzelstock im Frühjahr oder Herbst. Die grünen Teile können auch als Gemüse verarbeitet werden.
Die Wurzeln der Bibernellenarten (große und kleine) enthalten schleimlösende Heilstoffe (Saponin und ätherische Öle).

Birke

Betula alba L.
Birkengewächse, *Betulaceae*, auch: Maibaum
Die Birke stellt an Klima und Boden sehr geringe Anforderungen. Sie ist in Laub- und Nadelwäldern, an Straßenrändern und Abhängen zu finden. Dieser bis zu 20 m hohe Baum hat eine weiße Rinde und überhängende Zweige. Die Blätter sind lang gestielt, lichtgrün und herzförmig bis dreieckig. Die Ränder sind tief gesägt. Die männlichen Blütenkätzchen sind länglich und hellbraun, die weiblichen klein, grün und walzenförmig. Die jungen Blätter fühlen sich klebrig an und riechen schwach aromatisch. Blütezeit ist von April bis Mai.
Birkenblätter und Birkensaft aus der angeritzten Rinde des in ganz Mittel- und Nordeuropa vorkommenden Baums sind seit alters her in Gebrauch gegen Nieren- und Blasenleiden, gegen Wassersucht, bei Haarausfall und Hauterkrankungen. Gesammelt wird im Frühjahr, da die jungen Blätter bevorzugt

werden. Der Saft wird ebenfalls im Frühjahr aus dem Stamm abgezapft.

Bitterwurz

s. Enzian, Gelber

Blaubeere

s. Heidelbeere

Blutwurz

Potentilla erecta L.
Rosengewächse, *Rosaceae,* auch: Tormentill
Diese Pflanze findet sich in Europa und Asien und ist stark verbreitet. Man begegnet ihr auf nassen und trockenen Wiesen und in lichten Wäldern. Blutwurz ist ein bis zu 30 cm hohes Kraut mit anfangs flachliegenden und später aufrecht stehenden Zweigen. Die Grundblätter sind gestielt und 3-zählig, die oberen Blätter sitzen am Stängel. Die kleinen, 4-blättrigen Blüten haben einen grünen Kelch mit vier goldgelben Kronblättern. Die Blüten stehen an den Stängelenden. Der Wurzelstock ist knollig, geruchlos, schmeckt bitter. Die Wurzeln werden von März bis April und von September bis Oktober gesammelt. Sie laufen beim Anschneiden rot an, daher hat die Pflanze ihren Namen. Dieser Farbstoff ist das Tormentillrot.

Durch ihren besonders hohen Gerbstoffgehalt (ca. 20 %) hat die aus den Wurzeln des Tormentills gewonnene Droge hervorragende entzündungshemmende Wirkung auf Schleimhäute des Mund- und Rachenraums sowie des Magen-Darm-Trakts.

Pflanzenlexikon

Bocksbart, Wiesen-

Tragopogon pratensis L.
Korbblütengewächse, *Astereceae*
Bocksbart ist in Mitteleuropa verbreitet und dort besonders auf nährstoffreichen Wiesen und an Wegrändern zu finden. Er hat kahle, bläulich grüne, ganzrandige Blätter, die am Grunde fast stängelumfassend ansitzen. Die Blüten sind einzelne goldgelbe Körbchen, die 4–6 cm Durchmesser erreichen können. Es gibt von der Art in Mitteleuropa mehrere Sippen, die sich z. B. im Schließen der Körbchen unterscheiden: Manche Sippen schließen schon vor dem Mittag, andere erst Stunden danach. In früheren Zeiten nutzte man die Blätter als Wildgemüse.
Wurzel und Blüte dieser Heilpflanze enthalten Salicylsäureverbindungen, die übrigens auch in Aspirin enthalten sind (Acetylsalicylsäure).

Bockshornklee

Trigonella foeum graecum L.
Schmetterlingsblütengewächse, *Fabaceae,* auch: Hornklee, Tab. 27, Nr. 42
Die Herkunft des Bockshornklees ist unsicher. Er wächst wild auf Wiesen und Getreidefeldern und wird auch angebaut. Dieses kleeartige Kraut wird 30–50 cm hoch, hat verzweigte Stängel und hellgrüne Blätter. Sie sind gestielt, mit drei verkehrt eiförmigen Blättern. Die hellgelben Blüten sind fast ungestielt und stehen einzeln oder zu zweien in den Blattachseln. Die Frucht ist eine sichelförmige Hülse, die die Samen enthält. Die Keimlinge besonders der jungen Pflanzen können als Gemüse verwendet werden. Als appetitanregendes und kräftigendes Heilmittel war Bockshornklee bei uns schon vor langer Zeit bekannt, seine Wirkung aber ist umstritten. Es werden ihm auch entzündungshemmende Wirkungen nachgesagt.

Pflanzenlexikon

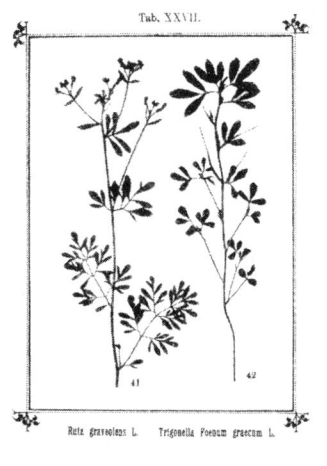

Bohnenkraut

Satureja hortensis L.
Lippenblütengewächse, *Lamiaceae*, auch: Pfefferkraut
Bereits im klassischen Altertum wurde diese Pflanze kultiviert, die aus dem östlichen Mittelmeerraum stammt. Verwildert ist Bohnenkraut an felsigen Hängen und Geröllhalden zu finden. Die sehr wärmebedürftige Pflanze benötigt nährstoffreichen und lockeren Boden. Sie wird oft in Hausgärten gezogen. Das einjährige, stark verästelte Kraut wird bis zu 30 cm hoch. Die Sprossen sind mit kurzen Gliedhaaren und vielen violetten Drüsenschuppen besetzt. Die Äste sind buschig mit schmalen, ganzrandigen Blättern von grauer Farbe. Die weißen bis rosafarbenen Blüten sind sehr klein und haben einen 10-nervigen Kelch.
Blütezeit ist von Juni bis September.
Das in unseren Gärten wachsende Bohnenkraut ist hauptsächlich als Küchenkraut bekannt. Es enthält u. a. ätherische Öle und Gerbstoffe, die es für eine Verwendung als Magen- und

Darmmittel besonders geeignet machen. Bohnenkraut wird von Juli bis September geerntet.

Brennnessel

Urtica dioica L.
Nesselgewächse, *Urticaceae*, auch: Große Nessel, Tab. 17, Nr. 21
Diese Allerweltspflanze findet sich an Zäunen, Hecken und in Auen. Die Brennnessel ist eine ausdauernde Pflanze, die bis 150 cm hoch werden kann. Der vierkantige Stängel ist ebenso wie die Blätter mit langen Brennhaaren besetzt. Die Blüten sind unscheinbar grün. Gesammelt wird die Pflanze von April bis Juli. Der histaminähnliche Stoff der Brennhaare verursacht die bekannten Hautreizungen.
Früher schrieb man der wohlbekannten Brennnessel allerlei magische Wirkungen zu. So sollte sie z. B. böse Mächte und Hexen von demjenigen fernhalten, der sie bei sich trug. Ihre sehr geschätzte Heilwirkung entfaltet die Brennnessel aufgrund ihrer Inhaltsstoffe Ameisensäure, Histamin, Chlorophyll und Vitamin C. Auch aufgrund ihres hohen Eisen- und Kieselsäuregehalts ist sie eines der bedeutendsten „Un"-Kräuter. Sie hilft als Brennnesselessig, Brennnesselkur, Brennnesselsamen, Brennnesselsuppe und als Brennnesseltee. Man kann sie außerdem äußerlich zum Brennnesselschlagen anwenden. Ihre Wirkung reicht von der Förderung der Harn- und Harnsäureausscheidung über die Stoffwechselanregung bei Rheuma und Gicht bis zur Bekämpfung von Schuppen und Haarausfall.
Lassen Sie sich nicht durch Vorurteile vom Gebrauch dieser Pflanze als Gemüse oder Salat abschrecken, richtig zubereitet ist sie köstlich, als Heilmittel ist sie kostbar. Übrigens hilft gegen den Juckreiz und den Schmerz nach Hautkontakt mit dieser Pflanze der Saft und das Auflegen von frischen Spitzwegerichblättern.

Pflanzenlexikon

Bruchkraut, Kahles

Herniaria glabra L.
Nelkengewächse, *Caryophyllaceae*, auch: Glattes Tausendkorn
Dieses seltene, 5–15 cm hoch wachsende Kraut wächst auf Äckern, Wegen, Bahndämmen und Schutthalden. Es ist Stickstoff liebend, Kalk meidend und zeigt sandigen Boden an. Der Stängel ist niederliegend oder aufsteigend. Die Blätter sind klein, kahl, gegenständig und elliptisch oder ei-länglich und am Grunde verschmälert. Die grünen Blüten sitzen in Knäueln in den Blattachseln und werden nur etwa 1 mm lang.

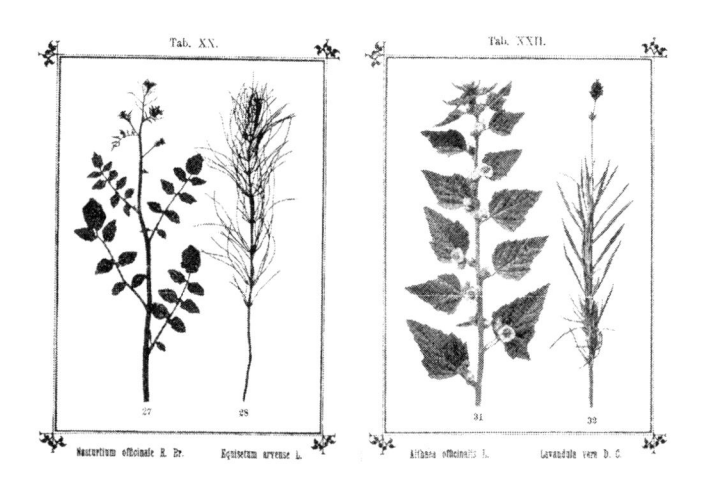

Tab. XX.
Tab. XXII.

Nasturtium officinale R. Br.   Equisetum arvense L.   Althaea officinalis L.   Lavandula vera D. C.

Brunnenkresse

Nasturtium officinale L.
Kreuzblütengewächse, *Brassicaceae*, auch: Wasserkresse, Tab. 20, Nr. 27
Brunnenkresse ist fast weltweit verbreitet und zu finden an Quellen, Bächen und Teichen. Diese ausdauernde Pflanze be-

Pflanzenlexikon

steht aus mehreren 20–25 cm langen, eckigen und hohlen Stängeln, die im Wasser liegen. Am unteren Ende hängen die Wurzeln. Die Stängel sind locker beblättert mit 5–9-zähligen, unpaarig gefiederten Blättern. Die weißen Blüten mit gelben Staubbeuteln stehen in traubigen Blütenständen. Blütezeit ist von Mai bis September. Geerntet werden die Blätter im Frühjahr und im Sommer. An der auffallend grünen Farbe kann man die Pflanze von der sehr ähnlichen Bitterkresse unterscheiden. Neben den ätherischen Ölen und Bitterstoffen enthält Brunnenkresse einen hohen Anteil an Vitamin C. Der frisch gepresste Saft kann Magenreizungen hervorrufen.

Dost

Origanum vulgare L.
Lippenblütengewächse, *Lamiaceae,* auch: Wilder Majoran
Dost wächst überall an trockenen Hängen, auf mageren Wiesen, an Waldrändern und auf Feldrainen. Die Staude hat einen verzweigten, vierkantigen, leicht behaarten Stängel und wird ca. 50 cm hoch. Die dunkelgrünen gestielten Blätter sind eiförmig, bis zu 4 cm lang und glattrandig. An der Unterseite sind sie drüsig punktiert. Die Blüten mit hellpurpurner Krone sind in doldigen bis rispenähnlichen Blütenständen vereint. Blütezeit ist von Juli bis Oktober. Das viel benutzte Küchenkraut hat auch als Heilpflanze seit langer Zeit Verwendung gefunden. Die dem Gartenmajoran verwandte Pflanze findet in der Heilkunde ihre Verwendung, hauptsächlich als desinfizierendes und krampflösendes sowie als stärkendes Mittel. Verwendet werden das blühende Kraut und die von den Stängeln befreiten Blätter und Blütenteile.

Pflanzenlexikon

Efeu

Hedera helix L.
Araliengewächse, *Araliaceae*, auch: Eppich
Efeu ist weit verbreitet in lichten Wäldern, an Waldrändern, Mauern und Zäunen und an schattigen Stellen. Diese immergrüne Schlingpflanze kann sich an Bäumen und Gemäuer mit kleinen Haftwurzeln festklammern. Die dunkelgrünen lederartigen Blätter sind 5-lappig, glattrandig und zugespitzt. Die grünlich gelben Blüten sind klein und unscheinbar und stehen in kleinen Dolden. Die kleine schwarze Beerenfrucht reift im Spätherbst oder Winter und ist giftig. Die Blätter sind als Heil bringende Pflanzenteile wirkungsvoller, wenn man sie nicht trocknet, sondern das ganze Jahr über, je nach Bedarf, frisch pflückt.

Eibisch

Althea officinalis L.
Malvengewächse, *Malvaceae*, auch: Heilwurz, Tab. 22, Nr. 31
Eibisch ist bevorzugt zu finden auf Viehweiden, Jaucheplätzen und nassen Wiesen, aber auch an Hecken und Gräben. Kultiviert wird Eibisch auch in Hausgärten. Die bis zu 150 cm hohe Staude hat eiförmige und ungleich gekerbte, 3–5-lappige Blätter. Die Blüten sitzen am oberen Stängel in den Blattachseln, der grüne Kelch ist filzig. Die 5 Blumenblätter sind rötlich weiß. Blütezeit ist von Juli bis September. Mit seinen großen Blüten ist der Eibisch eine der schönsten Arten im Kräutergarten und eine wichtige Bienenweide.
Alle Teile des Eibischs, insbesondere aber die Wurzeln, enthalten einen sehr hohen Anteil an Schleimstoffen.

Pflanzenlexikon

Eiche

Quercus pedunculata L. und *Q. robur* L.
Buchengewächse, *Fagaceae*, auch: Stieleiche und Sommereiche, Tab. 2, Nr. 2
Die Eiche wächst mit Vorliebe in Laub- und Kieferwäldern, an Waldrändern und auf Wiesen. Der Baum wird bis zu 40 m hoch und ist sehr langlebig. Die Borke ist dick, rissig und graubraun. Die Blätter sind gestielt und verkehrt eiförmig. Die Oberseite ist glänzend dunkelgrün und die Unterseite mit feinen Haaren bedeckt. Die Eichelfrüchte sitzen zu mehreren in den Blattachseln.
Die seit ältester Zeit gerühmte Heilwirkung der Eiche beruht auf dem besonders hohen Gerbstoffgehalt (Tannin) der Rinde besonders junger Eichen. Neben der Eichenrinde findet man Eichenrindenpulver und Eichenrindenpuder im Handel, die bei sachgemäßer Anwendung die gleichen Wirkungen haben. Geerntet wird im Frühjahr die Rinde von jungen Bäumen, die nicht älter als 20 Jahre sind.

Tab. II. Tab. XXX.

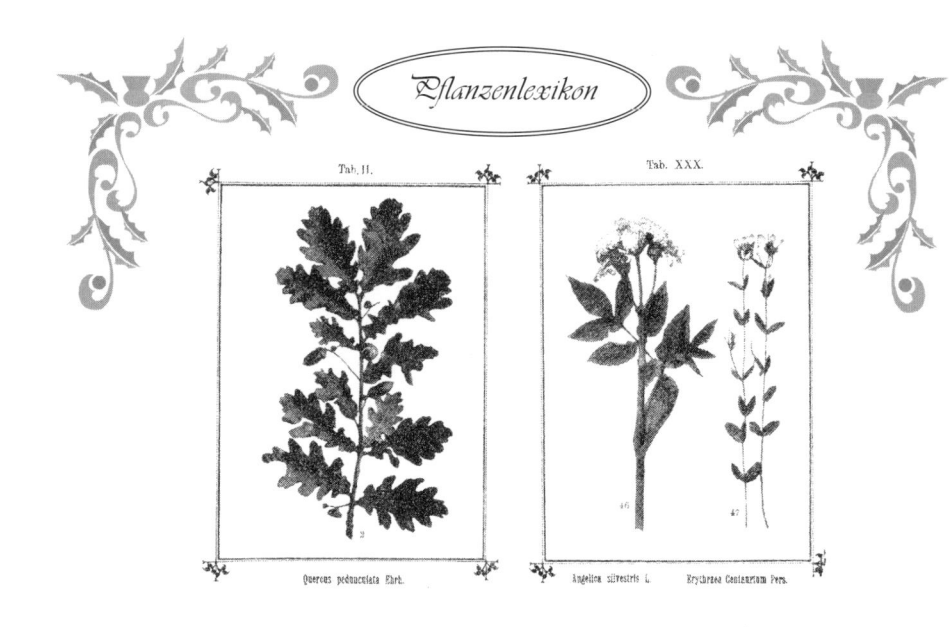

Quercus pedunculata Ehrh.   Angelica silvestris L. Erythraea Centaurium Pers.

Eisenkraut

Verbena officinalis L.
Eisenkrautgewächse, *Verbenaceae*, auch: Verbene
Das Eisenkraut ist in Mittelgebirgsgegenden, v. a. in der Nähe von dörflichen Siedlungen zu finden. Dort besiedelt es stickstoffreichen Boden, v. a. an Feldwegen oder über alten Dunglagerstätten. Das Eisenkraut wird ca. 50 cm hoch und hat einen rauen, kantigen Stängel. Die Blätter sind länglich und gesägt, die kleinen Blüten ährenförmig. Die Blütenfarbe ist weißlich bis blauviolett. Blühperiode ist meist von Juli bis in den Oktober. In seinem sparrigen Wuchs prägt sich das Eisenkraut dem Beobachter wohl besser ein als mit den unscheinbaren Blüten.
Eisenkraut enthält Gerbstoffe und Bitterstoffe, außerdem ätherische Öle. Es wirkt magenstärkend, kräftigend, blutreinigend, hilft gegen schlechten Atem und hat sich darüber hinaus insbesondere bei Keuchhusten, Hustenreiz und Halsverschleimung bewährt.

Pflanzenlexikon

Engelsüß

Polypodium vulgare L.
Tüpfelfarngewächse, *Polypodiaceae*, auch: Gemeiner Tüpfelfarn
Diese Farnart bevorzugt steinige, gut durchlüftete, kalkarme Böden und liebt absonnige, leicht schattige Plätze. Die wintergrünen, 10–40 cm langen Farnwedel sind in der Blattspreite einfach fiederschnittig. Sie stehen einfach am kriechenden Wurzelstock. Auf ihrer Unterseite tragen sie im Sommer und Herbst sogenannte Tüpel. Die runden, braunroten bis braunen Häufchen aus Sporenbehältern haben einen Durchmesser von 1–3 mm.
Der Wurzelstock enthält den Zuckeraustauschstoff Mannit. Engelsüß nicht kochen, sonst werden wichtige Wirkstoffe zerstört!

Engelwurz

Angelica archangelica L.
Doldengewächse, *Apiaceae*, auch: Angelika, Tab. 30, Nr. 46
Engelwurz kommt im nördlichen Europa und in Asien vor und wächst wild in den Küstengebieten. Im Binnenland wird die Pflanze nur vereinzelt an feuchten Seeufern und Flussläufen angetroffen.
Engelwurz kann bis zu 3 m hoch werden. Der Stängel ist am Grunde armdick, fein gerillt, kahl und oft rotbraun. Im oberen Drittel verästelt. Die Blätter sind 2–3-fach fiederteilig, werden 60–90 cm lang mit einer großen Blattscheide. Die Blüten sind in großen, halbkugeligen Doppeldolden angeordnet, mit schmalen Hüllenblättchen, die so lang wie die Dolde sind. Die Dolden haben einen Durchmesser von 8–15 cm und sind 20–40-strahlig. Blütezeit ist von Juni bis Juli. Die Bestandteile Cumarin, Bitterstoffe und ätherische Öle machen Engelwurz zu einer wertvollen Zugabe bei Kräuterlikören. Gesammelt werden die Blätter während der Blütezeit und die Wurzeln im Spätherbst.

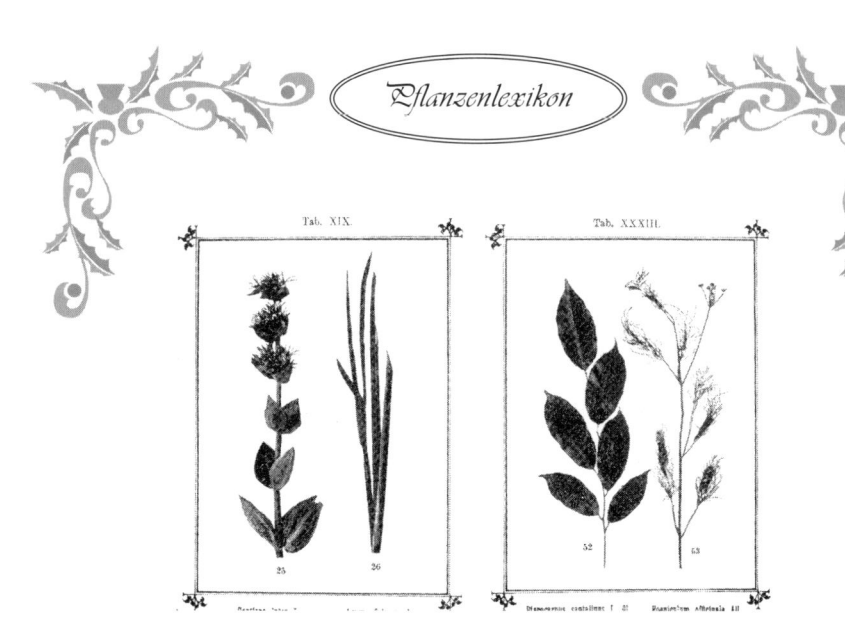

Enzian, Gelber

Gentiana lutea L.
Enziangewächse, *Gentianaceae*, auch: Bitterwurz, Tab. 19, Nr. 25
Gelber Enzian kommt in den West- und Südalpen v. a. auf Weiden, ungedüngten Mähwiesen und Schutthalden vor und bevorzugt Kalkboden. Durch hemmungsloses Ausgraben wurde die Pflanze fast ausgerottet und steht heute unter Naturschutz. Da sie sehr leicht zu kultivieren ist, wird sie in großem Umfang plantagenmäßig angebaut. Der Gelbe Enzian ist eine ausdauernde, stattliche Pflanze, die 50–140 cm hoch wird und eine Pfahlwurzel bis Armdicke haben kann. Der aufrechte Stängel ist oberseits hohl. Die bläulich grünen, elliptischen Laubblätter sind stark bogig-nervig gerippt. Die goldgelben Blüten bilden 3–10-blütige Trugdolden in den Achseln von schalenförmigen Tragblättern. Blütezeit ist von Juli bis August.
Die bis zu 1 m lange Wurzel des Gelben Enzians ist Bestandteil des bekannten Enzianschnapses. Achtung: Enzianwurzel

Pflanzenlexikon

sollte man dem Naturschutz zuliebe nur im Fachhandel (Apotheke) kaufen. Außerdem kommt es immer wieder zu Verwechslungen mit dem überaus giftigen Germer (Nieswurz, *Verratrum album*).

Estragon

Artemisia dracunculus L.
Korbblütengewächse, *Asteraceae*
Diese weitverbreitet angebaute, mehrjährige Pflanze wird bis zu 120 cm hoch. Sie hat ungeteilte, linealische Blätter, die nicht behaart sind.
Die Nutzung der *Artemisia*-Arten beruht im Wesentlichen auf dem Gehalt an ätherischem Öl und Gerb- und Bitterstoffen in unterschiedlichen Zusammensetzungen. Estragon ist hauptsächlich bekannt als Küchenkraut, er wird verwendet zu Soßen, zu Fleisch und verschiedenen Gemüsen. Beliebt ist auch Estragonessig (Kräuteressig).

Faulbaum

Rhamnus frangula L.
Kreuzdorngewächse, *Rhamnaceae,* auch: Kreuzdorn
Der Faulbaum ist in ganz Europa verbreitet und in Erdenbrüchen, an feuchten Plätzen in Wäldern, an Bachufern und auch häufig in steinigen Gebieten. Dieser bis zu 3 m hohe Strauch hat sparrig abstehende, in einem Dorn auslaufende Äste. Die gegenständig angeordneten Blätter sind eiförmig-elliptisch. Die kleinen Blüten sind gelb bis grünlich und stehen in Trugdolden in den Blattachseln. Es bilden sich schwarze, erbsengroße Beeren aus. Blütezeit ist von Mai bis Juni. Die Rinde ist weißlich punktiert und mit Streifen durchzogen. An diesen Merkmalen ist der Faulbaum gut zu erkennen. Vorsicht! Die Beeren sind giftig!

In der über längere Zeit abgelagerten Rinde des Strauchs sind Wirkstoffe enthalten, die sie zu einem milden und geeigneten Abführmittel machen. Faulbaumrinde wirkt im Dickdarm. Man muss also schon 6–8 Stunden warten, bis die Wirkung eintritt.

Fenchel

Foeniculum vulgare L.
Doldengewächse, *Apiaceae,* auch: Frauenfenchel, Tab. 33, Nr. 53
Die Heimat des Fenchels ist Südeuropa sowie West-, Mittel- und Kleinasien. Wild wächst er nur vereinzelt in felsigem Gelände mit kalkhaltigem Boden. Fenchel wird in Gärten angebaut. Die 2-jährige Pflanze mit einem aufrechten, runden und ästigen Stängel kann bis zu 2 m hoch werden. Der fein gerillte Stängel ist innen markig. Die Blätter sind mehrfach gefiedert. Die gelben Blüten stehen in 10–20-strahligen Dolden. Die Frucht ist etwa 6 mm lang, von gelblich grauer Farbe mit 5 braunen Rippen. Blütezeit ist Juli bis August.
Wegen seines stark duftenden ätherischen Öls wird Fenchel sowohl als Gewürz als auch als Heilmittel verwendet. Die Früchte werden nach der Reife von September bis Oktober gesammelt.

Flachs

s. Lein

Flieder

s. Holunder

Frauenmantel, Gemeiner

Alchemilla vulgaris L.
Rosengewächse, *Rosaceae*, auch: Taubecher
Dieses ausdauernde, bis zu 30 cm hohe Kraut ist weit verbreitet und in Wäldern, an Waldrändern und auf feuchten Wiesen zu finden. Die unteren Blätter sind derb, meist etwas gefaltet und gelappt und haben 7–11 gezähnte Abschnitte. Die kleinen, grünlichen Blüten stehen in Trugdolden. Blütezeit ist von Mai bis September. Seine ganze Schönheit entfaltet der Frauenmantel in luftfeuchten Nächten oder bei Taubildung. An den Blattzähnen scheidet die Pflanze dann eine Flüssigkeit aus, die dort in kleinen Tröpfchen hängen bleibt. Im ersten Sonnenlicht gleichen die Tropfen Edelsteinen oder Flitter.
Die vielseitige und hoch geschätzte Heilpflanze enthält im Wesentlichen geringe Mengen an Gerbstoff und ätherisches Öl. Außerdem ist sie reich an sogenannten Phytohormonen. Dies sind pflanzliche Wirkstoffe, die unter anderem progesteronähnliche Wirkungen haben und somit in der Frauenheilkunde häufig eingesetzt werden.

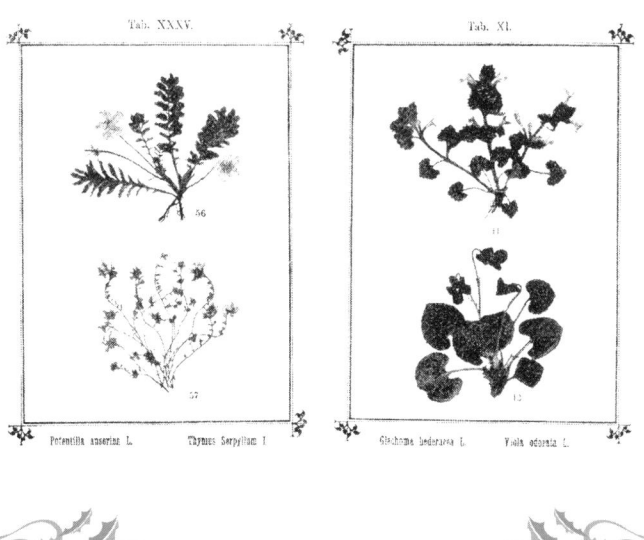

Pflanzenlexikon

Gänsefingerkraut

Potentilla anserina L.
Rosengewächse, *Rosaceae*, auch: Silberkraut, Tab. 35, Nr. 56
Ausgenommen im Mittelmeerraum ist diese Pflanze in ganz Europa verbreitet. Sie ist v. a. an Wegrändern, Fluss- und Seeufern und Miststätten zu finden.
Die mehrjährige Staude hat einen lang kriechenden Stängel, der aus einer dicken Erdknolle entspringt. Die Blätter sind unterbrochen gefiedert und schimmern silbrig, die einzelnen lang gestielten Blüten sind goldgelb. Blütezeit ist von Mai bis August. Ähnlich wie die verwandte Blutwurz enthält Gänsefingerkraut ebenfalls Gerbstoff (in geringeren Mengen), hier kommt jedoch nicht die Wurzel, sondern nur das blühende Kraut zur Anwendung.

Gundelrebe

Glechoma hederacea L.
Lippenblütler, *Lamiaceae*, auch: Gundermann, Erdefeu, Tab. 11, Nr. 11
Gundelrebe ist in ganz Europa verbreitet, v. a. in Wiesen und Auen, aber auch in Gärten, häufig im Rasen. Dieses ausdauernde, würzig riechende Kraut hat einen kriechenden Stängel, der auch im Winter belaubt ist. Die Blätter sind nierenförmig und grob gekerbt. An der Oberseite glänzen sie dunkelgrün. Die kleinen, blauen Blüten sind in blattachselständigen Quirlen angeordnet. Blütezeit ist von März bis April.
Gesammelt wird die ganze Pflanze, die auch als Salat zubereitet werden kann.

Pflanzenlexikon

Hafer

Avena sativa L.
Gräser, *Gramineae*, auch: Haber, Tab. 25, Nr. 37
Hafer ist eine Kulturpflanze und wird in der Landwirtschaft überall angebaut. Haferpflanzen werden 60–100 cm hoch. Der Stängel ist am Grunde verzweigt, aufrecht und kahl. Die Rispen sind 15–30 cm lang und tragen meist 2-blütige Ähren. Die Deckspelze der Blüten ist unbegrannt.
Nach der Fruchtreife hängen die Ährchen herab. Blütezeit ist von Juni bis August.
Geerntet werden die Haferkörner.

Hagebutte

Rosa canina L.
Rosengewächse, *Rosaceae*, auch: Heckenrose, Tab. 1, Nr. 1
Die in Europa verbreitete Hagebutte wächst auf feuchten Wiesen und an Wald- und Wegrändern. Der bis zu 3 m hohe Strauch hat dornige und überhängende Zweige. Die Blätter sind unpaarig gefiedert, die Stiele sind ebenfalls mit Dornen besetzt. Aus den weißen bis rosaroten Blüten entwickeln sich die uns bekannten leuchtend roten Hagebutten, die sogenannten Scheinfrüchte der Rosen: Diese krug- oder becherförmig ausgebildeten Blütenachsen mit fleischigen Wänden schließen zahlreiche kleine Nussfrüchte ein. Blütezeit ist von Juni bis Juli. Die Früchte werden im Oktober gesammelt. Die Früchte der Heckenrose und die daraus gefertigte Hagebuttenmarmelade haben einen sehr hohen Vitamin-C-Gehalt und leisten bei regelmäßigem Genuss einen Beitrag zur Immunabwehr.

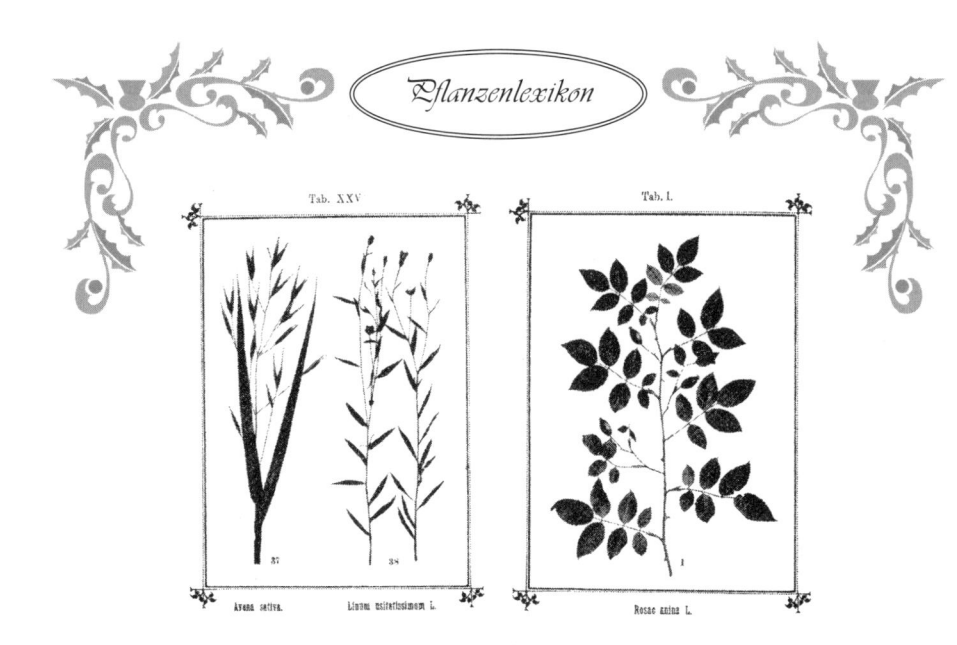

Heidelbeere

Vaccinium myrtillus L.
Heidekrautgewächse, *Ericaecae*, auch: Blaubeere, Tab. 32, Nr. 50
Im Unterwuchs von Nadelwäldern kommt die Heidelbeere in ganz Mittel- und Nordeuropa vor. Sie meidet kalkreiche Böden. Die Pflanze bildet in Wäldern sogenannte Herden. Der stark verzweigte Halbstrauch wird 20–50 cm hoch und hat buschig aufstrebende, kantige Zweige. Die eiförmig zugespitzten Laubblätter sind sommergrün. Die kugeligen Blüten der Heidelbeere hängen an kurzen Stielen und sind grünlich, dabei blassrosa überlaufend.
Die Fruchtreife der blauschwarzen Früchte ist von Juli bis September. Die Blätter werden vor der Fruchtreife gesammelt. Sie enthalten die Substanz Glukokinin, das den Blutzucker herabsetzt. Beim Gebrauch der Heidelbeere als Heilpflanze ist wegen der unterschiedlichen Wirkungen zu differenzieren zwischen getrockneten und frischen Heidelbeeren.

Pflanzenlexikon

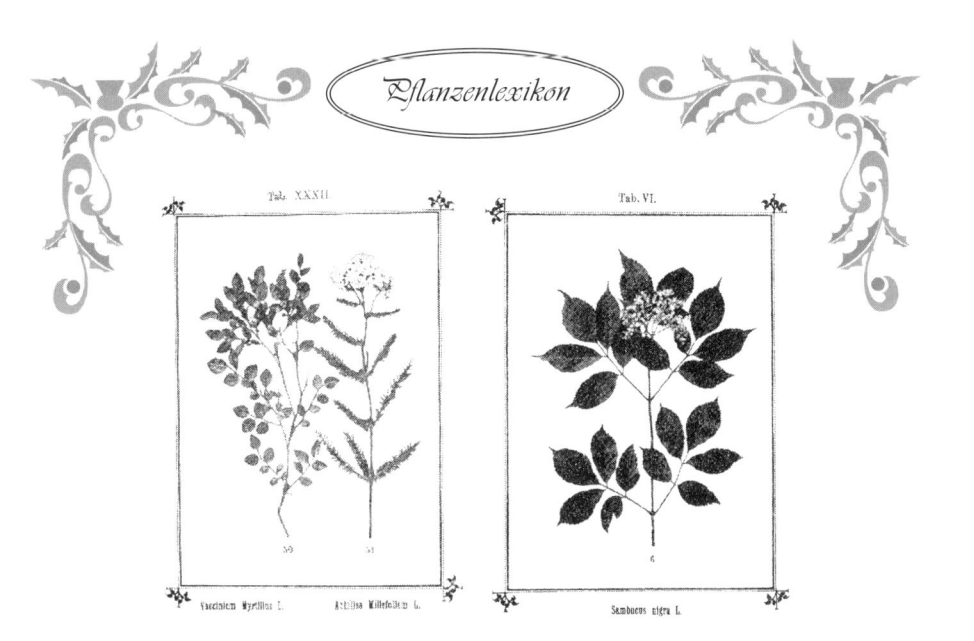

Heublumen

Mit dem Namen „Heublume" meint man nicht die Blüten einer bestimmten Pflanzenart, sondern die auf dem Heuboden durch das trockene Heu hindurchgefallenen Bestandteile vieler verschiedener Pflanzen. Da finden sich kleine Gräser, Samen, Blüten und Blättchen, eine ideale Zusammenstellung aus Löwenzahn, Hirtentäschel, Schafgarbe und vieler anderer Kräuter mehr. Insbesondere bestimmte Gräser enthalten den Wirkstoff Cumarin, der den im Folgenden aufgeführten Anwendungen zugute kommt. Man kauft sie in Kräuterhäusern oder in Apotheken oder man kehrt sie einfach auf dem Heuboden eines befreundeten Bauern zusammen. Man kann sie für Kräuterbäder oder für Kräuterkissen gut gebrauchen.

Pflanzenlexikon

Hirtentäschel

Capsella bursa-pastoris (L.)
Kreuzblütengewächse, *Brassicaeae*, auch: Hungerkraut, Tab. 12, Nr. 14
Hirtentäschel kommt universal in ganz Europa vor und ist an Mauern und Wegen zu finden. Die aufrechte Pflanze wird 2–40 cm hoch. Die grundständigen Blätter sind rosettig und fiederteilig, die Stängelblätter ungeteilt. Die kleinen weißen Blüten sind traubenförmig angeordnet. Die Frucht bildet ein herzförmiges Schötchen. Blütezeit ist von März bis Oktober. Hirtentäschel enthält Stoffe, die eine blutstillende und gefäßverengende Wirkung haben. Es findet somit v. a. Verwendung bei Frauenkrankheiten und bei allen inneren Blutungen. Gesammelt wird das ganze blühende Kraut. Die Wirkstoffe sind vermutlich auf einen schmarotzenden Pilz (*Albugo candida*) zurückzuführen.

Holunder, Schwarzer

Sambucus nigra L.
Geißblattgewächse, *Caprifoliaceae*, auch: Flieder, Tab. 6, Nr. 6
Holunder kommt in Auwäldern, an Wegrändern und Hecken vor. Er ist auch fast immer in Bauerngärten zu finden. Holunder ist als Strauch oder als bis zu 7 m hoher Baum zu finden. Die jungen Zweige haben ein weiches, weißes Mark. Die Blätter sind unpaarig gefiedert, mit 2–3 Paaren länglich zugespitzter Blättchen. Die charakteristischen Blüten bilden eine schirmförmige Trugdolde mit kleinen, gelblich weißen Blüten, die stark duften. Die kleinen, kugeligen glänzenden Früchte sind schwarzviolett. Der blutrote Saft der Früchte ist stark färbend. Blütezeit ist von Mai bis Juni, Fruchtreife von September bis Oktober.
Vom Holunder können alle Teile, Wurzeln, Rinde, Blätter, Blüten und Beeren verwendet werden. Die reifen Holunderbee-

Pflanzenlexikon

ren ergeben einen köstlichen Saft, wohlschmeckende Marmeladen und Gelees; Holunderbeeren sind bestens geeignet zum Ansetzen von Branntwein. Der Holunderbusch sollte wegen seiner Schönheit und Ergiebigkeit in keinem Garten fehlen. Achtung: Die reifen Beeren dürfen niemals roh gegessen werden, da sie leicht giftig sind und somit Brechreiz und Verdauungsstörungen verursachen können.

Hopfen

Humulus lupulus L.
Hanfgewächse, *Cannabaceae*
Hopfen wächst an Hecken und Waldrändern, in feuchten Gebüschen und an Flussufern. Zur Biergewinnung wird Hopfen kultiviert. Die Klimmhaare am vierkantigen Stängel ermöglichen das (rechtswindige) Klettern dieses 3–6 m hohen Schlingengewächses. Die gegenständigen Blätter sind lang gestielt, rauhaarig und grob gesägt. Die Pflanze ist 2-häusig: Die männlichen Blüten stehen in Rispen, die weiblichen Blüten in Scheinähren. Aus den zapfenartigen Blütenständen entwickeln sich die grünlich gelben Hopfendolden. Zur Reifezeit neigen sich diese nach unten. Geerntet wird im September.
Die im Hopfen enthaltenen Bitterstoffe (u.a. Lupulen und Humulen) sind wesentliche Geschmacksbestandteile aller Biersorten. Sie geben dem Bier seinen bitteren Geschmack.

Hornklee

s. Bockshornklee

Pflanzenlexikon

Huflattich

Tussilago farfara L.
Korbblütengewächse, *Asteraceae*, auch: Hustenkraut, Tab. 16, Nr. 19, 20
Huflattich kommt überall in Europa vor. Er hat eine wichtige Funktion als Bodenbefestiger auf rutschenden Hängen, an Eisenbahndämmen, feuchten, lehmigen Böschungen und an Bächen und Straßen. Diese ausdauernde Pflanze treibt aus einer unterirdischen Grundachse bis zu 180 cm lange Ausläufer. Zunächst, im Vorfrühling, bilden sich die 10–15 cm hohen spinnweb-wolligen Blütenschäfte, die einköpfige, bis 12 mm breite Blütenköpfchen von leuchtend goldgelber Farbe tragen. Der Fruchtstand wächst 30 cm hoch aus. Erst nach der Blüte erscheinen die bodenständigen, hufeisenförmigen Blätter (daher der Name!). Anfangs auf beiden Seiten mit einem weißlichen Filzbelag bedeckt, verkahlt die Oberseite bald.
Beim Huflattich sind sowohl die Blüten als auch die Blätter zu medizinischen Zwecken verwendbar. Zusätzlich zu den in den Blüten enthaltenen Schleimstoffen und Falvonoidverbindungen enthalten die Blätter auch Gerbstoff. Junge Huflattichblätter sind bestens für einen Frühjahrssalat geeignet.

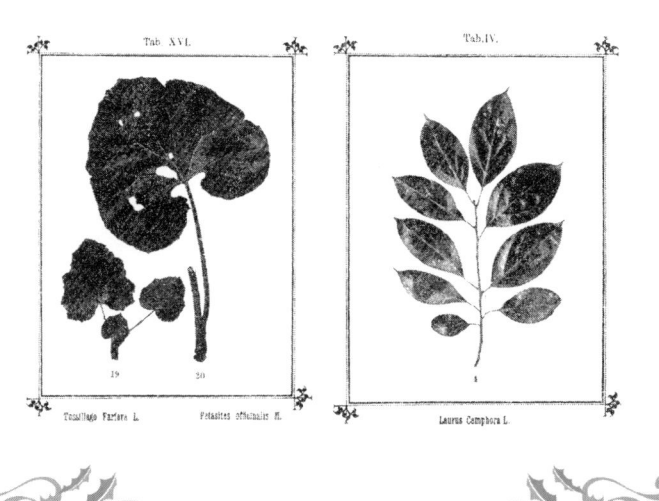

Pflanzenlexikon

Isländisches Moos

Cetraria islandica L.
Fam. der Laubflechten, *Parmeliaceae,* auch: Lungenmoos
Isländisches Moos findet sich v. a. im Gebirge auf windexponierten Kämmen, aber auch in lichten Bergwäldern und auf Mooren und Heiden. Die 3–10 cm hohe, manchmal sehr verzweigte Laubflechte hat eine olivgrüne, grauweiße bis rötliche Färbung. Sie sitzt mit kurzen fadenförmigen Haftorganen lose am Erdboden auf.
Isländisches Moos enthält einen sehr hohen Anteil an Schleimstoffen und außerdem Bitterstoffe, die appetitanregend wirken. Gesammelt wird die Flechte von Mai bis September.

Johannisbeere, Schwarze

Ribes nigrum L.
Steinbrechgewächse, *Saxifragaceae,* auch: Bocksbeere
Die Schwarze Johannisbeere wächst nur vereinzelt wild in feuchten Gebüschen und Erlenbrüchen oder an Ufern und Sumpfrändern. Sie wird hauptsächlich in Gärten kultiviert und bis zu 2 m hoch. Die Blätter sind groß, 3–5-lappig mit gesägtem Rand und an der Unterseite leicht behaart. Die grünlichen Blüten hängen in dichten Trauben. Blütezeit ist von April bis Mai. Besonderheit: Nicht nur die Beeren, sondern auch die Blätter werden hier gesammelt.

Johannisblume

s. Arnika

Pflanzenlexikon

Johanniskraut

Hypericum perforatum L.
Johanniskrautgewächse, *Hyperiaceae,* auch: Sonnwendkraut, Tab. 24, Nr. 36
Johanniskraut ist in ganz Europa verbreitet, mit Ausnahme des hohen Nordens. Es bevorzugt eher trockene Böden in lichten Wäldern und Gebüschen, ist aber ebenso an Felsen und Wegrändern zu finden. Die Pflanze bildet eine spindelförmige Wurzel aus. Der aufrechte Stängel, im oberen Teil ästig und 2-scheidig, wird 20–100 cm hoch. Die Blätter haben am Rand schwarze Drüsen. Sie sind elliptisch-eiförmig und durchscheinend punktiert. Johanniskraut hat große, gelbe Blüten, die ebensträußige Trugdolden bilden. Reibt man die Blüten zwischen den Fingern, tritt ein blutroter Farbstoff aus, der aus den dunklen Drüsen der Blumenkronblätter stammt. Blütezeit ist von Juni bis Juli. Johanniskraut ist eines unserer bekanntesten Heilkräuter. Es blüht mit 5-strahligen, sternförmigen, unzähligen gelborangeroten Blüten und wird etwa 50 cm bis 1m hoch. Schon seit Urzeiten ist Johanniskraut als heilkräftige Pflanze bekannt. Sie galt, wie einige ihrer Namen noch erahnen lassen, als Zaubermittel gegen Teufel, gegen Gespenster und Hexen, wenn sie nur in der Johannisnacht gepflückt wurde. Wer daran glaubte, konnte mit dieser Pflanze den Liebsten herbeizaubern, Blitzschlag abwenden und alle Krankheiten heilen. Heute weiß man, dass Johanniskraut für viele Krankheiten gut ist, gegen Blitzschlag hat man bessere Mittel, und für die Liebe gibt es leider keinen Zaubertrank. Gesammelt wird der ganze Blütenstand.

Kalmus

Acorus calamus L.
Aronstabgewächse, *Araceae,* auch: Brustwurz, Tab. 19, Nr. 26
Kalmus ist in Europa seit dem 16. Jahrhundert eingebürgert

und wird heute auch häufig kultiviert. Wild wächst er an Sümpfen, Teichen und Flussufern. Aus einem weit kriechenden Erdspross bildet sich ein 3-kantiger, 2-zeilig mit linealen, schwertförmigen Blättern besetzter Spross bis zu 120 cm Höhe. Am Schaftende bilden sich kleine, bis 8 cm lange Kolben, die dicht mit winzigen grünlich gelben Blütchen besetzt sind. Die Früchte sind rote Beeren, die aber in unserem Klima niemals zur Reife kommen. Kalmus kann daher nur vegetativ vermehrt werden. Die ganze Pflanze riecht aromatisch-würzig. Die Wurzeln werden im September und Oktober gesammelt.

Die in frischem Zustand Brechreiz erregende Wurzel der aus Indien und China stammenden Sumpfpflanze (seit Jahrhunderten jedoch auch bei uns heimisch) enthält ätherische Öle, den Bitterstoff Acorin und Gerbstoff. Als Heilmittel wird sie in getrocknetem Zustand verwendet, sie ist in Apotheken und Kräuterhäusern erhältlich und ein vorzügliches Mittel für nervös bedingte Magen- und Darmstörungen. Achtung: Der Kalmus wird vom Aussehen her oftmals für Schilf gehalten. An den breiten und am Grunde rötlichen Blättern ist Kalmus jedoch leicht davon zu unterscheiden.

Kamille, Echte

Matricaria chamomilla L.
Korbblütengewächse, *Asteraceae*, auch: Kuhmelle, Tab. 34, Nr. 55
Kamille findet man auf Äckern (hier oft Getreideunkraut), Weinbergen und Ödland. Durch Einsatz von Unkrautbekämpfungsmitteln ist die Echte Kamille vielerorts fast ausgerottet. Sie ist eine einjährige Pflanze mit einem aufrechten, 10–55 cm hohen Stängel, der ästig und kahl ist. Die 2–3-fach fiederteiligen Laubblätter haben schmale lineale Abschnitte. Die Blütenköpfe sind einzeln und werden 15–24 mm breit. Sie haben 5-zähnige, goldgelbe Scheibenblüten und im Durchschnitt 15 weiße Zungenblüten. Die Zungenblüten sind länger

als die Hülle und im vollerblühten Zustand zurückgeschlagen. Der Blütenboden ist kegelförmig und im Gegensatz zur wilden Kamille innen hohl, was als wichtiges Unterscheidungsmerkmal dient. Die ganze Pflanze hat einen charakteristisch aromatischen Duft. Blütezeit ist von Mai bis September.

Neben der Pfefferminze ist die echte Kamille wohl eine der bekanntesten und am meisten benutzten europäischen Heilpflanzen. Ihre ausgezeichnete krampflösende, entzündungshemmende und schmerzlindernde Wirkung beruht auf den in ihr enthaltenen ätherischen Ölen, auf Schleimstoffen und krampflösenden Stoffen. Man sollte in jedem Fall sorgsam darauf achten, dass Kamille beim Kauf noch ihren typischen starken und angenehmen Geruch hat. Dies ist bei unsachgemäßer Lagerung und häufig bei ihrer Abpackung im Teebeutel nicht mehr der Fall. Überhaupt gilt: Sind Teebeutel in Geruch und Geschmack fad geworden, so hat auch ihre Wirksamkeit nachgelassen. Der Gehalt an Azulen, dem entzündungshemmenden Stoff aus dem dunkelblauen Extrakt der Blüten, kann außerdem je nach Standort sehr unterschiedlich sein.

Kampfer

Cinnamomum camphora L.
Lorbeergewächse, *Lauraceae*, Tab. 4, Nr. 4

Der Kampferbaum ist ein Verwandter des Edlen Lorbeerbaumes und besonders in China, Indien, auf Ceylon und Madagaskar zu finden. In den Tropen ist er vielfach ein Zierbaum; in Kalifornien ist der Kampferbaum mittlerweile als Straßenbaum beliebt. Der sehr langsamwüchsige Baum erreicht eine Höhe von 50 m und entwickelt aus dem dicken Stamm eine breite Krone. Die Blätter sind auffällig groß und meist einfach oval.

Aus dem Holz des Kampferbaumes wird das dünnflüssige und klare Öl destilliert. Die Verarbeitung lohnt sich nur bei alten Bäumen, deshalb werden die Kulturen frühestens mit 60 Jahren geschlagen. Der Kampfer wird heutzutage im Handel bereits gelöst in Ölen oder Salben als Einreibemittel bei rheumatischen Beschwerden und Neuralgien angeboten. Kampfer wirkt antiseptisch und hat schmerzlindernde Eigenschaften. Wegen Reizungen nicht bei empfindlicher Haut verwenden.

Kardobenediktenkraut

s. Benediktenkraut.

Käsepappel, Große

s. Malve, Wilde

Kerbel

Anthriscus cerefolium L.
Doldengewächse, *Apiaceae,* auch: Gartenkerbel
Kerbel wird in Gärten angebaut. Diese einjährige Pflanze wird 30–50 cm hoch. Der Stängel ist rund, fein gerillt und verästelt. Die Blätter sind 2–4-fach gefiedert und am Rand und an der Unterseite behaart. Die kleinen weißen Blüten stehen in mehrstrahligen Dolden. Blütezeit ist von Mai bis Juni. Die länglichrunden Spaltfrüchte sehen denen des Kümmels ähnlich. Die Pflanze verbreitet einen auffallenden Anisgeruch.
Als Heilpflanze wird hauptsächlich der wild wachsende Kerbel verwendet. Gartenkerbel ist bekannt als wohlschmeckendes Gewürz zu Soßen, Suppen, Salaten und zu Fleisch.

Pflanzenlexikon

Knoblauch

Allium sativum L.
Liliengewächse, *Liliaceae*
Knoblauch ist eine alte Kulturpflanze, die schon im alten Indien, China und Japan ebenso wie in Ägypten bekannt war. Gegenwärtig wird Knoblauch fast weltweit angebaut. Knoblauch zeichnet sich durch kranzartig als Zehen angeordnete Tochterzwiebeln aus. Der kahle Stängel wird bis zu 1 m hoch. Unten bilden sich meist 5 lang zugespitzte, lauchgrüne, ganzrandige Blätter. In den Blütenständen am Stängelende entstehen meist anstelle der Blüten kleine Brutzwiebeln. Blütezeit ist von Juli bis August.
Alleine wegen seiner in den besten Küchen fast aller Länder, besonders jedoch des Orients, gepriesenen Eigenschaften als Gewürzzwiebel ist Knoblauch schon seit jeher bekannt und eine wichtige Heilpflanze. Denn was den Appetit anregt, was unser Essen schmackhafter und bekömmlicher macht, heilt auch unseren Körper. Selbst als Küchengewürz fein zerschnitten oder gepresst hilft er noch unterstützend bei Entzündungen des Magen-Darm-Bereichs, bei Blähungen, bei Arteriosklerose, bei Bluthochdruck und Bronchialkatarrh.
Knoblauch kann jedoch noch viel mehr: Selbst in 100.000-facher Verdünnung – in der er heutzutage schon verarbeitet werden kann – sind seine antibiotischen Eigenschaften noch wirksam. Er wirkt blutdrucksenkend und anregend zugleich, blähungstreibend, krampf- und schleimlösend. Geerntet werden die Knoblauchzehen erst nach dem Verdorren der Blätter im Spätherbst.

Königskerze

Verbascum thapsiforme Schrad.
Braunwurzgewächse, *Scrophulariaceae*, auch: Wollblume
Diese Pflanze kommt in ganz Europa auf sonnigen, steinigen

Plätzen, an Wegrändern, auf Flussschotter und Holzschlägen vor. Die Königskerze ist eine 2-jährige Pflanze mit spindelförmiger Wurzel und aufrechtem, bis 150 cm hohem wollig-filzigem Stängel (volkstümlicher Name!). Die unteren Blätter sind gestielt, die oberen herzförmig, am Stängel herablaufend. Alle Blätter sind dicht sternhaarig-filzig, mit auf der Unterseite hervortretendem Adernetz. Die Blüten sind 3–5 cm breit, leuchtend hellgelb, immer 2–5 zusammen gebüschelt in einer aufrechten, verlängerten Traube. Blütezeit ist von Juni bis September.

Die Samen der Königskerze enthalten ein Narkotikum. Sie wurden im Ersten Weltkrieg von französischen Ärzten zur Schmerzlinderung bei Verwundeten gebraucht. Die Wollblume enthält außerdem Saponine, Schleim und ätherisches Öl. Sie ist somit als auswurfförderndes und schleimlösendes Mittel bei Krankheiten der oberen Luftwege gut geeignet.

Kümmel

Carum carvi L.
Doldengewächse, *Apiaceae*, auch: Wiesenkümmel, Tab. 28, Nr. 43

Kümmel wächst auf fast allen Wiesen, an Bahndämmen und auf Ödland. Seine Ansprüche an den Boden sind gering, wenn der Kalkzustand in Ordnung ist. Er hat einen kantigen, gerillten Stängel, der stark verzweigt und bis zu 2 m hoch wird. Die Blätter sind doppelt gefiedert. Die unteren sind gestielt, die oberen sitzen an randhäutigen Scheiben. Die Dolden sind aus 8–15 ungleichen, fast aufrechten Strahlen zusammengesetzt und haben keine Hülle. Die dunkelbraunen Spaltfrüchte werden bis 7 mm lang. Blütezeit ist von Mai bis Juni. Die reifen Samen werden im Juli und August gesammelt. In regenreichen Jahren können die Kümmelpflanzen von Pilzkrankheiten befallen werden, sodass es dann meist zu keiner Fruchtbildung kommt.

Pflanzenlexikon

Die Früchte des Kümmels enthalten verschiedene ätherische Öle und andere Stoffe, die auf den Darm beruhigend, entkrampfend und blähungswidrig wirken und gleichzeitig die Magen- und Darmdrüsen anregen.

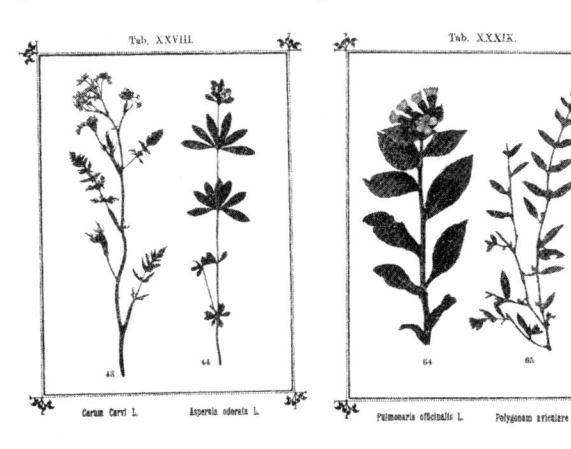

Labkraut

Galium verum L.
Rötelgewächse, *Rubiaceae*, auch: Beinritzenkraut
Diese ausdauernde Pflanze wächst auf mageren Wiesen, auf Schuttplätzen, an Wegrändern und Gebüschen. Sie wird bis zu 50 cm hoch und hat einen vierkantigen Stängel. Die Blätter stehen in Quirlen, sind schmal, zugespitzt und am Rande eingerollt. Die kleinen, gelben, wohlriechenden Blüten stehen in dichten, endständigen Fruchtdolden. Blütezeit ist von Mai bis September.
Labkraut ist v. a. eine Heilpflanze im Zusammenhang mit Nieren- und Blasenerkrankungen. Es fördert die Harnabsonderung und soll bei Unterleibsschmerzen bei Frauen hilfreich sein. Labkraut enthält – wie der Name andeutet – zudem Labferment und wurde deshalb früher zur Käsebereitung verwendet.

Pflanzenlexikon

Lavendel

Lavendula latifolia L.
Lippenblütengewächse, *Lamiaceae*, auch: Schwindelkraut, Tab. 22, Nr. 32
Lavendel wird bei uns in Gärten kultiviert. Der 20–60 cm hohe Halbstrauch hat stark verzweigte Äste. Die Blätter sind schmal, lanzettlich und grau behaart. Die blauen Blüten umschließen den Stängel und bilden eine fortlaufende Blütenähre. Blütezeit ist von Juli bis August.
Von den ca. 25 bekannten Lavendelarten kommt in unseren Breiten als wild wachsende Pflanze nur der Echte Lavendel vor, bei uns wird er vornehmlich in Gärten angebaut. Die Blüten des Lavendels enthalten ein stark riechendes ätherisches Öl (Lavendelöl), die Blätter einen hohen Anteil an Gerbstoff. Neben seiner Funktion als Heilmittel besitzt der Lavendel noch eine weitere – zu Großmutters Zeiten hoch geschätzte – Eigenschaft: Mehrere kleine Säckchen (z.B. ausrangierte Socken) mit Lavendelblüten gefüllt, zugebunden und in den Kleiderschrank gehängt oder gelegt sind ein wohlriechender Ersatz für Mottenkugeln. Die Blüten werden vor der völligen Entfaltung gesammelt.

Lein

Linum usitatissimum L.
Leinengewächse, *Linaceae*, auch: Flachs, Tab. 25, Nr. 38
Lein wird feldmäßig angebaut. Der bis zu 100 cm hohe, runde und aufrechte Stängel ist oben rispenartig verzweigt. Er ist dicht mit wechselständigen, lanzettlichen Blättern besetzt. Die kräftig blauen Blüten stehen in den einzelnen Stängelverzweigungen. Die Frucht ist eine 6–8 mm lange Kapsel, die bis zu zehn Samen enthält. Blütezeit ist von Juni bis Juli.
Leinsamen ist wegen seiner Inhaltsstoffe (viel Schleim und fettiges Öl) v. a. ein sicher wirkendes Abführmittel, das auf me-

chanischem Weg wirkt und auch bei dauernder Anwendung nicht schädlich ist.
Leinsamen ist als ganzer Samen und auch in geschroteter Form im Handel erhältlich. Gesammelt werden die reifen Kapseln im August.

Liebstöckel

Levisticum officinale L.
Doldengewächse, *Apiaceae*, auch: Maggikraut
Liebstöckel hat verhältnismäßig geringe Ansprüche an seinen Standort und gedeiht daher auch in Gebirgslagen. Doch eine stärkere Verwurzelung und Krautentwicklung wird bei tiefgründigen Böden erreicht. Die krautartige Pflanze hat einen hohlen Stängel mit glänzenden und leicht gezähnten Blättern. Die Blüte ist schmutzig gelb und bildet eine Dolde. Blütezeit ist von Juni bis August.
Liebstöckel wird als Küchenkraut hauptsächlich in unseren Gärten kultiviert. Er ist eine ausdauernde und stattliche Pflanze (sie wird bis zu 250 cm hoch), die in keinem Kräutergarten fehlen sollte. Seine Inhaltsstoffe, u. a. ätherisches Öl und Cumarinverbindungen, haben harntreibende sowie hustenlösende und appetitanregende Wirkung. Das Kraut wird im Oktober gesammelt.

Löwenzahn

Taraxacum officinale
Korbblütengewächse, *Asteraceae*, auch: Pusteblume
Löwenzahn ist in Europa auf Wiesen und an Wegrändern verbreitet. Diese ausdauernde Pflanze wird 20–50 cm hoch und führt reichlich Milchsaft. Die grundständige Blattrosette mit den verkehrt eiförmigen, gezähnten Blättern entspringt von einem walzlichen Wurzelstock. Der runde, hohle Blütenschaft

Pflanzenlexikon

trägt den goldgelben Blütenkopf. Blütezeit ist von April bis Mai.
Manchem Gartenliebhaber nur ein lästiges Unkraut, anderen ein gesuchter, wohlschmeckender Salat und vielen Heilungssuchenden eine Heilpflanze von besonderem Wert, findet sich der Löwenzahn auf allen Wiesen, auf Äckern und an Wegrändern. Großmutter kannte ihn wegen seiner Heilwirkung bei Gallen- und Leberkrankheiten, und in allen Volkssagen heißt es: Wer die Pusteblume mit einem einzigen Atemzug wegblasen kann, hat Glück in der Liebe. Vom Löwenzahn werden verwendet: die jungen Blätter im Frühling (für Salat), die Wurzel (wie Schwarzwurzeln als Gemüse gekocht), die getrocknete Wurzel, die Blätter und die gelben Blüten für Kräutertee.

Lungenkraut

Pulmonaria officinalis L.
Raublattgewächse, *Boraginaceae,* auch: Bockskraut, Tab. 39, Nr. 64
Das Lungenkraut ist in ganz Europa verbreitet und bevorzugt eher feuchte Standorte in lichten Laubwäldern, in Auen und an Bachufern. Diese ausdauernde Staude mit einem dünnen, ästigen Wurzelstock wird 20–30 cm hoch. Die grundständige Blattrosette besteht aus lang gestielten, 5–10 cm langen, eiförmig zugespitzten Blättern. Diese sind bläulich grün, rau behaart und oft weißfleckig. Der frischgrüne Stängel mit 4–5 Stängelblättern ist borstig behaart. Er trägt den dichten, aus mehreren Doppelwicken zusammengesetzten Blütenstand, der an Schlüsselblumen erinnert. Die 10–20 cm langen Einzelblüten sind anfangs karminrot, nach der Befruchtung umfärbend auf azurblau bis violett. Blütezeit ist von März bis Mai. Gesammelt werden die Blätter im Frühling und das blühende Kraut ohne Wurzel.
Lungenkraut enthält u.a. Gerbstoffe, Kalisalze sowie Saponine und Kieselsäure. Es ist bekannt als wirksames schleimlösendes Mittel, das bei hartnäckigem Husten angewandt werden

kann. Der hohe Kieselsäuregehalt hat überdies eine günstige Wirkung bei Tuberkulose.

Magenkraut

s. Wermut

Maggikraut

s. Liebstöckel

Majoran, Wilder

s. Dost

Malve, Wilde

Malva silvestris L.
Malvengewächse, *Malvaceae*, auch: Große Käsepappel, Tab. 7, Nr. 7
Die Wilde Malve ist verbreitet an Zäunen und Wegrändern. Die 10–40 cm hohe, niederliegende bis aufsteigende Pflanze hat einen ästigen, oft rötlich überlaufenden Stängel mit runden, lappig gekerbten, behaarten Blättern. Aus den rosavioletten Blüten mit dunkleren Streifen bilden sich scheibenförmige Früchte. Die Blütezeit ist von Mai bis September.
Ätherische Öle, Gerb- und Schleimstoffe bringen die heilende Wirkung. Für die Malve kommen 2 hauptsächliche Anwendungsgebiete in Betracht: Verschleimung des Bronchialtrakts (Reizhusten, Bronchitis, Mandelentzündung, Heiserkeit) und die Pflege von Wunden und Geschwüren (auch zur Herstellung kosmetischer Mittel).

Pflanzenlexikon

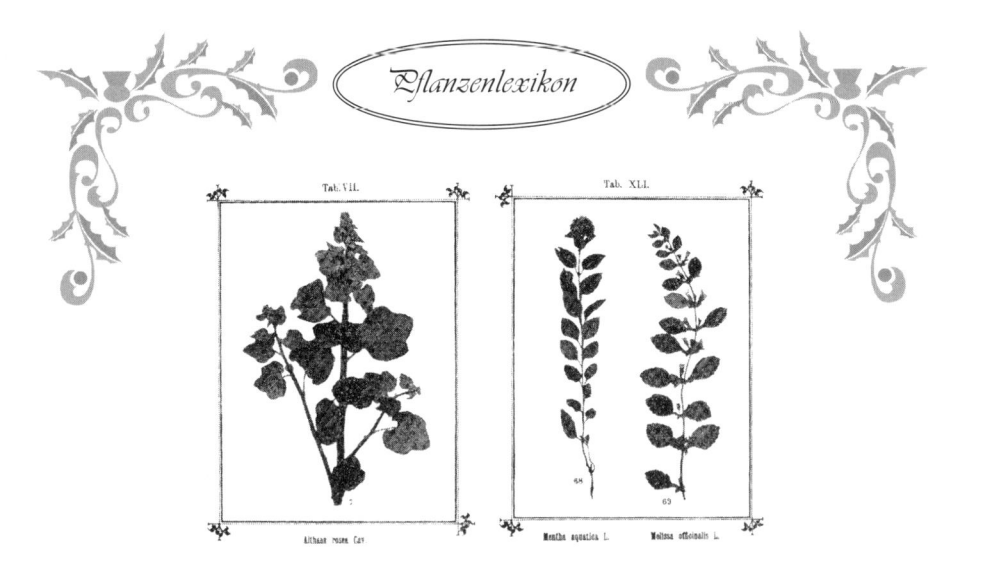

Mariendistel

Silybum marianum L.
Korbblütengewächse, *Asteraceae*, auch: Frauendistel
Die Mariendistel wächst verwildert an sonnigen und windgeschützten Hängen und Ödplätzen. Sie wird aber auch als Zierpflanze in Gärten angebaut. Das distelartige Kraut mit aufrechtem und verästeltem Stängel wird bis zu 150 cm hoch. Die Blätter sind glänzend grün mit weiß gefleckten Nervensträngen; an den Rändern sind sie mit Dornen besetzt. Die unteren Blätter haben eine längliche Form, die mittleren sind fiederspaltig. Die purpurroten Blüten stehen in nickenden Blütenköpfen. Die Früchte haben ein eiförmiges Aussehen. Blütezeit ist von Juli bis August.
Die Mariendistel ist wegen des in ihr enthaltenen Leberschutzfaktors Silymarin hauptsächlich ein Lebermittel. Gesammelt werden die Früchte.

Pflanzenlexikon

Meerrettich

Cochlearia armoracia L.
Kreutblütengewächse, *Brassicaceae*, auch: Kren
Meerrettich ist in fast ganz Europa verwildert und wächst vereinzelt wild auf feuchten Wiesen. Er wird aber in Gärten kultiviert. Der starke, vielköpfige Wurzelstock hat oft bis zu 60 cm lange Ausläufer. Die Wurzeln sind außen gelblich und innen weiß und fleischig. Die Pflanze bildet große und gekerbte Wurzelblätter, der Stängel ist aufrecht und ästig. Die kleinen weißen Blüten sitzen in langen Trauben am Ende der Stängel und Zweige. Besonderheit: Die Wurzel der kultivierten Pflanze ist ergiebiger, da sie dickfleischiger ist.
Die scharf schmeckende Meerrettichwurzel wird als Gewürz zu vielen Fleischspeisen verwendet. Sie ist verdauungsfördernd und appetitanregend. Als Heilmittel hat sie anregende Wirkung auf Magen und Darm, sie ist hustenlösend und antibiotisch bei schlecht heilenden Wunden, seine stark hautreizende Wirkung wird auch bei rheumatischen Beschwerden genutzt. Größere Mengen wirken schädigend auf die inneren Schleimhäute.

Meisterwurz

Imperatoria ostruthium L.
Doldengewächse, *Apiaceae*, auch: Bergwurz
Meisterwurz wächst wild in den Alpen in 1.300–2.000 m Höhe, aber auch in den Mittelgebirgen und wird teilweise in Gärten angebaut. Die Pflanze hat einen kräftigen Wurzelstock, von dem mehrere Nebenwurzeln und Ausläufer abzweigen. Die Wurzel enthält einen milchigen Saft und ist blassgelb. Der Stängel ist hohl, im oberen Teil verästelt und wird bis zu 100 cm hoch. Die unteren Blätter sind gestielt, doppelt 3-zählig, die oberen sind wechselständig angeordnet, derb und grob gesägt. Die kleinen Blüten, weiß oder rötlich schimmernd, ste-

hen in flachen und großen Dolden am Stängelende. Blütezeit ist von Juli bis August. Die Blätter sind auf der Unterseite gewöhnlich schwach behaart und von derber, fast lederartiger Beschaffenheit. Durch dieses Merkmal unterscheidet sich der Meisterwurz von ähnlichen Doldenblütlern, besonders von Arnika.
Vom Meisterwurz werden die getrockneten und zerkleinerten Wurzelteile verwendet; sie enthalten ätherisches Öl und Cumarinverbindungen.

Melisse

Melissa officinalis L.
Lippenblütengewächse, *Lamiaceae*, auch: Zitronenmelisse, Tab. 41, Nr. 69
Wild wächst die Melisse in lichten Gebirgswäldern, vereinzelt auch an Zäunen und Hecken und in Weinbergen. In Gärten wird sie angebaut. Sie wird bis zu 100 cm hoch mit einem vierkantigen und stark verästelten Stängel. Die grasgrünen Blätter sind eiförmig; die unteren sind lang gestielt und grob gesägt, nach oben hin werden die Blätter kleiner, kurz gestielter und eher abgerundet. Die Blattoberseite ist mit kurzen Haaren bedeckt, die Unterseite ist kahl. Die Blüten stehen in den Blattachseln und blühen weiß, manchmal rötlich. Blütezeit ist von Juli bis September. Besonderheit: Die Blätter werden vor der Blüte geerntet.

Mistel

Viscum album L.
Mistelgewächse, *Loranthaceae*, Tab. 40, Nr. 66
Die Mistel ist als halbschmarotzende Pflanze in ganz Europa verbreitet. Man findet sie auf verschiedenen Laubhölzern, Tannen und Föhren. Diese Pflanze ist ein kleiner, manchmal

Pflanzenlexikon

fast kugeliger Strauch mit gabelig verzweigten, kurzen Ästen. Die länglichen, gelblich grünen Laubblätter sind lederartig. Die beerenartige Frucht ist weiß mit klebrigem Fleisch. Besonderheit: Gesammelt werden die kleinen Zweige mit den Blättern von Oktober bis Mitte Dezember und von März bis April.

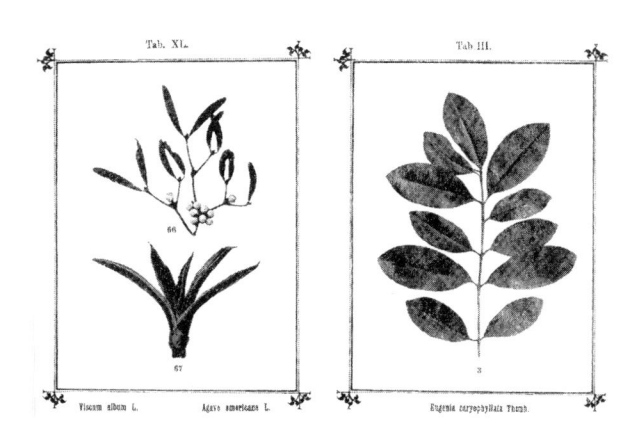

Tab. XL.
66
67
Viscum album L.   Agave americana L.

Tab. III.
3
Eugenia caryophyllata Thunb.

Nelkenwurz

Geum urbanum L.
Rosengewächse, *Rosaceae,* auch: Wilder Sanikel, Tab. 3, Nr. 3
Das lateinische Wort *urbanum* weist schon darauf hin, dass diese Pflanze ortsnah, selbst in Siedlungen vorkommt. Zu finden ist sie auf feuchten Wiesen, an Hecken, Zäunen und Mauern. Diese bis zu 50 cm hohe Staude hat einen dunkelbraunen, fingerdicken Wurzelstock. Der Stängel ist aufrecht und behaart. Die Grundblätter sind lang gestielt und gefiedert, die oberen Blätter 3-zähnig. Die gelben Blüten stehen endständig in lockeren Rispen. Blütezeit ist von Juni bis September.
Schon als Gewürz wirkt die Nelke appetitanregend, magenstärkend und blähungstreibend. Sie fehlte daher in Großmut-

ters Küche nie und kam bei vielen schweren Gerichten mit dazu. Die Wurzeln werden im Frühjahr gesammelt. Sie enthalten das ätherische Öl Eugenol.

Odermennig

Agrimonia eupatoria L.
Rosengewächse, *Rosaceae*, auch: Leberkraut
Odermennig ist in ganz Europa verbreitet und kommt v. a. in lichten, trockenen Wäldern und an Waldrändern, an Hecken und auf Magerwiesen und Weiden vor. Diese ausdauernde, 30–80 cm hohe Staude hat einen kriechenden Wurzelstock und einen zottig behaarten Stängel. Alle Blätter sind stängelständig, auf der Oberseite dunkelgrün; die Unterseite ist etwas heller. Die kleinen gelben Blüten stehen in einer einfachen oder nur unten verzweigten ährenförmigen Traube mit vielen Blüten. Blütezeit ist von Juni bis August.
Odermennig enthält v. a. ätherisches Öl, Gerb- und Bitterstoffe und außerdem Harz. Gesammelt wird die ganze blühende Pflanze.

Petersilie

Petroselinum crispum L.
Doldengewächse, *Apiaceae*
Die Petersilie ist seit über 2.000 Jahren im Mittelmeerraum bekannt und wird in Gärten kultiviert. Die zweijährige Pflanze hat eine dünne, rübenförmige Wurzel. Der Stängel ist rund, zart gerillt und wird etwa 40–100 cm hoch. Die Blätter sind hellgrün und glänzend und haben viele Formen; die meisten sind jedoch dreifach gefiedert. Die Blüten sind klein, grünlich gelb und manchmal rötlich überlaufend. Blütezeit ist von Juni bis Juli. Man unterscheidet krause und glatte Petersilie und die sogenannte Wurzelpetersilie.

Pflanzenlexikon

Das wohlbekannte Küchenkraut enthält u. a. ätherisches Öl und die Vitamine A, B und C. Vor einer Verwendung zu großer Dosen wird dringend gewarnt. Petersilie wirkt dann nämlich giftig, ihr unvernünftiger Gebrauch ruft Leber-, Nieren-, Magen- und Darmschädigungen hervor. Da ihre Inhaltsstoffe anregend auf die Gebärmutter wirken, ist vor einer stark dosierten Verwendung bei bestehender Schwangerschaft zu warnen.

Pfefferminze

Mentha piperita L.
Lippenblütengewächse, *Lamiaceae*, auch: Englische Minze, Tab. 36, Nr. 58
Pfefferminze wächst vereinzelt wild auf feuchten Wiesen und an Wassergräben. Sie wird jedoch meist in Gärten angebaut. Die bis zu 100 cm hohe Pflanze hat einen vierkantigen, verzweigten Stängel mit gegenständig angeordneten Blättern von lanzettlicher Form. Die violetten Blüten stehen in verlängerten Scheinähren. Die in der wohlbekannten Pflanze enthaltenen Wirkstoffe (insbesondere Menthol) machen Pfefferminztee als Heilmittel seit alters her für viele Krankheiten und Beschwerden geeignet. Besonders der Pfefferminztee war zu Großmutters Zeiten sehr beliebt, denn er regt die Verdauungssäfte des Magens und der Galle an und hilft so bei Verstimmung und Krämpfen des Magen-Darm-Traktes, aber auch bei saurem Aufstoßen. Ebenso wird er empfohlen bei Kopfschmerzen und Migräne, bei krampfartigen Leber- und Gallebeschwerden sowie bei Schlaflosigkeit. Allgemein wirkt Pfefferminze desinfizierend und entzündungshemmend sowie schmerzstillend, kühlend und krampflösend.
Echte Pfefferminze verbreitet sich nur durch Wurzelableger und sollte in keinem Garten fehlen. Die Blätter werden kurz vor oder nach der Blüte gesammelt und können frisch oder getrocknet verwendet werden.

Pimpernell

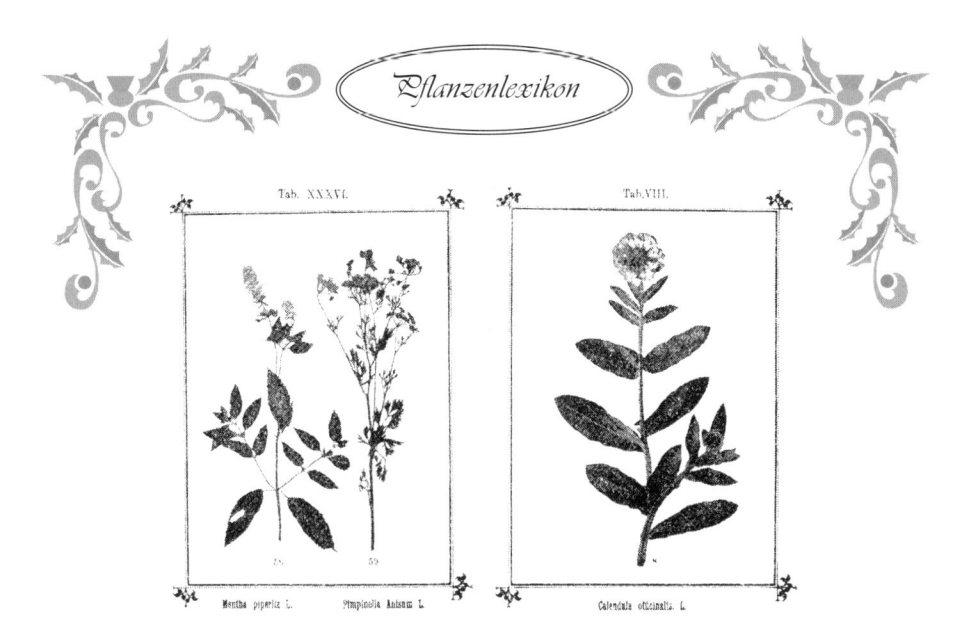

s. Bibernelle, Kleine

Quendel

Thymus pulegioides L. und *Thymus serpyllum L.*
Lippenblütengewächse, *Lamiaceae*, auch: Thymian, Tab. 35, Nr. 57
Der mit dem echten Thymian in Aussehen, Herkunft und Wirkung nahe verwandte Quendel enthält als wesentliche Wirkstoffe Gerbstoff und ätherisches Öl. Er wird wie der echte Thymian als Küchenkraut verwendet und hat als Heilpflanze folgende Wirkungen: hustenlösend bei Bronchialkatarrh, beruhigend bei Asthma, desinfizierend, schmerzstillend und, äußerlich angewandt, heilend bei Wunden und rheumatischen Schmerzen, außerdem durchblutungs- und stoffwechselanregend.

Pflanzenlexikon

Rettich

Raphanus sativus L.
Kreuzblütengewächse, *Brassicaceae*
Rettich wird in Gärten oder feldmäßig angebaut. Die Pflanze wird bis zu 60 cm hoch mit einer spindelförmigen, fleischigen Wurzel. Die Blätter sind grundständig, fiederspaltig und oben ungeteilt. Die Blüten sind weiß bis hellviolett. Blütezeit ist von Juni bis August. Besonderheit: Gesammelt wird hier die Wurzel bei entsprechender Größe.

Ringelblume

Calendula officinalis L.
Korbblütengewächse, *Asteraceae*, auch: Barometerblume, Tab. 8, Nr. 8
Die Ringelblume findet sich verwildert an sonnigen Hängen und Plätzen. In Gärten wird sie vielfach als Zierpflanze angebaut. Die Ringelblume ist ein bis zu 60 cm hohes Kraut mit oben verästeltem Stängel. Die behaarten Blätter sind verkehrt eiförmig und wechselständig. Die orangegelben Blütenköpfe bestehen aus dicht gedrängten Zungenblättern. Die ganze Pflanze fühlt sich klebrig an. Blütezeit ist von Juni bis Oktober. Der volkstümliche Name Barometerblume für die Ringelblume hat folgende Ursache: Wenn sie ihre Blüten zwischen 6 und 7 Uhr morgens öffnet, verheißt dies einen schönen Tag, wogegen mit Regen zu rechnen ist, wenn die Blume um 7 Uhr noch geschlossen ist. Der in unseren Gärten als Zierpflanze angebauten Ringelblume werden viele Wirkungen nachgesagt. Beispielsweise soll sie bei allen Verwundungen, Geschwüren, Quetschungen, Blutergüssen von vortrefflicher Wirkung sein, ferner gilt sie als bewährtes Hausmittel bei allen Hautleiden; innerlich angewendet soll sie angeblich schweißtreibende, reinigende und drüsenanregende Wirkung haben. Gesammelt werden die gerade entfalteten Blütenköpfe.

Pflanzenlexikon

Rosmarin

Rosmarinus officinalis L.
Lippenblütengewächse, *Lamiaceae,* auch: Hochzeitsblümchen
Tab. 18, Nr. 24
Diese sehr frostempfindliche, mehrjährige Pflanze wächst an sonnigen Abhängen, auf Felsen und an Gemäuern. Sie wird außerdem auch viel in Gärten angebaut oder in Töpfen gezogen. Der bis zu 2 m hohe Strauch hat dicht verzweigte Äste. Die Blätter sind lanzettlich geformt und an den Rändern zurückgerollt. Die blassblauen Blüten stehen an Kurztrieben in endständigen Scheintrauben.
Blütezeit ist von April bis Juni.
Rosmarin, wie Thymian, Majoran und Quendel hauptsächlich als Küchenkraut bekannt, ist eine sehr vielseitige Heilpflanze. Sie enthält wertvolle ätherische Öle und Gerbstoff. Ihre Wirkung kann beschrieben werden als: leicht krampflösend, tonisierend (den optimalen Spannungszustand herstellend) und stimulierend auf Herz und Kreislauf, allgemein anregend und belebend, anregend auf Produktion und Ausscheidung der Magen-, Darm- und Gallensäfte, äußerlich leicht hautreizend, durchblutungsfördernd, entzündungshemmend und schmerzlindernd. Gesammelt werden die Blätter während der Blüte.

Salbei

Salvia officinalis L.
Lippenblütengewächse, *Lamiaceae,* auch: Muskatellerkraut, Tab. 5, Nr. 5
Salbei ist an felsigen und unfruchtbaren Hängen zu finden, wird aber auch viel in Gärten angebaut. Der 50–100 cm hohe Halbstrauch hat am unteren Drittel holzige Stängel. Die Blätter sind wintergrün, gestielt, länglich-eiförmig und feinrunzlig. Sie sind an Ober- und Unterseite weißgrau und filzig behaart. Die Blüten sind violett und rachenförmig.

Pflanzenlexikon

Blütezeit ist von Juni bis Juli.
Neben seiner Bedeutung als Küchenkraut fand Salbei schon früh Beachtung als Heilpflanze. Das in seinen Blättern enthaltene, stark duftende ätherische Öl, die ebenfalls noch enthaltenen Saponine, Gerb- und Bitterstoffe sind beteiligt an der desinfizierenden Wirkung des Salbeis. Die Blätter und jungen Triebe werden vor der Blüte gesammelt.

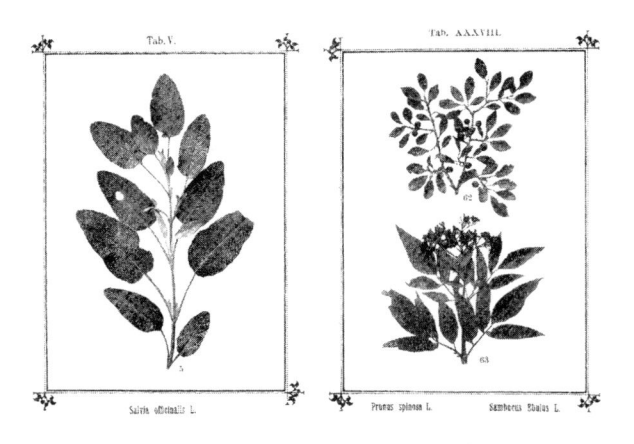

Sanddorn

Hipphophae rhamnoides L.
Ölweidengewächse, *Elaegnaceae,* auch: Audorn
Sanddorn kommt zerstreut in fast ganz Europa vor, denn er wächst auf fast jedem Boden. Er ist als Nutz- und als Zierstrauch für jeden Garten geeignet.
Damit der weibliche Strauch auch Früchte trägt, muss ein männlicher Strauch in der Nähe stehen. Am häufigsten ist er auf feuchtem bis trockenem Kies, Flussschotter und Dämmen anzutreffen. Dieser sommergrüne, bis zu 6 m hohe Strauch hat weit kriechende Wurzelausläufer. Die Äste sind dornig und

sparrig abstehend. Die 2-jährigen Zweige haben dornige Seitentriebe. Die weidenartigen Blätter sind auf der Unterseite filzig behaart. Aus den unscheinbaren grünlichen Blüten bilden sich die Früchte als orangerote, eiförmige Beeren. Der Geschmack der pur genossenen Beeren ist sauer und herb.
Die Sanddornbeeren enthalten einen sehr hohen Anteil an natürlichem Vitamin C. Gesammelt werden die Beeren im Herbst wegen ihres hohen Vitamin-C-Gehaltes.

Schafgarbe, Gemeine

Achillea millefolium L.
Korbblütengewächse, *Asteraceae,* auch: Schafzunge, Tab. 32, Nr. 51
Die Schafgarbe kommt in ganz Europa vor. Sie bevorzugt trockene, sonnige Standorte auf Wiesen, Weiden, Gärten und Parkanlagen. Im Gebirge findet man sie auch auf Geröll und Felsfluren. Die Schafgarbe ist eine ausdauernde, 20–80 cm hohe aromatisch duftende Pflanze. Im Frühling treiben zuerst die dichten, anfangs wollig behaarten Stängel mit doppelt bis 3-fach fiederspaltigen Laubblättern. Die charakteristischen Blüten haben schmutzig weiße Scheibenblüten, die Zungenblüten sind manchmal auch rosig bis karminrot gefärbt. Zusammen bilden sie einen flachen, endständigen Ebenstrauß. Blütezeit ist von Juni bis Oktober.
Verwendet werden vornehmlich die Blütenköpfchen, manchmal auch die Blätter. Wie Kamille enthält Schafgarbe ein ätherisches Öl (Azulenanteil in der Blüte höher als in den Blättern), dessen magenfreundliche, entkrampfende Wirkung ihren Anwendungsbereich bestimmt. Allergische Personen können mit Hautausschlägen reagieren.

Pflanzenlexikon

Schlehdorn

Prunus spinosa L.
Rosengewächse, *Rosaceae*, auch: Schwarzdorn, Tab. 38, Nr. 62
Schlehen sind in ganz Mitteleuropa verbreitet. Man findet sie auf sonnigen Hängen, an Waldrändern und Hecken. Der Schlehdorn wird 1–3 m hoch, ist dicht verzweigt und hat Dornen. Die Blüten sind weiß und duften süß. Sie blühen vor der Blattentfaltung. Die blau bereiften, kugeligen Früchte werden bis 15 mm lang und haben einen ausgesprochen herb-sauren Geschmack. Blütezeit ist von März bis April. Die Fruchtreife ist im Spätherbst.
Verwendet werden die bittermandelähnlich riechenden Blüten und die dunkelbraunen bis schwarzen reifen Früchte. Letztere haben einen äußerst bitteren Geschmack, der von den enthaltenen Blausäure- und Gerbstoffbestandteilen herrührt und sich, wenn die Früchte nach den ersten Nachtfrösten gesammelt werden, zu einem großen Teil verliert. Die Früchte sind wertvoll, da sie reichlich Vitamin C enthalten.

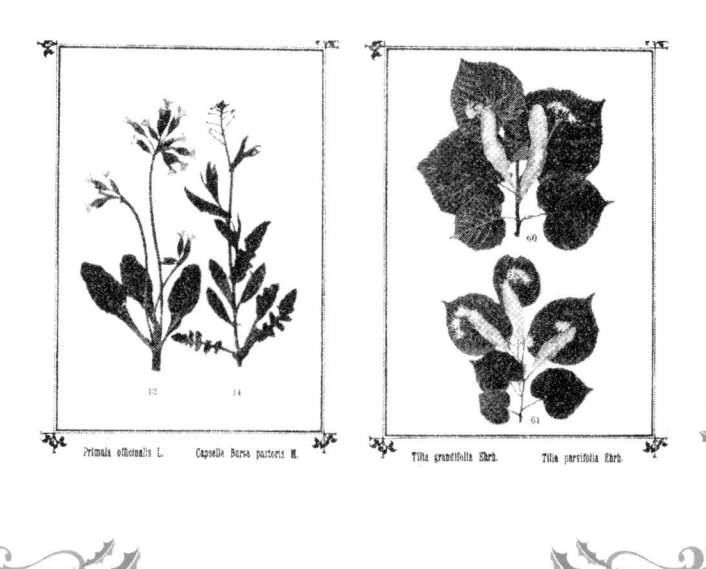

Pflanzenlexikon

Schlüsselblume, Echte

Primula veris L.
Schlüsselblumengewächse, *Primulaceae*, auch: Heiratsschlüssel, Tab. 12, Nr. 13
Auf sonnigen Wiesen und an Waldrändern findet man die Schlüsselblume in fast ganz Europa. Sie ist eine ausdauernde Pflanze, aus deren kurzem Wurzelstock eine grundständige Rosette von samtig kurzhaarigen Blüten entspringt. Die Blätter sind eiförmig und runzelig. Der Blütenschaft wird bis 20 cm lang und trägt eine vielblütige Dolde. Der Kelch ist glockig aufgeblasen und von grünlich gelber Farbe. Die Blumenkrone ist goldgelb mit 5 orangefarbenen Flecken am Schlund. Sie verströmen einen wohlriechenden Duft. Blütezeit ist von März bis Mai. Die Echte Schlüsselblume ist teilweise geschützt. Verwendet werden die Wurzel und die Blüten. Die Schlüsselblume enthält als wertvolle Heilstoffe Saponine, Glykoside und ätherisches Öl.

Senf

Brassica juncea L.
Kreuzblütengewächse, *Brassicaceae*, auch: Indischer Senf
Bei der Senfpflanze unterscheidet man außer dem Indischen Senf noch den Schwarzen Senf (*Brassica nigra L.*) und den weißen Senf (*Sinapis alba L.*) Diese beiden Arten sind aber hauptsächlich vom Indischen Senf verdrängt worden.
Die bis zu 100 cm hohe, 1-jährige Senfpflanze blüht gelb von Mai bis September. Der Ackersenf (*Sinapis arvensis L.*) ist als Unkraut auf Feldern gefürchtet, da eine einzige Pflanze schon Tausende von Samen erzeugt und diese eine Keimfähigkeit von bis zu 25 Jahren haben.
Senf ist heute jedermann bekannt als Küchengewürz, früher hingegen wurde er auch als wirksames Heilmittel sehr geschätzt. Hierzu wird insbesondere der Weiße oder Gelbe Senf

Pflanzenlexikon

verwendet, bei der französischen Senfzubereitung jedoch auch der Schwarze Senf. Letzterer enthält ätherisches Senföl, das dem Schwarzen Senf seine besondere Wirkung als Heilmittel verleiht. Schwarzer Senf ist als Senfmehl im Handel erhältlich. Dieses hat stark hautreizende (Achtung bei Kindern), durchblutungsfördernde und in vielen Fällen schmerzstillende Wirkung. Das Senfmehl kommt hauptsächlich äußerlich zur Anwendung.

Sommerlinde

Tilia platyphyllos Scop.
Lindengewächse, *Tiliaceae*, auch: Frühlinde, Tab. 37, Nr. 60
Die Sommerlinde ist in Mitteleuropa v. a. in Laubwäldern verbreitet. Sie wird aber auch häufig angepflanzt, z. B. die sogenannte Dorflinde. Der sommergrüne Laubbaum kann bis zu 30 m hoch und sehr alt werden. Die Laubblätter sind herzförmig, scharf gesägt und von bleichgrüner Farbe. Die Blütenstände sind lang gestielt und trugdoldig. Sie stehen in der Achsel eines zungenförmigen Deckblattes. Die gelben Blüten sind stark duftend und außerordentlich pollenreich.
Blütezeit ist von Juni bis Juli.

Sonnwendkraut

s. Johanniskraut

Spitzwegerich

Plantago lanceolata L.
Wegerichgewächse, *Plantaginaceae*, auch: Siebenrippe, Tab. 23, Nr. 34
Spitzwegerich ist in ganz Europa verbreitet. Zu finden auf

Pflanzenlexikon

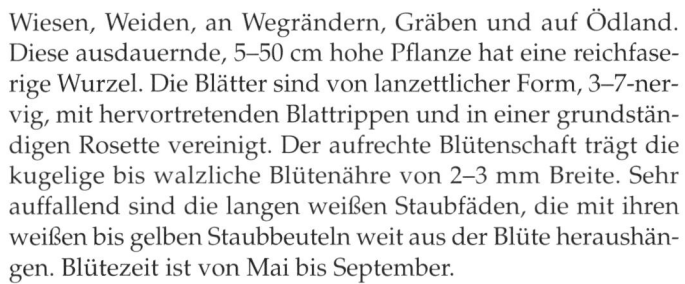

Wiesen, Weiden, an Wegrändern, Gräben und auf Ödland. Diese ausdauernde, 5–50 cm hohe Pflanze hat eine reichfaserige Wurzel. Die Blätter sind von lanzettlicher Form, 3–7-nervig, mit hervortretenden Blattrippen und in einer grundständigen Rosette vereinigt. Der aufrechte Blütenschaft trägt die kugelige bis walzliche Blütenähre von 2–3 mm Breite. Sehr auffallend sind die langen weißen Staubfäden, die mit ihren weißen bis gelben Staubbeuteln weit aus der Blüte heraushängen. Blütezeit ist von Mai bis September.
Spitzwegerich enthält Schleim, Gerbstoff und das Glykosid Aucubin. Seine zusammenziehende, keimtötende und hustenlösende Wirkung ist altbekannt. Die Blätter werden gesammelt, solange die Pflanze blüht.

Stiefmütterchen

Viola tricolor L.
Veilchengewächse, *Violaceae,* auch: Feldveilchen
Das Stiefmütterchen wächst auf Äckern und Wiesen, auf Ödland und an Waldrändern. Es wird bis zu 20 cm hoch mit einem aufrechten, hohlen und verzweigten Stängel. Die Blätter sind unten länglich, eiförmig und werden zum Stängel hin lanzettlich. Die Blüten sitzen an den Blattachseln und können ganz verschiedenfarbig sein. Die Farbabstufungen reichen von weiß bis gelb über bläulich bis zu violett, teilweise mit strichförmigen Saftmalen oder intensiver gefärbtem Blütenschlund. Blütezeit ist von Mai bis Juli. Gesammelt wird das blühende Kraut im Mai.

Studentenblume

s. Ringelblume

Süßholz

Astragalus glyciphyllos L.
Schmetterlingsblütengewächse, *Fabaceae*, auch: Tragant
Süßholz gedeiht am besten in lichten Wäldern und Gebüschen, wobei aber kalkhaltiger Lehmboden und warmer Stand wichtig sind. Süßholz bildet 50–130 cm lange Stiele, die Blätter werden 20 cm lang. Die gelblichen Blüten sind in einer köpfchenartigen Traube angeordnet. Die Blätter schmecken süßlich, daher der Name. Süßholzwurzeln enthalten einen Süßstoff, der um ein Vielfaches süßer ist als Rohrzucker, außerdem Bitterstoff, Saponin und ätherisches Öl. Als Anwendungsgebiete kommen wegen seiner schleimlösenden Wirkung insbesondere Krankheiten der oberen Luftwege infrage, es hilft auch bei leichten Formen von Verstopfung.

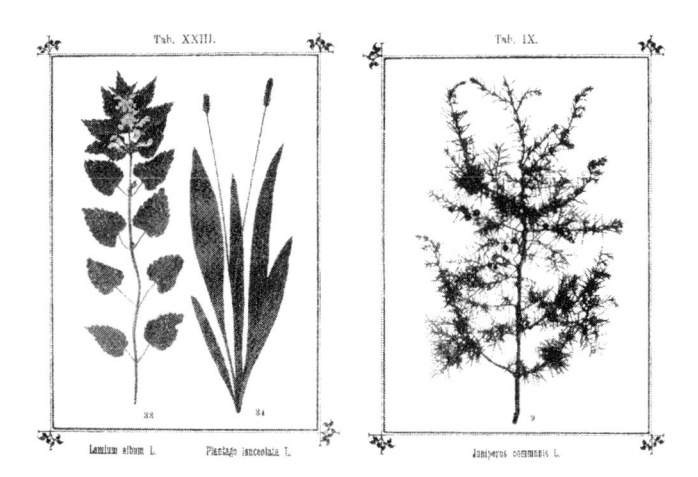

Pflanzenlexikon

Taubnessel, Weiße

Lamium album L.
Lippenblütengewächse, *Lamiaceae,* auch: Blumennessel, Tab. 23, Nr. 33
Die Weiße Taubnessel kommt in ganz Europa an Wegrändern vor. Die 20–40 cm hohe Pflanze hat einen vierkantigen Stängel und gegenständige, gesägte Blätter. Die weißen Blüten werden 2 cm lang und sind in Scheinquirlen angeordnet. Die Blüten riechen bocksartig. Blütezeit ist von Mai bis Juli.
Die weiß blühende, nicht „brennende" Nessel enthält als Wirkstoffe ätherisches Öl, Gerbstoff, Schleim und Saponin. Als heilkräftiges Pflanzenteil kommt die gesamte Pflanze samt Wurzel zur Anwendung.

Tausendgüldenkraut

Centaurium erythraea L.
Enziangewächse, *Gentianaceae,* auch: Apothekerblume, Tab. 30, Nr. 47
Tausendgüldenkraut kommt zwar nicht sehr häufig vor, ist aber in ganz Europa verbreitet. Zu finden ist diese Heilpflanze auf Waldwiesen, dürren Grasplätzen, in lichten Gebüschen und an Ufern. Die 1–2-jährige, kahle Pflanze wird 10–40 cm hoch. Der aufrechte Stängel ist vierkantig und erst oben verzweigt. Die untersten Laubblätter sind stumpf, meist 5-nervig und bilden eine bodenständige Rosette. Die Stängelblätter sind länglich bis lineal, spitz und gegenständig sitzend. Der Blütenstand ist flach und doldenrispig. Die kleinen trichterförmigen Blüten sind intensiv rosa und öffnen sich nur bei warmer Witterung. Das schwach würzig riechende Kraut schmeckt gallenbitter. Blütezeit ist von Juni bis August. Achtung: Tausendgüldenkraut ist teilweise geschützt.
Wie Enzian enthält Tausendgüldenkraut einen speziellen Bitterstoff und ätherische Öle. Für die verschiedenen Zuberei-

tungen (Tee, Tinkturen, Extrakte, Kräuterlikör) wird das getrocknete blühende Kraut verwendet. Seine Heilwirkungen sind vielfältig. Sie reichen von appetitanregend, verdauungsfördernd, fiebersenkend bis zu blutbildend und reinigend auf Leber, Galle und Nieren. Dem ist zu entnehmen, dass Tausendgüldenkraut im Wesentlichen die Tätigkeit aller an der Verdauung beteiligten Ausscheidungsorgane (innere Sekretion) anregt. Über einen besseren Appetit und eine bessere Verwertung der Kost kommt es dann zu insgesamt kräftigenden, gesundheitsfördernden Auswirkungen.

Thymian

Thymus vulgaris L. (Gartenthymian) und *Thymus serpyllum L.* (Feldthymian)
Lippenblütengewächse, *Lamiaceae,* auch: Quendel (für den Feldthymian)
Thymian ist ein immergrüner Halbstrauch mit niederliegenden Zweigen. Die Blätter sind klein und schmal. Die sehr kleinen, hellrosa Blüten sind in kugelköpfigen Blütenständen angeordnet und duften stark aromatisch. Der Feldthymian findet sich in ganz Europa auf trockenen, sonnigen Standorten. Er enthält weniger ätherisches Öl als der echte Thymian. Blütezeit ist von Mai bis September. Die in den kleinen Blättern des Thymian enthaltenen ätherischen Öle, seine Bitterstoffe und Gerbstoffe sowie andere noch unerforschte Substanzen machen Thymian zu einer vorzüglichen Gewürz- und Heilpflanze, die wegen ihrer vielseitigen Verwendbarkeit in keinem Garten fehlen sollte. Benutzt werden die unverholzten Enden der blühenden Zweige mit ihren Blättern und Blüten.

Pflanzenlexikon

Veilchen, Wohlriechendes

Viola odorata L.
Veilchengewächse, *Violaceae,* auch: Osterveilchen, Tab. 11, Nr. 12
Das Wohlriechende Veilchen ist in ganz Europa verbreitet und unter Hecken, in Auen und an sonnigen Waldrändern zu finden. Aus einer zweiachsigen Rosettenstaude mit kurzem dicken Erdstock treiben die am Boden liegenden Ausläufer. Die Laubblätter an kurzen Stielen sind rundlich bis nierenförmig, am Grund tief ausgebuchtet. Die Blüten von tiefvioletter Farbe sind stark duftend. Blütezeit ist von März bis Mai.
Das Wohlriechende Veilchen enthält harntreibende, husten- und schleimlösende sowie fiebersenkende Wirkstoffe. Auch Beschwerden bei Gelenkrheuma werden gelindert. Innerlich und äußerlich anwendbar.

Wacholder

Juniperus communis L.
Zypressengewächse, *Cupressaceae*, Tab. 9, Nr. 9
Wacholder ist in ganz Europa von der Ebene bis ins Hochgebirge verbreitet; als Unterholz in lichten Nadelwäldern und auf Heiden, Mooren und Weiden.
Dieser immergrüne, bis zu 12 m hohe Strauch hat sehr stechende Nadeln, die in 3–4-gliedrigen Quirlen stehen. Im 1. Jahr sind die Beeren grün und saftlos, im 2. Jahr schwarzbraun, bläulich bereift und kugelig.
Die gesamte Pflanze riecht aromatisch. Gesammelt werden die Beeren.
Aus fast allen Pflanzenteilen wird das Wacholderöl (*Oleum Juniperi*) destilliert. Wegen seiner harntreibenden Wirkung ist Wacholder vornehmlich ein Rheumamittel, das jedoch in keinem Fall bei Nierenerkrankungen oder in der Schwangerschaft verwendet werden darf.

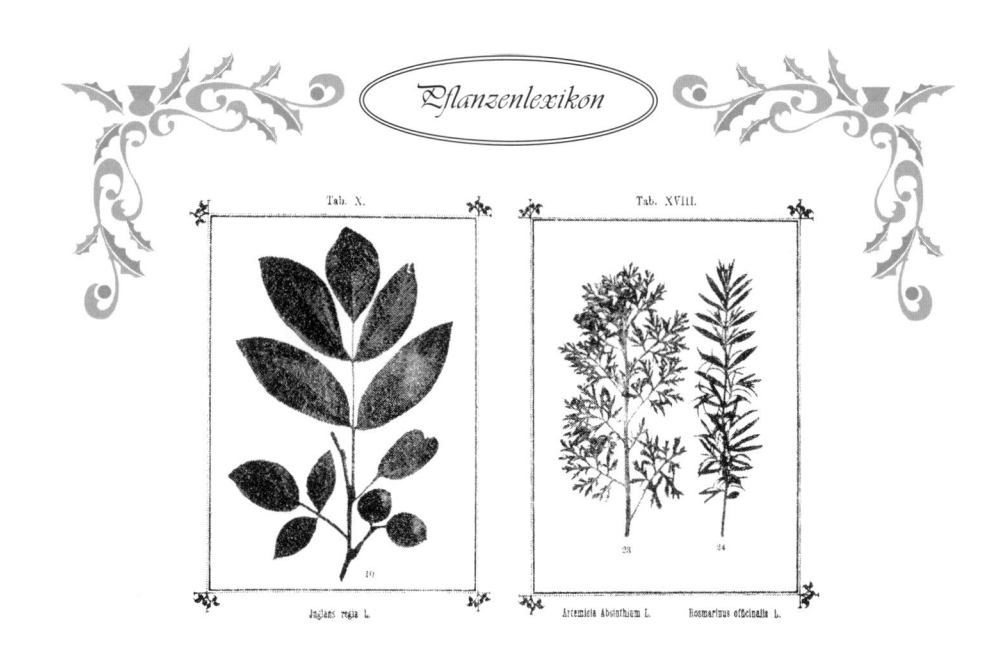

Waldmeister

Galium odoratum L.
Rötelgewächse, *Rubiaceae,* auch: Tabakskraut, Tab. 28, Nr. 44
Waldmeister ist in Nord- und Mitteleuropa verbreitet, v. a. in schattigen Laubwäldern. Waldmeister wird 10–50 cm hoch und hat einen glatten, vierkantigen Stängel. Die Laubblätter sind in 6–9-teiligen Quirlen angeordnet. Die Blätter sind länglich mit lanzettlicher Form, in einer kurzen Stachelspitze auslaufend. In einer endständigen, reich verzweigten Trugdolde stehen die kleinen, weißen, trichterförmigen Blüten.
Waldmeister gilt als blutreinigend, harntreibend und als anregend auf die Funktionen der Leber und Galle. Die Pflanze wird beim Trocknen schwarz und duftet intensiv nach Cumarin.

Pflanzenlexikon

Wallwurz

s. Beinwell

Walnuss, Echte

Juglans regia L.
Walnussgewächse, *Juglandaceae,* Tab. 10, Nr. 10
Der Walnussbaum ist in Südosteuropa und Südostasien beheimatet, wird bis zu 25 m hoch und hat eine graue bis braune Rinde. Die Blätter sind lang gestielt, unpaarig gefiedert mit 7–9 ganzrandigen, elliptischen Blättchen. Es gibt männliche und weibliche Blüten. Die Frucht ist eine einsamige Steinfrucht. Die eisenreiche Walnuss ist ein geeignetes Mittel bei Blutarmut; außerdem enthält sie Fette und Eiweiß. Nüsse und Mandeln sollten daher bei Vegetariern einen Ausgleich zum fehlenden Fleischeiweiß darstellen. Genutzt werden nicht nur die Samen („Walnusskerne"), sondern auch die Fiederblättchen und die fleischigen Teile der Fruchtwand.

Weißdorn

Crataegus oxyacantha L.
Rosengewächse, *Rosaceae,* auch: Hagedorn
Weißdorn wächst wild in Gebüschen und Laubwäldern und wird in Gärten gerne als Hecke angepflanzt. Der sperrige Strauch kann bis zu 6 m hoch werden. Die Zweige sind dornig. Die wechselständigen Blätter sind gestielt und 3–5-lappig. Die weißen Blüten sitzen auf kahlen Stielen in Doldenrispen. Die roten, kugeligen Früchte werden auch Mehlbeeren genannt. Blütezeit ist im Mai.
Die Wirkstoffe des Weißdorns steigern die Durchblutung der Herzkranzgefäße. Weißdorn ist daher ein fast ideales, zudem unschädliches Mittel zur Behandlung von Krankheiten, die

auf mangelnder Durchblutung des Herzmuskels beruhen (Herzinsuffizienz, Altersherz, Herzschädigung durch erlittene Krankheiten, Überlastung des Herzens).
Aber auch dem gesunden Menschen dient der Weißdorn. Zu Großmutters Zeiten schätzten ihn die Landarbeiter sehr. Denn einige dieser Beeren („Mehlbeeren") gut gekaut und eingespeichelt, bauen z. B. nach harter Arbeit – heute nach einer langen Wanderung – den Körper wieder auf und versorgen das Herz mit mehr Sauerstoff. Gesammelt werden Blüten, Blätter und Früchte.

Wermut

Artemisia absinthium L.
Korbblütengewächse, *Asteraceae,* auch: Magenkraut, Absinth, Tab. 18, Nr. 23
Diese schon in prähistorischer Zeit verwilderte Pflanze ist in Trockengebieten ganz Europas zu finden, besonders an Gartenzäunen, Mauern und Felsabhängen, aber auch am Strand. Der 50–100 cm hohe Halbstrauch wird 3–10 Jahre alt. In Mittel- und Nordeuropa besteht bei strengen Wintern die Gefahr, dass die Pflanze bis zum Boden abfriert. Die Laubblätter sind rosettenständig und werden 4–12 cm lang. Sie sind 3-fach fiederteilig und seidig-filzig behaart. Der aufrechte Stängel ist ästig, die oberen Stängelblätter sitzend, die im Teilungsgrad abnehmen. Die zahlreichen, nickenden, gelben Blütenköpfe an kurzen Stielen sind in einer reichästigen, aufrechten Rispe vereint. Blütezeit ist von Juli bis September.
Die Bitterstoffe und ätherischen Öle des Wermuts (insbesondere des giftigen Thujons) bewirken eine verstärkte Blutzufuhr in die Bauchorgane und eine starke Anregung der Verdauungssäfte. Wermut ist so ein Mittel bei Verdauungsbeschwerden, Appetitlosigkeit und träger Verdauung, in höheren Dosen wirkt Wermut allerdings schädlich. Er sollte nicht angewendet werden bei Magengeschwüren, bei Magen- oder

Darmblutungen und Hämorrhoiden. Schädlich sind das rein ätherische Öl oder Absinthschnaps (Bewusstseinsstörungen). Wermutabsinth ist deshalb in vielen Ländern verboten.

Eine weitere Eigenschaft schätzte man zu Großmutters Zeiten sehr am Wermutkraut: Zu einem Büschel zusammengebundene und aufgehängte Wermutszweige eigenen sich zur Vertreibung von Ungeziefer aller Art. Hilfreich gegen Motten sind in Säckchen gefüllte zerkleinerte Zweige, die unter die Wäsche gelegt werden. Auch damals schätzte man den Geruch der Mottenkugel (Naphtalin) gar nicht.

Wollblume

s. Königskerze

Ysop

Hyssopus officinalis L.
Lippenblütengewächse, *Lamiaceae*
Ysop ist in Südeuropa, dem Nahen Osten und Südrussland heimisch, ist aber auch in Deutschland ziemlich weit verbrei-

Pflanzenlexikon

tet. Diese ausdauernde Pflanze bevorzugt leichten sandigen Kalkboden. Der kleine Busch wird 50–60 cm hoch, hat dunkelgrüne Blätter und weiße, rosarote, meist jedoch königsblaue Blüten.

Die im blühenden Kraut des Ysops enthaltenen Stoffe (ätherisches Öl, Glykoside und Gerbstoff) wirken schweißhemmend und auswurffördernd.

Zinnkraut

s. Ackerschachtelhalm

Zitronenmelisse

s. Melisse

Register

Haushaltstipps

Abfluss, verstopfter	57 f., 64, 184, 207
Abführmittel	112
Abreibung	112
Ahornsirup	7
Agar-Agar	7
Alkoholgenuss	112, 195
Alleskleber	80, 134, 191
Aluminium	7, 46, 60, 134
Amaryllen	97
Ameisen	97, 185
Ameisenlauf	113
Angora	70
Anissamen	7
Äpfel	8, 11, 16, 25, 42, 63, 66, 68, 113
Apfelmus	8
Apfelsinen	8 f., 21, 39, 49, 195
Armaturen	135
Arzneimittel	112 f., 121, 142
Aufkleber	135
Aufschnitt	8
Ausstechförmchen	9
Autoöl	135
Babyflasche	9
Backblech	9
Backofen	8 f., 33, 39, 46
Backpulver	9, 35, 63, 93
Badeanzug	70
Bademütze	70
Badewanne	41, 109, 135, 139, 154, 188
Bambus	135
Bananen	10, 82
Bärlauch	10
Basilikum	10
Bastkorb	135
Baumwolle	70 f.
Bernstein	136
Bettwäsche	71
Bier	50, 119, 136, 141, 160, 188, 200 f.
Bierhefe	114

Register

Bilderrahmen	136
Blasen	114
Blätterteig	10
Blattläuse	97 f., 100, 105
Blaubeeren	71
Blumenableger	98
Blumendünger	98
Blumen, essbare	10
Blumenigel	99
Blumenkasten	102
Blumenknospen	99
Blumenkohl	10 f., 49
Blumenstiele, umgeknickte	99
Blumentopf	59, 97, 99 f., 103, 105, 107, 109, 208
Blumenvase	97, 100, 104, 107
Blut	136, 141
Brandflecken	71, 137
Braten	9, 11, 21, 29, 53, 64
Bratensoße	11, 33
Bratkartoffeln → Kartoffeln	
Bratwurst	12
Brennnessel	61, 100, 114, 140, 185
Brille	137
Brot	11 ff., 16, 25, 28, 32, 50, 109, 153, 159
Brötchen	12, 50
Brucheier → Eier	
Bügeleisen	137 f.
Bügelfalten	71
Bügelwäsche	72
Butter	13 f., 27, 45, 58, 71, 138, 141, 146
Buttercreme	14
Buttermilch	91, 115, 122, 150
Butterschmalz	14
Cellophan®-Papier	14
Champignon	14
Chicorée	14 f., 22, 31, 44
Chili	15
Chinakohl	15
Chrom	138
Chrysanthemen	100
Cilantro	15
Cordhose	72
Creme (Kosmetik)	115

Register

Dahlien	100 f.
Dampfnudeln	15
Darren	16
Dattelkern	26
Dauerfalte	72
Dill	16, 101
Duschkabine	138
Duschvorhang	138, 188
Edelstein	139
Efeu	101, 107
Eier	13, 17 f., 54, 63, 142, 201
Eingemachtes	19
Einmachglas	19
Eischnee	19, 32
Eisen	115 f.
Eiswürfel	19, 45, 66, 114, 123, 129, 192
Elektrokochgeschirr	20
Email	20, 139
Entfärber	73, 77
Erbsen	20, 101, 104
Erdbeeren	20
Essig	10, 13, 21 f., 24, 28, 32 f., 36, 38, 41 f., 55, 57 ff., 64, 71 f., 77, 85, 89, 91, 99, 104, 113 f., 116 ff., 122 f., 128, 130, 134 f., 139 f., 142 f., 145 f., 147 ff.,152, 155, 160, 168, 170, 176, 189, 194, 199, 201
Estragon	21 f.
Faltenrock	73
Farbechtheit	73
Farn	101
Feldsalat	22, 101
Fensterleder	74
Fettsäure	22
Filzhut	74
Filzschreiber	141
Fingernägel	116, 174
Fisch	11, 22 f., 36, 123, 139
Flambieren	23
Fleisch	23
Fleischbrühe	24, 52
Flicken	74, 77
Fondue-Öl	24
Formbetttuch	75

Register

Fransen	75
Frittieren	24
Frottierwäsche	75 f.
Fruchtsaft	19, 24, 142
Fußpilz	116
Fusseln	144
Gänseblumen	116
Gänsefett	25, 117
Gardinen	52, 76, 191
Gartengeräte	102
Gartenmauer	102
Geflügel	25 f.
Gefrierdose	26
Gefriergut	26 f., 62
Gelatine	7, 27, 119
Gelenkentzündung	117
Gemüse	16, 22, 25, 27 f., 31, 44, 48 f., 52, 55, 57, 63 f., 143, 205
Gerbera	102
Gewürzsalz	28
Gießwasser	102
Gitarre	144
Gitter	144
Gold	145
Gras	146
Gräten	28
Grüne Bohnen	28 f.
Grünspan	146
Gurken	21, 29, 101, 113
Haarausfall	117
Haarbrillantine	117
Haarbürste	117
Haare	117 f.
Haarfestiger	119
Haargummi	119
Haarnadelhalter	119
Haarschleife	119
Haarzopf	120
Hackfleisch	29
Halsfalten	120
Hammelfleisch	29
Hausapotheke	120 ff.

Register

Haut	122
Holunderbeeren	76, 194
Honig	30, 49, 68
Hornbesteck	30
Hülsenfrüchte	30, 47, 65
Hummerschalen	30
Husten	122
Imprägnieren	77
Ingwer	21, 30
Insektenstich	114, 121 f., 127 f., 130, 140
Jeans	77
Jodmangel	123
Joghurt	31, 42, 142, 147 f.
Johannisbeeren	103, 123
Juckreiz	123
Kaffee	31 f., 98, 104, 107, 142, 145, 196 f.
Kakteen	103
Kalamari	32
Kartoffelbrei	32
Kartoffelchips	33
Kartoffeln	11, 28, 33 f., 48, 59 f., 64, 109
Käse	11, 34 f., 54
Katzen	103, 148
Kaugummi	77, 142
Kaviar	35
Keimlinge	103 f.
Keramik	35, 38, 40, 196
Kernseife	74, 77 f., 88, 106, 122, 136, 152, 175, 177, 187, 205
Ketchup	35, 143
Kinderkleidung	78 f.
Kindermedizin	123
Kirschen	19, 35, 104
Kiwis	124
Kleiderbügel	79, 90, 147
Kleiderstange	79
Knick	72, 79 f., 92
Knoblauch	36, 108, 197, 200
Knödel	36
Knopf	76, 79 f., 90, 94, 210
Kochlöffel	36, 165

Register

Kochplatte	36 f.
Kochtopf	37, 45, 56, 59
Kochwäsche	80, 85
Kognak	60, 80
Kohlrabi	37, 49
Konfitüre	37, 142
Konservendose	37
Kopfsalat	37, 101
Krabben	38
Kragen	78, 81
Krankenzimmer	124, 140
Kräutersäckchen	81, 84
Kresse	10, 21, 38, 44, 68, 103
Kristallglas	38
Kuchen	18, 39, 46 ff., 63, 68
Küchenbeleuchtung	39 f.
Küchenkräuter	40
Küchenlappen	40
Kugelschreiber	81, 142, 198
Kühlhalten	40
Kühlschrankfrische	41
Kupfergeschirr	41
Lachs	42
Lack	82, 142, 157 ff., 164, 169 ff., 177, 181
Lackleder	82
Latschenkieferöl	124
Laufmasche	82
Leber	42
Lebkuchen	42
Leder	83, 87 f., 90, 154, 199
Leinen	83
Lippenbläschen	124
Mais	42 f., 103
Majoran	28, 43, 185
Makrele	43
Malerbürste	104
Malven	124 f.
Mandeln	43, 47 f.
Mangelwäsche	72
Mangold	43, 49
Marmelade	44, 55

Register

Marzipan	44
Mayonnaise	45, 143
Meerrettich	45
Meerwasser	70, 83
Mehl	9, 14, 39, 45, 55, 63, 129, 153
Mehltau	104
Milch	7, 12, 14, 19, 31, 45, 51, 55, 62 f., 71, 73, 83, 87, 92 f., 122, 128, 142, 145, 148, 197
Mohair	70, 84
Mohn	46
Möhren	16, 22, 31, 44, 46, 49
Motten	81, 84 f., 91 f.
Mürbeteig	46
Nachsaat	104 f.
Nachtschattengewächse	105
Nackenrolle	125
Nagelfeile	125 f.
Nagellack	80, 82, 86, 126, 142, 174, 187, 189, 204
Nagellackentferner	134 f., 138
Natron	9, 30, 47, 61, 81, 118, 126, 128, 136
Nektar	24
Nessel	84 f.
Nockerln	47
Nudeln	47
Obst	9, 47 f., 85, 105, 143, 205
Ohrenkneifer	105
Öl	22, 24, 30, 47 ff., 55, 57 ff.
Ölfarbe	85, 142, 176 f.
Oliven	49
Orangeat	49
Orchideen	106
Oregano	49
Paniermehl	11, 27, 47, 50
Parfüm	85, 119, 126 f., 143
Parmesan	11, 50
Pelz	84 f., 160, 188
Perlmutt	86
Petersilie	15, 27, 50, 200
Pfanne	12, 20, 23, 29, 58, 61
Pfannkuchen	50
Pfeifenreiniger	50

Register

Pilze	14, 51
Plastik	18, 21, 51, 86
Pudding	51
Pullover	70, 86
Quark	16, 52, 56, 127
Quendel	127
Radieschen	52
Rattan	135
Reis	32, 52, 55, 64, 68
Reißverschluss	86 f.
Remouladensoße	52
Rosen	100, 106, 203
Rote Bete	127
Rotkohl	22, 31, 44, 49, 53, 201
Rumtopf	54
Salz	9 f., 17 ff., 28 ff., 31, 41, 43, 45, 47 f., 50, 54 f., 57 ff., 67, 70 f., 74, 76, 83, 90 f., 104, 107, 114, 123, 128, 130 ff., 145, 150, 153 f., 156, 176, 184, 187, 196 f., 198, 200, 204 f.
Salzgebäck	55
Samt	87
Satin	87
Schimmel	49, 54 f., 101, 138, 143, 154, 181
Schinken	55
Schluckauf	128
Schmalzgebackenes	56
Schnee	87, 160, 204 f.
Schnellkochtopf	56
Schnittblumen	105 ff.
Schnittlauch	56
Schokolade	56, 87, 143
Schuhe	79, 82 f., 87 ff., 116
Schwarzwurzeln	31, 56 f.
Schweißgeruch	89
Seidenstrümpfe	89
Senf	21, 45, 57, 103 f., 143
Silber	18, 44, 55, 57, 188
Sodbrennen	126, 128
Sonnenbrand	127 f.
Sonnenbräune	129
Soße	11, 16, 51, 55 ff.

Register

Spargel	58, 101
Speck	29, 58, 67, 102, 109, 177
Stahlwollschwamm	59
Strudelteig	59
Strumpfhose	74, 89, 90
Steak	25
Stiefel	88, 90, 102
Stockflecken	90
Spinat	37, 89
Spültuch	89
Suppe	28, 47, 50, 60
Tabak	81, 91, 98, 200
Tee	7 f., 10, 35, 38, 60 f., 85, 98, 101, 107, 115 f., 118, 125, 130, 132, 142, 144, 156
Teigrolle	62
Teller	62
Thermoskanne	62
Tiefkühlgut → Gefriergut	
Tinte	91, 143, 154, 192
Tischdecke	83, 91, 206
T-Shirt	91
Tomaten	48 f., 63
Topfkratzer	63
Topfpflanzen	18, 101, 107 f.
Trockenblumen	107
Trockensträuße	108
Tulpen	108
Turmkochen	64
Überarbeitung	129
Umtopfen	108
Ungeziefer	108
Unkraut	100, 109
Urlaubsvorsorge	109, 206
Vanille	64
Veilchen	10, 21, 64
Verbrennung	129
Verbrühung	129
Verdauungsstörungen	129
Verfalldaten	130
Vogelfutter	109, 194
Vogelnistkästen	109

Register

Wacholder	110
Wachs	92, 102, 119, 158 f., 168 f., 173, 175, 196, 203
Wachstuch	92
Waldmeister	21, 130
Walnüsse	64 f., 194
Warzen	130
Wäschetrockner	93
Waschpulver	37, 93, 150
Wasserbad	14, 65, 120
Wassermelonen	65
Wassertonne	110
Weihnachtsgebäck	66
Wein	53 f., 66 f., 132, 153 f.
Wild	21, 67
Wildleder	94
Wirsingkohl	67
Wolle	80, 94 f.
Wurst	21
Zahnbürste	43, 130 ff., 151 f.
Zähne	131 f.
Zahnseide	131
Zahnputzglas	132
Zeitungspapier	68, 84, 88, 108, 160, 177
Zimmerpflanzen	98, 104, 110
Zimt	68
Zitronat	68
Zitronenmelisse	132

Beschwerden und Heilmittel

Ackerschachtelhalm	241 f., 247, 294 f., 350, 416
Akne	10, 127, 307, 322, 333, 341 f.
Alpenwegerich	242, 351
Angina pectoris	219, 244
Anis	7, 21, 81, 239, 242 f., 256, 270, 323, 351 f.
Appetitlosigkeit	252, 270, 276, 287, 291, 414
Arnika	229, 244, 295 f., 331, 352 f., 381, 395
Arteriosklerose	267, 386
Asthma	255, 262, 317, 351, 399
Augenentzündung	222, 297, 306, 317, 333
Augentrost	296 f., 317, 353
Augenwurz → Baldrian	

Register

Baldrian	239, 244 f., 276, 278, 354
Bärentraube, Echte	245, 279, 355 f.
Bärlapp	297, 356
Bauchschmerzen	236
Bauchwassersucht	273
Beifuß, Gemeiner	357
Beinwell	297 f., 298, 322, 331, 357 f., 413
Benediktenkraut	287, 358, 385
Bettlägerigkeit	218
Bettnässen	242, 305 f., 309, 315, 346
Bibernelle, Kleine	246, 298, 359, 399
Bindehautentzündung	219, 296, 306
Birke	118, 226, 247, 285, 299, 308, 331, 359 f.
Bitterwurz → Enzian, Gelber	
Blähungen	10, 241, 243, 253 f., 256, 265, 270, 274, 278, 287, 386
Blasenentzündung	242, 245, 251, 321
Blasenschwäche	252, 305
Blaubeere → Heidelbeere	
Blutarmut	246, 254, 274, 413
Blutdruck, hoher	65, 247, 250, 254, 277
Blutdruck, niedriger	268, 281, 290, 316, 353, 386
Bluterguss	221, 223, 295, 297 f., 300, 327, 332, 400
Blutwurz	238, 248, 299, 360, 374
Bocksbart, Wiesen-	361
Bockshornklee	103, 300, 317, 361, 379
Bohnenkraut	258, 362 f.
Brechreiz	281, 358, 379, 383
Brennnessel	61, 100, 114, 140, 185, 226, 247 ff., 285, 301, 308, 331, 363
Bronchitis	124, 222, 251, 262, 269, 271, 275, 280, 284, 288, 319, 331, 340, 392
Bruchkraut, Kahles	251, 364
Brunnenkresse	226, 251, 364 f.
Darmträgheit	241, 255, 272, 281 f., 351
Depression	244, 264, 276
Diabetes mellitus	249, 273
Dost	252, 323, 365, 392
Durchfall	243, 248, 250, 252, 260, 266, 270, 280, 286 ff., 292, 312, 358
Efeu	252, 302, 366, 374
Eibisch	238, 270, 366
Eiche	367
Eisenkraut	253, 303, 368
Ekzem	221, 286, 294 f., 299, 302, 314, 322, 326, 342

Register

Engelsüß	369
Engelwurz	253, 369
Enzian, Gelber	253 f., 360, 370 f.
Erkältung	115, 121, 123, 216, 220, 222, 224, 228, 230, 236, 251, 262 f., 282, 287 ff., 292, 309, 312, 317, 324, 328, 339, 341, 344
Erschöpfung	228
Estragon	230, 254, 371
Faulbaum	239, 241, 256, 270, 371 f.
Fenchel	241, 243, 256 f., 274, 296, 306, 372
Fieber	117, 122, 224, 235, 256 f., 316, 340, 348, 410 f.
Flachs → Lein	
Flieder → Holunder	
Frauenmantel, Gemeiner	257, 373
Frostschäden	294
Furunkel	221, 300, 306, 325 f., 342
Fußschweiß, übermäßiger	294
Fußschweiß, unterdrückter	299, 305, 312, 314, 328, 347
Gallenkolik	372, 336
Gallenleiden	252, 265, 273, 287
Gallensteine	272 f.
Gänsefingerkraut	374
Gereiztheit	225
Gerstenkorn	219, 296, 306
Gicht	232, 247 ff., 254, 259, 268, 275 f., 284, 301, 312, 315, 323, 340, 356, 363
Grippe	262, 284, 312
Gundelrebe	307 f., 374
Gürtelrose	258
Haarausfall	117, 299, 301, 318, 359, 363
Hafer	259, 309, 375
Hagebutte	282, 375
Halsschmerzen	276, 307, 314, 335
Harndrang, häufiger	242
Harnverhalt	267, 321
Haut, unreine	122, 222, 310, 322, 325, 341
Hautentzündung	10, 295, 317
Hautflechte	302, 311
Heidelbeere	238, 260, 311, 360, 376
Heiserkeit	246, 268, 274, 278, 285 ff., 298, 392
Herz-Kreislauf-Erkrankung	43, 223, 228, 234, 239, 244, 338, 401
Herzleiden, nervöse	285

Register

Heublumen	312, 331, 377
Heuschnupfen	246, 261
Hexenschuss	216, 250, 301, 309, 312, 315, 317, 340
Hirtentäschel	261, 313, 377 f.
Holunder, Schwarzer	257, 262 f., 338, 372, 378 f.
Hopfen	263, 278, 283, 354, 379
Hornklee → Bockshornklee	
Huflattich	226, 238, 308, 314 f., 380
Hühnerauge	302, 348
Husten	122, 125, 127, 222, 228, 242 f., 246, 252 f., 255 f., 263, 266 f., 269, 271, 275, 278, 280, 284 f., 287 f., 298, 306, 319, 323, 331, 340 f., 344, 351, 368, 390 ff., 399, 407, 411
Insektenstich	121 f., 127 f., 140, 295, 312, 321, 327 ff., 334, 341, 347 f.
Ischialgie	262, 344
Johannisbeere, Schwarze	103, 284, 381
Johannisblume → Arnika	
Johanniskraut	242, 244, 264, 283, 287, 307, 315 f., 323, 382, 406
Jucken	114, 122, 140, 218, 301
Kalmus	129, 241, 265, 316, 323, 382 f.
Kamille	229, 239, 257, 265, 296, 300, 306, 308, 310, 314, 317 f., 322 f., 283 f., 403
Kampfer	116, 122, 318 f., 323, 384 f.
Kardobenediktenkraut → Benediktenkraut	
Käsepappel, Große → Malve, Wilde	
Kerbel	226, 267, 385
Keuchhusten	125, 127, 252, 262, 281, 288, 368
Kinderkrankheiten	246
Knoblauch	226, 267 f., 290, 292, 320 f., 386
Knochenhautentzündung	298
Königskerze	269, 386 f., 415
Konzentrationsschwierigkeiten	225
Kopfschmerzen	168, 218, 225, 264, 271, 281, 289, 302, 330, 340, 398
Krampfadern	237, 282, 295, 297, 308, 315, 321 f., 334, 342
Krebs	274, 277
Kümmel	239, 241, 270, 274, 385, 387 f.
Labkraut	270 f., 288
Lavendel	128, 200, 271, 283, 307, 323 f., 389
Lebererkrankung	275
Lein	238, 241, 270, 272, 291, 325, 372
Lidrandentzündung	296, 306

Register

Liebstöckel	243, 390, 392
Löwenzahn	226, 241, 247, 269, 272 f., 285, 377, 390 f.
Lungenentzündung	274, 284
Lungenkraut	274, 391 f.

Madenwürmer	252
Magen-Darm-Erkrankung	280
Magenkraut → Wermut	
Magenschleimhautentzündung	248, 268, 272
Maggikraut → Liebstöckel	
Majoran, Wilder → Dost	
Malve, Wilde	124 f., 325 f., 366, 385, 392
Mandelentzündung	304, 312, 317, 321, 347, 392
Mariendistel	272, 275, 393
Masern	286, 305
Meerrettich	275, 326, 394
Meisterwurz	275, 394 f.
Melancholie	264, 287
Melisse	132, 245, 276, 278, 323 f., 327, 354, 395, 416
Migräne	218, 237, 244, 264, 268, 281, 284, 330
Milchschorf	286, 342
Milzstau	273
Mistel	247, 277, 395 f.
Monatsblutung	
– schmerzhafte	236, 264
– zu lang anhaltende	250
– zu schwache	253
Müdigkeit	113, 116, 225
Muskelkrampf	231, 305

Nagelbettentzündung	300, 310, 317 f.
Nasenbluten	221, 231, 261
Nelkenwurz	396 f.
Nervosität	244, 263, 276, 281, 284, 323
Nierengrieß	242, 268, 271
Nierenkolik	248
Nierensteine	242, 248, 290

Odermennig	397
Ohrenschmerzen	232, 317 f., 321, 329, 348

Petersilie	278, 329, 397 f.
Pfefferminze	230, 239, 248, 261, 323, 330, 384, 398
Pickel	322

Register

Pimpernell → Bibernelle, Kleine	
Prostatabeschwerden	321
Quendel	127, 323, 399, 401, 410
Quetschung	221, 223, 295, 298, 332, 400
Rachenentzündung	219, 222, 246, 260, 287, 296, 299, 316 f., 360
Rettich	280, 400
Rheuma	247, 249 f., 254, 259, 262, 268, 273, 275 f., 286, 289, 297 ff., 301, 305, 307, 309, 311 f., 315, 320 ff., 325 f., 330 f., 339 f., 344, 356, 363, 385, 394, 399, 411
Ringelblume	247, 281, 331 f., 400, 407
Rosmarin	229, 281, 307, 323 f., 401
Salbei	230, 239, 261, 310, 333 f., 401 f.
Sanddorn	282, 402 f.
Schafgarbe, Gemeine	226 f., 269, 282, 285, 322, 336, 377, 403
Schlafstörungen	263, 276, 278, 283
Schlehdorn	404
Schlüsselblume, Echte	239, 283 f., 391, 405
Schnupfen	128, 218, 222, 278, 306, 323, 330
Schwäche, allgemeine	259, 281
Senf	339 ff., 405 f.
Sodbrennen	126, 128, 292
Sommerlinde	406
Sonnenwendkraut → Johanniskraut	
Spitzwegerich	226, 285, 341 f., 363, 406 f.
Stiefmütterchen	285 f., 322, 342, 407
Studentenblume → Ringelblume	
Süßholz	286, 408
Taubnessel, Weiße	286, 343 f., 409
Tausendgüldenkraut	238, 287, 409 f.
Thymian	230, 258, 261, 272, 287 f., 310, 323, 331, 344, 399, 401, 410
Trigeminusneuralgie	262
Übelkeit	245, 276, 288
Unruhezustände	278
Unterschenkelgeschwür	294
Veilchen, Wohlriechendes	288
Verbrennung	129, 236, 299, 304, 319, 320, 329, 335
Verstopfung	251, 254, 272, 286, 291, 335, 356, 408

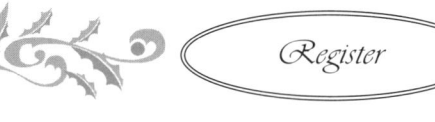

Register

Wacholder	226, 289, 307, 323, 331, 441
Wadenkrampf → Muskelkrampf	
Waldmeister	272, 289, 323, 412
Wallwurz → Beinwell	
Walnuss, Echte	290, 328, 413
Wassersucht	254, 271, 275, 278, 359
Weißdorn	244, 247, 290, 413 f.
Wermut	238, 291, 392, 414 f.
Wollblume → Königskerze	
Wunde, schlecht heilende	294 f., 299, 302 f., 311, 316, 318, 320 f., 324 f., 327 f., 331 f., 334, 343 f., 394
Wundliegen	218, 297
Wurmbefall	282
Ysop	415 f.
Zahnfleischschwund	275
Zahnschmerzen	328, 336
Zinnkraut → Ackerschachtelhalm	
Zitronenmelisse → Melisse	
Zuckerkrankheit → Diabetes mellitus	

BILDNACHWEIS

Wir bedanken uns bei allen Bildlieferanten, die uns durch die Bereitstellung von Abbildungen freundlicherweise unterstützt haben.

fotolia.com: cybercrisi 97

IMSI USA, Novato, CA: 7, 12, 22, 27, 32, 34, 38, 41, 42, 61, 62, 67, 70, 74, 76, 82, 84, 87, 91, 103, 106, 114, 117, 127, 134, 137 (o. + u.), 146, 151, 152, 154, 162, 166, 172, 174, 182, 185, 187, 195, 198, 200, 206

iStockphoto.com: whitemay 4, 112, 192; nicoolay 8, 17, 120, 175, 176; fotosmania 13; tatarnikova 31; A-Digit 98; aromanta 108; 4x6 110; TheresaTibbetts 115, 125, 209; Vinata 129; Helena-Ohman 157; casejustin 164; studio524 178; Constance McGuire 179; andipantz 184; Grafissimo 190; Pingwin 354; retrorocket 367